U0632262

名物研究十二题

扬之水 著

中华书局

图书在版编目（CIP）数据

名物研究十二题 / 扬之水著. — 北京：中华书局，2024.8
ISBN 978-7-101-16609-5

Ⅰ. 名… Ⅱ. 扬… Ⅲ. 文物－研究－中国 Ⅳ. K870.4

中国国家版本馆CIP数据核字(2024)第087327号

书　　名	名物研究十二题	
著　　者	扬之水	
责任编辑	李世文	
装帧设计	鲁明静	
责任印制	管　斌	
出版发行	中华书局	
	（北京市丰台区太平桥西里38号　　100073）	
	http：//www.zhbc.com.cn	
	E-mail：zhbc@zhbc.com.cn	
印　　刷	天津裕同印刷有限公司	
版　　次	2024年8月第1版	
	2024年8月第1次印刷	
规　　格	开本 920×1250毫米　1/32	
	印张 11½　字数 180千字	
印　　数	1-5000册	
国际书号	ISBN 978-7-101-16609-5	
定　　价	108.00元	

目 录

引　言

　　壬寅年秋，老友过访，提出一个"名物研究若干讲"的选题，初闻颇觉意外，因为从未有过这样的考虑，赶忙说："'讲'可不行，我最不会'讲'。""不用'讲'，用'题'也可以。先考虑考虑。"

　　考虑之下，觉得这样一本书，性质近乎自选集，倒也适合检点一下自己名物研究近三十年的成绩，虽然很是寒俭，也很微末。于是自《椒枋楼集》中挑挑拣拣，得十篇，复自《新编终朝采蓝：古名物寻微》和《定名与相知：博物馆参观记·二编》中各选一篇，一一修订，而成此一编。世文兄建议写一则"名物研究概论"冠其前，然而"概论"之类，乃我一向所畏，只能从以往的著述里择要摘出相关的文字，重叙一回（以下"关于名物学"一节，主要节录于《古诗文名物新证·后序》）。又好在每篇文字的写作经过，日记里都有记述，这里便据此略举一二撰写缘起，稍言大概。

一　关于名物学

　　名物学是一门古老的传统学科，先秦时代即已产生，此后依附于经学而绵延不绝，直到近世考古学的兴起才逐渐式微，乃至被人们淡忘。重新拾起这一名称，是因为从王国维的"二重证据法"中发现，用他提出的这一方法可以为传统的名物学灌注新的生命。而在考古学逐步走向成熟的情况下，今天完全有条件使名物学成为一种新的研究方法，解决文学、历史、考古等领域中遇到的问题。

"名物"一词出现在《周礼》。《春官·小宗伯》："毛六牲，辨其名物，而颁之于五官，使共奉之。""辨六齍之名物与其用，使六宫之人共奉之。"此六牲、六齍及以下的六彝、六尊，亦皆有辨名物之说。牲齍之物，谓种类之别；彝尊之物，谓形制之别，辨其不同，以适用于不同的人和事。可以认为，辨名物的工作在于用器物和器物名称的意义构建礼制之网，它也因此为后世的名物研究确定了基本概念，奠定了基础，历朝历代也正是在这一基础上，不断以当世情怀追溯、复原乃至于编织远古历史。这里所谓"名物"，也不妨脱离开本义从另一个角度来解释，即把"名"用作动词，那么就是为器物定名，随之而明确用途。这是名物的意义之一。此外，我以为也应列在名物研究范畴之内的是所谓"观新物"。《周礼·夏官·训方氏》曰训方氏"掌道四方之政事与其上下之志，诵四方之传道。正岁，则布而训四方，而观新物"。郑注："四时于新物出则观之，以知民志所好恶。志淫行辟，则当以政教化正之。""志淫行辟"云云，是解释者赋予的意义。其本意当是关注新生事物的出现，以从中了解风俗民情。

关于名物和名物研究的方法与历史，日本学者青木正儿在《中华名物考》的《名物学序说》部分有一番简明扼要的论述。即第一是作为训诂学的名物学，它以《尔雅》、《小尔雅》、《广雅》为主线，此外又有性质相近的《方言》等，共同构成名物研究的训诂学基础。第二是名物学的独立。以《释名》开其端，以后又有从《诗经》的训诂中独立出来的名物研究，再有从《尔雅》分出来的一支，如《埤雅》，如《尔雅翼》，如《通雅》。第三是名物学的发展，它的研究范围也在发展过程中逐渐确立，大致说来有如下内容：甲、礼学；乙、格古（古器物）；丙、本草；丁、艺植；戊、物产；己、类书（如《清异录》、《事物异名录》、《三才图会》）。第四，作为考证学的名物学。即特别把经学中的名物部分提出来，用考据的方法来研究，并为之作图解，如江永《乡党图考》。若作分类，可别为数项，如：甲、衣服考；乙、饮食考；丙、住居考；丁、工艺考。可以说，第四项主要是清代学者的贡献（《中华名物考》，范建明译，中华书局二〇〇五年）。这里列举的四项基本概括了传统名物学的主要内容，而古器物学也在其中构成了内容的一部分，其实它是可以独立成军的。

关于古器物学，李济《中国古器物学的新基础》一文所论甚详，不仅分析得很透彻，而且给予了公允的评价。对于宋哲宗元祐七年完成的《考古图》，他的意见是："这部书的出现，不但在中国历史上，并且在世界文化史上，是一件了不得的事件。在这部书内，我们可以看见，还在十一世纪的时候，中国的史学家就能用最准确的方法，最简单的文字，以最客观的态度，处理一批最容易动人感情的材料。他们开始，并且很成功地，用图象摹绘代替文字描写；所测量的，不但是每一器物的高度、宽度、长度，连容量与重量都纪录下了；注意的范围，已由器物本身扩大到它们的流传经过及原在地位，考订的方面，除款识外，兼及器物的形制与文饰。"而古器物学八百年来在中国所以未能前进，"就是因为没有走上纯理智的这条路。随着半艺术的治学态度，'古器物'就化为'古玩'，'题跋'代替了'考订'，'欣赏'掩蔽了'了解'"。"这八百年的工作，好像在没有填紧的泥塘上，建筑了一所崇大的庙宇似的；设计、材料、人工，都是上选；不过，忘记了计算地基的负荷力，这座建筑，在不久的时间，就显着倾斜、卷折、龋漏，不能持久地站住"（《李济考古学论文选集》，文物出版社一九九〇年）。

下面可以来讨论名物研究的古今不同。关于"古"，即如前引青木正儿之说。而今天的所谓"名物研究",就研究对象而言,与"古"原是一脉相承,我把它明确为:研究与典章制度、风俗习惯有关的各种器物的名称和用途。说得再直白一点,便是发现、寻找"物"里边的故事,——这里用的是"故事"的本意。它所面对的是文物:传世的,出土的。它所要解决的,第一是定名,对"物",亦即历史文化遗存的认识,便是从命名开始。当然所谓"定名"不是根据当代知识来命名,而是依据包括铭文等在内的各种古代文字材料和包括绘画、雕刻等在内的各种古代图像材料,来确定器物原有的名称。这个名称多半是当时的语言系统中一个稳定的最小单位,这里正包含着一个历史时段中的集体记忆。而由名称的产生与变化便可以触摸到日常生活史乃至社会生活史的若干发展脉络。第二是相知。即在定名的基础上,进一步确定它的时代,它在当日社会生活和日常生活中的用途与功能。不妨认为,文物是有生命的。它的生命过程可分作两部,其一是作为原初的"物",即在被使用着的时代,它一面以它的作为有用之物服务于时人,一面也以纹样、造型等愉悦时人的审美目光;其一是"文"物,即"物"本身承载着古人对社会生活和日常生活的营造,亦即"文"。新的名物研究应以一种必须具有的历史的眼光,辨明"文物"的用途、形制、文饰所包含的"古典"和它所属时代的"今典",认出其底色与添加色,由此揭示"物"中或凝聚或覆盖的层层之"文"。同样是以训诂与考据为基础,今与旧日不同者在于,它应该在文献与实物的碰合处,完成一种贴近历史的叙述,而文献与实物的契合中应该显示出发展过程中各个时段的变化,此变化则应有从考古学获得的细节的真实与清晰。

回过头再来看古名物学和古器物学。如果为二者作一个并不完全准确的区分,那么可以说,古名物学是持"名"以找物,古器物学是持"物"以找名,名与物的疏离处是二者各自的起点,名与物的契合处则是二者最有意义的殊途同归。而新的名物研究便是从这两个传统学科中生长出来，复由考古学中获得新的认知与新的方法，——不仅仅是考古材料，更在于考古学所包含的种种科学分析。

总之，新的名物研究之所谓"新"，第一是研究方法。融人文科学与自然科学于一身的考古学异军突起，为名物学的方法革新赋予了最为重要的条件。第二是研究层次的深化以及研究内涵的丰富。由单纯对"物"的关注发展为"文"、"物"并重，即注重对"物"的人文意义的揭示与阐发。也就是说，与作为母体的传统学科相比，今天的名物研究应有着古典趣味之外的对历史事件和社会生活的关照。我以为，它最重要的内涵，便是名称与器物的对应和演变，又演变过程中，名与实由对应到偏离，其中的原因及意义。前面所云定名与相知，进而言之，则第一是努力还原器物或纹饰当日的名称，以发现名称缘起与改变中所包含的各种转换关系。第二是寻找图式的形成脉络，即一种艺术语汇经由发生、发展、变异、演化，而固定为程式的整个过程。虽然它的视野里更多的是日常生活细节，——弄清楚一器一物在历史进程中名称与形制与作用的演变，自然是关键，而若干久被遮蔽的史之幽微，更应该是研究过程常有的发现。一叶障目不可取，一叶知秋却可以也应该作为"名物新证"的方向与目标。

二　我的名物研究

名物之"物"，可大别为两类：其一，天地自然之物；其一，设计与制作之物。我留意的是后者。如果说艺术的实质就是"制作"，那么我的研究也不妨纳入艺术史，当然它不为"艺术史"所匡限。十年前，在《形象史学》创刊的笔谈中，我曾写道：所谓"形象史学"，含义之一，是把"形象"与"史学"合起来，共同反映一个时段的历史。然而原本一体的"形象"与"史学"，在时间的长河中早已分离，那么我们要做的就是通过互证的方法，把二者重新拼合起来。面对一个图像，对图像里的表现内容，我们用什么样的语言去表述？是今人的语汇，还是与图像大致相当的时代语汇？词汇的选择，也正是检验我们对"形象"，也包括对历史的认知程度。这也是我对名物考证的自我要求。因此我把它明确为两项工作，即前已提到的定名与相知。我的理想是用名物学建构一个新的叙事系统，此中包含着文学、历史、文物、考古等学科的打通，一面是在社会生活史的背景下对诗中"物"的推源溯流；一面是抉发"物"中折射出来的文心文事。

图像，物件，材质，普通的词汇，如今都进入了思考的深层而被赋予理论色彩，由是生发出艺术史领域里层出不穷的伴随着新式表述的话题。而我所理解以及关注和研究的名物之"物"，就是器用，并不被有哲学意义或理论色彩。面对某物，直觉的朴素的发问，便是：叫什么名字？有何用途？面对有叙事性的纹饰，最简单的问题必是"什么故事"。谢肇淛《五杂组》卷七："宦官妇人每见人画，辄问甚么故事，谈者往往笑之。不知自唐以前，名画未有无故事者。"这里所谓"宦官妇人"，似可泛指不具备士大夫欣赏趣味的民众。我所努力解决的，便是这最初级的"妇人之见"。当然，如果"升华"一下，也可以说这个问题里包含了人类最初的思考和分别的意识。检旧年日记，在读过《时间的检验》一书后我写道："总的印象是，作者仍是热衷于构建一个完整的历史，当然他是利用考古材料重新构建。不过我始终感兴趣的只是历史的细节，它多半是破碎着的，恢复它的完整几乎不可能，那么就让它在曾经闪光的地方重新闪光，便很好了。"

这是二〇〇一年八月廿一日的记事。二十多年过去，这一想法没变，这一目标也没有变。而我所作的名物研究，目的正是要努力还原历史细节和生活细节。《楮柿楼集》卷四《宋代花瓶》一书付梓之际，我在后记里写下的一段话也还是这一番意思："一个时代的风气，多半是嵌在日常生活的细节里，事过境迁，它便嵌在对细节的记忆里，而这些教人怀念不已的细节，本来是经历了精雕细琢，以缓慢持久的渗透方式一点一点酿出来，因此总有着无所不在的精致和悠长的馀韵。"从诗歌的角度来说，很多时候是要在洞悉古人生活细节之后，对诗中的意蕴才能够理解得完全。

三 本书诸题举例

　　收入此编的一束文字，大部分写于本世纪最初的十年，亦即我一生中创作力最旺盛的一段时期。其时刚刚完成了"先秦三部曲"（《诗经名物新证》、《诗经别裁》、《先秦诗文史》），计划中的题目是"唐诗物象考"，并为此准备了不少材料。然而在通读《全宋诗》之后，发现两宋士人生活中的茶事、花事与香事构成了文学创作中重要的诗情和诗境，而诸事所依托的"物"，却鲜有人关注，那么我正可从"物"中寻找流失的诗意，填平文与物之间的疏离。——彼时关于宋代种种，尚远非热门话题。于是放下唐诗，直接入宋。收在这里的诸题，多数即为此而作。

　　从遇安师问学，得到最多的教诲，便是要把琐细的考证系结到历史发展的主线。《唐宋时代的床和桌》，原来题作《家具发展史中若干细节的考证——以唐五代两宋为中心》，勉强可以算作努力贴近历史发展主线的一次尝试。文章的资料搜集以及写作过程，使我想到相关的一系列问题，觉得好像发现了一个新的思考角度。由席坐转向高坐具的垂足坐，观念、习俗的影响竟是渗透到了日常生活的各个方面。家具不必说，居室的格局，服饰的样式，各种新器具的出现，乃至若干看起来毫不相关的情事，诸般新变之迹皆可追索其中的内在因由。同时撰写的《帷幄故事》、《隐几与养和》、《行障·画障·立轴》、《宋代花瓶》、《砚山与砚屏》等篇，也都是意在考校一器一物的始末源流，从生活用具的沿革中发现隐含其内的历史脉络，以期即小见大。关于《两宋茶事》，在《古诗文名物新证·后序》中，我曾写下这样几行文字："茶事只是社会生活之一端，但在《全宋诗》与《全宋词》的范围里检阅其详，却不能不惊讶于它的丰富。茶事中的细微末节，在茶诗中原是有情，有境，有性灵；饮茶方式的选择，也每每显示着饮者的气度和风神。陆羽曾经努力使茶事成为一种艺术，一种境界，两宋士人则把悬浮着的艺术和境界化为日常，而依然可以用'物'来承载属于自己的'文'。那么士人之茶与世人之茶是否有所区别？从考校名物入手，应该可以发现茶诗与茶事相互映衬中若干细节的意义。"二十年过去，这一点心得虽然早已淹没在茶文化的滚滚热潮中，不过自以为当日努力考索得出的结论至今也还没有过时。当年还曾为自己策划了一本书，题作"临安士人的一天：南宋日常生活二十三事"，"所举二十三事，每一事均有其事所必用之物，且事中有事，物中有物，物则源自文献、实物、图像之互证，即言必有据，物必有证，并有若干生活场景之复原。挽千丝万缕入一日，而使它眉目清晰，条理分明，琐细处皆有耳闻目见之亲切"。选题已为中华书局正式接受，但至今未能动笔，因为总以为准备尚不够充分，大概最终是要放弃了。

当日每篇草成，必要呈阅遇安师，老师也每有一二评述，并常常言道希望我能保持《读书》时的文笔，"你的考证功夫已经过关，但还要有情趣，而这本来是你的长项，一定不能丢掉"（二〇〇二年七月廿九日记）。然而这却并不符合当今学术论文的要求，并且果然因此生出一个小小的插曲。先是，《宋代花瓶》一文投稿《故宫博物院院刊》，之后被告知这篇文章写得太漂亮了，不适合发在院刊，拟转到《紫禁城》。没想到几天后又告诉说："李院长不同意，坚持要发院刊，说论文怎么就不可以漂亮，就是要打破论文的八股。"

《罚觥与劝盏》一篇，最初是草写《湖南宋元窖藏金银器丛考》时拟纳入其中的一节，查日记，原是二〇〇七年九月廿三日动笔，五天后即粗具规模，九月廿八日的日记中写道："把未完成的'劝杯考'请师看，师曰：'这个问题很有意思，在此之前从来没有人谈过，现在也不可能有人把它谈得这样细。但是文章的信息太密集，是写给梁启超、章太炎看的，必须大大稀释。'"之后几天的日记，都是记述写作过程。"忽然开通思路，有了重大发现。觥，为什么是觥，为什么是觥筹，一下子打开了关钮。""由'觥筹交错'又解开了一个结，问题更明朗化了，真兴奋得不知如何是好。""将'觥盏与劝杯'大致草成，分上、下两篇。"十月八日，再将此稿呈请遇安师阅。不日即收到来书，其中说道："日前承以尊稿《罚杯与劝盏》见示，仓促间未克深思。事后细想起来，这个选题非常之好，您的主要论点也站得住，完全应当把它写成一篇名物学方面的典范之作。从本质上讲，所谓'名'者，即文献记载，主要用以说明其社会功能；'物'者，即具体器物，用以说明其形制和使用方法。但不论社会功能也好，形制用法也好，都跟着历史的脚步在不断变化。这是两条运动着的线，它们同时掌握在作者那里；二者如琴，要双手并弹。既看到风俗习惯的发展，又看到器物形制的演进。二者互为因果，互为表里，左右逢源，相得益彰。这样，问题就能说清，说得透，作者的文笔也自然而随之跌宕起伏，而柳暗花明。不仅死的物活了，一些早就退出人们记忆的断简残编也活了。这就是真正的名物学。"

也许与多数诗歌爱好者不太相同，唐代诗人我最感兴趣的是李贺、李商隐、温庭筠。温词名作《菩萨蛮》十四首多以物象营造诗境，自然令人喜爱，即使对物象未必十分明了，也可以体味语词铺陈之美。而考索"物色"之究竟，总是一种难以抵御的诱惑。"藕丝秋色浅。人胜参差剪。双鬓隔香红。玉钗头上风"，历来为人激赏，然而作为词眼的"隔"字、"风"字，若不解词人所及之物，实在难得确解。它于是成为很久就放在心里的问题，虽曾写就一则《人胜·剪綵花·春幡》，发表于《南方文物》二〇一二年第三期，但总觉缺少关键物证。二〇一四年初春，浙江省博物馆动议举办定州两塔文物展，机缘凑巧，我有幸随同考察，得以亲抚定州博物馆藏品，于是在观摩现场发现了——应该说是认知，因为它久已在彼，而等待我去叫出它的名字——实物证据"宜春大吉"银春幡。此后完成的《金钗斜戴宜春胜》，可以算是为春幡胜立传，而"人胜参差剪。双鬓隔香红。玉钗头上风"，得实物之观照，也便意义全出。它也就是前面说到的自我订立的目标之一：名物考证应该包含着文学、历史、文物、考古等学科的打通，是对"物"的推源溯流，而又同与器物相关的社会生活史紧密相联。

近年博物馆的开放力度愈益增大，展览的学术含量愈益提升，今天的名物寻微，比以往增添了许多有利条件，同时也对治学者的辨析能力提出了更高的要求。字词的训诂，依凭网络检索寻源讨本，可得前人不可想象的快捷之便，然而去伪存真，抉发诗意文心，究竟还要靠学者的综合修养。而涉及一器一物的定名，在目前却是网络搜索的"金手指"也无从索检，于是博物馆参观以积累实物资料乃成为一个新的治学途径。《一物，一诗，一幅画》，便是试从观展的角度读"物"，原是五年前在浙江省博物馆举办的讲座文稿。

十二题中的十一题都是讨论器物，惟《〈春游晚归图〉细读》考证对象是绘画，然而究其实，面对的依然是"物"，是画中的茶镣担子，是"厮锣一面，唾盂、钵盂一副"，是茶床，是腰金、佩鱼、大帽，即所谓"重金"与"重戴"，因此我在文末说道"作画者的用心处似不在笔情墨韵和意境，却是在尺幅之间将有关画面主人公身分地位的器用服饰一丝不苟摹写备细"，那么我的如此读画，也可算作与画家相与会心罢。

前不久，在《文史知识》二〇二三年第五期的"顾随小辑"中读到这样的议论："在世纪之交，有学者提出，古代文学研究应该'更多地采用独特的意义揭示方式'，并提出'理论性、实证性和感悟性的结合'的研究手段。但是述学方式的形成绝非孤立的过程，而是处在研究对象、研究主体、学科体制、学术观念等诸多因素的交互作用之中。就近现代古典文学学科体制来说，其形成至今已有百年历史，在学术标准、学科边界等方面已逐渐规范化、稳定化，以科学化、系统化为追求的学术著述作为学术生产的主要目标，其模式早已在学科'体制'的逐渐完善中定型。但如果我们不满足于单一的科学化、系统化的著述方式，而试图去寻求一种更符合古典文学学科研究对象自身特点的述学文体，或者说，希望形成一种富有学科特色的述学方式，那么顾随或许可以给我们一些启发。"（仲浩文《诗人性情与学术"体制"的矛盾》）所谓"富有学科特色的述学方式"，令人颇有同感。学术生产定型于"规范化、稳定化、科学化、系统化"，固无可非议，但如果不为体现个人风格的遣词造句、叙述方式，包括标点符号的使用留下一点馀地，恐怕也是一种缺失。我自然没有"诗人性情"，但却始终在意文字的个性，大约一是生性使然，一是《读书》十年受到的濡染。主编老沈再三强调取稿标准是"好看"，清楚记得他曾向我们推荐张荫麟的《中国史纲》，说它历史讲得通透而难得文字可人，并特别举出书里他印象很深的一处表述，即讲到汉与匈奴和亲，说单于们希罕的是布帛金银，"而不是托名公主，未必娇妍的汉女"。后来买了《中国史纲》，果然读了非常喜欢，虽自己的写作不能臻于此境，而心向往之。

唐宋时代的床和桌

1

小引

　　由席坐而转为高坐具上的垂足坐是中国家具发展史中的一次大变革，虽只是家具的增高，但在社会生活中引起的变化却很大，比如观念，比如生活习俗乃至礼俗种种 ❶，甚至可以说牵一发而动全身，因此这一番变革并非成于一朝一夕，而是经过了一个持久的过渡。

　　汉承先秦，建筑结构以及室内空间分隔之灵活的基本原则没有很大的改变，只是使席坐时代的家具不断完备与成熟。比如几案之类。有置于帷帐之前的长案，时或延续先秦已有的名称而呼作桯。桯的上面可置书几，或书案、奏案，又可以置食案。食案也还可以细分：有足而圆者曰檈，无足而方者曰枺，如长沙马王堆西汉一号墓出土无足食案﹝图1·1﹞。书案、奏案之类小巧的几案多半下置栅足，几面两端或又作出翘头。体量较大的栅足案则陈设于地，多用作置物﹝图1·2﹞，其上不妨更陈箧笥乃至柜和橱。属于坐具的隐几或曰凭几，几面多下凹而成一柔和的弧度，其下也常以栅足为支撑，这也是先秦已有的作法。此外汉代又从作为卧具的床中分化出小于床的榻。榻与隐几，便成为

---

❶ 家具增高带来的重大影响之一便是坐姿的改变：由跪坐而易为垂足坐，亦即旧日为人所鄙的踞坐。佛教被人接受，踞坐却很难通行。宋文帝时郑道子与沙门书，论踞食的简慢，以其不合中土礼俗也，即"稽首至地，不容企踞之礼；敛衽十拜，事非偏坐所预"，由此引起一番很是激烈的辩论，与者甚众，最后甚至由司徒王弘以及朝臣奏请宋文帝裁定。事见《弘明集》卷十二。又僧众踞食形状，义净《南海寄归内法传》卷一"食坐小床"条云，"西方僧众将食之时，必须人人净洗手足，各各别踞小床，高可七寸，方才一尺，藤绳织内，脚圆且轻，卑幼之流，小拈随事，双足蹋地，前置盘盂"，"未曾见有于大床上跏坐食者"。

1·1　食案　长沙马王堆西汉一号墓出土

1·2　山东沂南画像石墓后室石刻

日常起居中最为经常的组合，并且以此表明尊卑——它常常是尊位所在——这时候室内陈设的中心，因此也可以说是榻与隐几。

魏晋南北朝时代，随着佛教东传而为席坐时代稳定成熟的家具形制带来了若干变革的因素，而此前已经出现的来自西域的胡床，更成家具变化中一个特别有生命力的生长点。传统家具中，席与屏风，也包括各类帷帐，都是可以折叠、方便移动的，胡床的迅速被接受，可折叠而便携，大约也是主要原因之一。南北朝时，胡床用于军中的事例有不少，戎服垂足坐胡床，自然既舒适又方便。《梁书》卷五十六《侯景传》所谓"床上常设胡床及筌蹄，著靴垂脚坐"，是人们经常引用的一条史料，此中之要，一在"著靴"，著靴则传统之跪坐难行也，而这里的"床"，原是起居处的尊位所在。侯景之"床上常设胡床及筌蹄"，是在尊位上另设坐具，而为着著靴垂足坐的方便，但却大反传统礼俗，它被写入正史，也正包含着对此特别的惊异与批判。

一　唐代的"床"

唐代是低型家具与高型家具并行，也是跪坐、盘腿坐与垂足坐并行的时代。不妨以陕西三原唐李寿墓为例。墓葬年代为贞观五年，即公元六三一年。墓中置石椁，象征墓主人生前的寝殿。石椁内壁满布线刻画，茵褥、隐囊、挟轼、筌蹄、胡床；食床、暖炉；棋局、双陆局 ❶（图2·1，2），

---

❶　相关考述，见孙机《唐·李寿墓石椁线刻〈侍女图〉、〈乐舞图〉散记》，页205～212，《中国圣火》，辽宁教育出版社一九九六年。

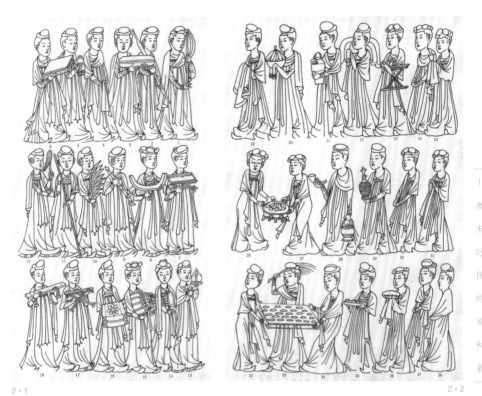

2·1   2·2

2·1·2　陕西三原唐李寿墓石椁线刻画（摹本）

画中侍女捧持的诸般器具，表现了当日贵胄家居生活之一般，而家具的时代特征正由此见得鲜明，那么把它作为与后世便于比较的一个标识，也大致合宜。

这一时代的家具中，最为特殊的一类是所谓"床"，换句话说，即床的概念变得格外宽泛，凡上有面板、下有足撑者，不论置物、坐人，或用来睡卧，似乎都可以名之曰床。

比如作为尊位的坐具。《资暇集》卷中"座前"条："身卑致书于宗属近戚，必曰'座前'，降几前之一等。案，座者，座于床也，言卑末之使不当授受，置其书于所座床之前，俟隙而发，不敢直进之意。"作者李匡文是唐末五代人。床作为尊位之坐具原可上溯到东汉及南北朝❶。尊者"座于床"的情景，在唐代笔记小说中很常见。《太平广记》卷三〇一引《广异记·仇嘉福》："唐仇嘉福者，京兆富平人，家在簿台村，应举入洛。出京，遇一少年"，少年欲与之同行，而引其入华岳庙，"嘉福不获已，随入庙门，便见翠幕云黯，陈设甚备。当前有床，贵人当案而坐，以竹倚床坐嘉福"。所谓"贵人"者，太乙神也。又《法苑珠林》卷六十四引《冥报拾遗录》："唐范阳卢元礼，贞观末为泗州涟水县尉，曾因重病闷绝，经一日而苏，云有人引至府舍，见一官人过，无侍卫，元礼遂至此官人座上，据床而坐。官人目侍者，令一手提头，一手提脚，掷元礼于阶下"。是床在阶上也。两则均为初唐故事。又唐末皇甫氏《原化记》中的"车中女子"，曰一入京应举的书生被两少年强引至一处，"携引升堂，列筵甚盛，二人与客据绳床坐定"，而后有女子乘钿车至，"遂揖客入，女乃升床，当局而坐"。此车中女子，原是一位很有侠气的贼首。几则故事中，除竹倚床和绳床是椅子之外，馀之言床者，均是作为尊位的坐具。以唐五代绘画为比照，这里的情景便很容易明白。如敦煌莫高窟第三二三窟北壁的一幅，绘佛图澄为后赵皇帝石虎说法，佛图澄立于左，右设一床，床上设案，石虎的位置，正是"当案而坐"。壁画时代为初唐 _{〔图3〕}。五代卫贤所作《高士图》或者也可以引在这里，画中占据居室中心位置的是床，床两边设凳，床上一具栅足书案，案上放着展开来的书，书帙卷裹着的卷轴置于案足 _{〔图4〕}。所绘坐具与前

❶ 东汉图例，如山东安邱韩家王封村汉墓发现的画像石，见《文物参考资料》一九五五年第三期封三。后世之御床，即由此发展而来。《宋书》卷十八《礼五》："天子坐漆床，居朱屋。……漆床亦当是汉代旧仪。"同书卷六十三《王昙首传》：高祖刘裕即位，平谢晦，欲封昙首等，"会谯集，举酒劝之，因抚御床曰：'此坐非卿兄弟，无复今日。'"又《南齐书》卷二十六《王敬则传》，云太祖亦即齐高帝成事之先，敬则从之谋废立，苍梧王事件中，至承明门，"随太祖入殿。明旦，四贵集议，敬则拔白刃在床侧跳跃曰：'官应处分，谁敢作同异者！'"

3　敦煌莫高窟第三二三窟北壁
　　壁画（初唐）

4　《高士图》局部
　　故宫博物院藏

举敦煌壁画正是大致相同的格局。而《高士图》本来有着刻意求古的成分。

又有一种床，该算一般的坐具。《文苑英华》卷五一〇录崔融《耽书穿床判》，前述事之始末曰："孔安家贫耽书，一座数载不移，故穿床。邑宰以为惰农，遂蒙笞责。廉使谓高贤。"崔融自是廉使意见的赞成者，以为邑宰"徒有望于勤农，终致惭于励学"，此且不论，所谓"一座数载不移，故穿床"，是床乃坐具也。又《太平广记》卷三十九录《广异记》中的麻阳村人故事，曰辰州麻阳村人，有猪食禾，人怒，持弓矢伺之。后一日复出，人射中猪。猪走数里，入大门。门中见室宇壮丽，有一老人，雪髯持杖，青衣童子随后。问人何得至此，人云："猪食禾，因射中之，随逐而来。"老人云："牵牛蹊人之田而夺之牛，不亦甚乎？"命一童子令与人酒饮。前行数十步，至大厅，见群仙，羽衣乌帻，或樗蒲，或弈棋，或饮酒。童子至饮所，传教云："公令与此人一杯酒。"饮毕不饥。又至一所，有数十床，床上各坐一人，持书，状如听讲云云。"牵牛蹊人之田"，是用着《左传》的典故，见《宣公十一年》。这里的"老人"原是河上公，"童子"乃王辅嗣，到了仙界聚在一处，《老子》的注释家于是成为河上公的侍者。唐人笔下的志怪故事多充满人间烟火气，故事中的这一场景也是从生活中来，这里仍不妨援图作注。莫高窟第一三八窟南壁时属晚唐的一幅，绘禅椅，绘衣桁，衣桁前面绘一张床，自是卧床，与它相对的两具小床，"床上各坐一人"，其情景与麻阳村人眼中所见似乎相差无几。此中另有一个值得注意的细节，便是禅椅与坐具的床并行，然而坐姿无异（图5）。

平居宴饮时用为坐具的床，形制与卧床并没有太大的区别，不过陈放的场合及附加的陈设不同而已，如故宫博物院藏《韩熙载夜宴

5　敦煌莫高窟第一三八窟南壁壁画（晚唐）　　　　　6　《韩熙载夜宴图》局部

图》，如波士顿艺术博物馆藏宋摹《北齐校书图》❶。张鷟《游仙窟》中说到主人公与十娘、五嫂见面后相随上堂，堂设八尺象牙床和文柏榻子，三人会饮便周旋于此间。其后主人公与十娘偕往卧处，方有共眠之床，乃屏风、彩幔、香囊、枕席，一一布置。《韩熙载夜宴图》所绘与之仿佛，只是作成了连续的画面。但力求写实的画家并没有因此把细节忽略，他特别为卧床仔细画出帐幔及其床侧就寝用作挂衣的衣桁，而这也正是宴席坐具与寝处卧具的区别所在（图6）。

此外一种异物之具也常称作床。唐人传奇《虬髯客传》曰虬髯客宴李靖、红拂于中堂，"家人自堂东舁出二十床，各以锦绣帕覆之。

❶　唐封演《封氏闻见记》卷十"务尚"条记萧诚以己书谎称右军墨迹诈李邕，邕信为真，"数日，萧默候邕宾客云集，因谓李曰：公常不许诚书，昨所呈数纸，幼时书，何故呼为真迹，鉴将何在？邕愕然曰：试更取之。及见，略开视，置床上曰：子细看之，亦未能好"。忖此情境，似与《北齐校书图》所绘略相仿佛，此"床"与彼"床"，正不妨对看。

既陈，尽去其帕，乃文薄钥匙耳"❶。又唐张固《幽闲鼓吹》曰朱崖邀饮杨钦义于中堂，"而陈设宝器图画数床，皆殊绝"，"起后皆以赠之"。又《太平广记》卷一一五录《广异记》中的李洽故事曰：山人李洽自都入京，行至灞上，逢吏持帖云："追洽。"洽视帖，文字错乱，不可复识，谓吏曰："帖书乃以狼藉。"吏曰："此是阎罗王帖。"洽闻之悲泣，请吏暂还，与家人别。吏与偕行过市，见诸肆中馈馔，吏视之久，洽问："君欲食乎？"曰："然。"乃将钱一千，随其所欲即买，正得一床。与吏食毕，甚悦，谓洽曰："今可速写《金光明经》，或当得免。"❷这一类异物之床，或者均为矮足之案。

矮足之案中又可以大略分出食床与茶床。朱庆馀《题任处士幽居》："惜与幽人别，停舟对草堂。湖云侵卧位，杉露滴茶床。山月吟时在，池花觉后香。生涯无一物，谁与读书粮。"❸"湖云侵卧位，杉露滴茶床"，其茶床式样大约即如辽宁省博物馆和台北故宫博物院各藏一幅的《萧翼赚兰亭图》所绘，为长方形的四足小矮案（图7），陆羽《茶经》中说到的"具列"，也是此物。

关于食床，见敦煌文书《辛未年正月六日沙州净土寺沙弥善胜领得历》："新六脚大床壹张，方食床壹张，新牙床壹，新踏床壹，故踏床壹，又故踏床壹，无当头，肆尺小踏床子壹，画油行像床子柒个，新方床子壹"（伯·三六三八）。这是把食床与他床并列而显出区别，可见各有形制与用途的不同。唐代食床目前可以判明形制的大约有两

---

❶ 南北朝时或已如此，《北齐书》卷三十《高德政传》，曰德政将被难时，其妻"出宝物满四床，欲以寄人"。此置放宝物之床，应非卧床，所谓"出"，与《虬髯客传》之"舁出"意思相同。《北齐书》作者为李德林、李百药父子，李德林经历了齐、周、隋三朝。
❷ 据中华书局校点本《广异记》，"正得一床"，明钞本作"止得一味"（页31，一九九二年版）。或正出自对"床"字的不理解而径改。
❸《全唐诗》，册一五，页5871，中华书局一九六〇年。

7 《萧翼赚兰亭图》中的茶床（摹本）
据辽宁省博物馆藏本

种，前举李寿墓线刻画所绘下为壶门座者是其一 **❹**。又日人寺岛良安编《和汉三才图会》，"食床"条为之绘出一个四足的小方桌，释之曰"饭台"，虽然时代后此很久，但依《曆》中的形容，且以茶床为参照，二者形制应相去不远。《曆》中的"辛未年"，乃公元九一一年。而此际食床似乎正有过渡为桌子的趋向。五代诗僧齐己《谢人寄南榴卓子》："幸附全材长，良工斫器殊。千林文柏有，一尺锦榴无。品格宜仙果，精光称玉壶。怜君远相寄，多愧野蔬粗。" **❺** 锦榴，亦即诗题中的南榴，乃瘿子木 **❻**，以有天然纹理而为时人所喜。所谓"一尺锦榴无"，是瘿子木鲜有大材也。或云此为陈列祭品的高桌之属 **❼**，似非。诗中所咏

---

❹ 就用途言它称作食床，就形制言，它当时也称作牙床。

❺ 《全唐诗》，册二四，页 9532。

❻ 左思《吴都赋》"楠榴之木，相思之树"，李善注："南榴，木之盘结者，其盘节文尤好，可以作器。"方以智《通雅》卷三十四曰楠榴即豆斑樱木，"盖木有瘿瘤，取其材多花斑，谓之瘿子木，书作樱子木"。

❼ 宿白《白沙宋墓》，页 120，文物出版社二〇〇二年。

均与祀事无关，"仙果"、"玉壶"，都是酒食的美称，后面的"野蔬"正作谦词与它对应，则南榴卓子自是作为日常用具的食床之类，不过以"卓子"之称而显得格外引人注目，从这里却也正可捕得观念转变的一点消息。

总之，席坐时代家具的完备与成熟在魏晋南北朝时被打破，唐代作为转型期，家具名称、功能之间的区别变得模糊，或曰不很确定，同样的名称之下，却未必有与之严格对应的器具，关于床的若干事例，正是反映了这一点。

二 宋代茶床

五代与宋相衔，成为低型家具向高型家具转变的接近完成的过渡期。唐代概念笼统的床，在宋代逐渐完成了分化和定型：一部分成为名称与用途都大致明确的榻；而下为壶门座者，则增加高度，从它原有的功能之一中独立出来，演变为大型书案。此类书案以南宋绘画为多见，如台北故宫博物院藏传宋人《梧阴清暇图》，又传刘松年《撵茶图》。

两宋一个重要的改变是垂足坐的通行，它并且进入一向保守的礼制系统。《宋史》卷一四四《仪卫二》"宫中导从之制"条，述太平兴国初年时的步辇制度，云"乘辇，则屈右足，垂左足而凭几，盖唐制也"。这当然不是唐制，宋摹阎立本《步辇图》可以为证。庄绰《鸡肋编》卷下："古人坐席，故以伸足为箕倨。今世坐榻，乃以垂足为礼，盖相反矣。盖在唐朝，犹未若此。按旧史《敬羽传》：羽为御史中丞，太子少傅、宗正卿郑国公李遵，为宗子若冰告其脏私，诏羽按之。羽延遵，各危坐于小床。羽小瘦，遵丰硕，顷间，遵即倒。请垂足。羽曰：尚书下狱是囚，羽礼延坐，何得慢邪？遵绝倒者数四。则《唐书》尚有坐席之遗风。今僧徒犹为古耳。""旧史"，即《旧唐书》，此见该书卷一八六《酷吏下》。"遵绝倒者数四"，原书下并云："请问，羽徐应之，授纸笔，书脏数千贯"。敬羽是肃宗时颇见委任的酷吏，其创制的种种酷刑令人发指，惟李遵以勋旧而使羽不敢放肆，于是以礼待之而实为折磨，遵因不堪其"礼"而把脏数供出。庄绰拈出此则以明唐制，却更教人觑得这里的唐宋之别。

不过以士人对古典的依恋而不免把过渡期一再挽留，虽然终于缓慢走进高型家具为绝对主流的时代，但低型家具时代的若干遗风却始终没有完全从时尚中淡出。它成为一种程式化的叙事语言，或图像学中的一种符号，保存在诗词里，绘画里，不仅使作品不失高古之标格，且总在指引后人对古典的持守与传承。但即便如此，保守古意的坐榻凭几的艺术形象也不再有跪坐的姿势，这便是《鸡肋编》亦即宋人眼中"古人"与"今世"的界限。

茶床的使用在两宋依然很流行，式样也没有太多变化，但功能却日益明确，即专用于摆放茶酒食。张师正《倦游杂录》："木馒头，京师亦有之，谓之无花果。状类小梨，中空。既熟，色微红，味颇甘酸，食之大发瘴，岭南尤多，州郡待客，多取为茶床高饤，故云：公筵多饤木馒头。"筵席"高饤"，看果之属，如《梦粱录》所记❶，宋人画作中也常常绘出，如台北故宫博物院藏宋徽宗《文会图》。又《钱氏私志》记钱光玉尚仁宗女庆寿公主事，云府第"画堂上有斗八藻井，五色彩画，花砖砌地，衮砧屏风，画白泽图，左设通珠（四库本作"硃"）五明金撮角倚子、茶床，排当即施，用银；右设黑光五明金银镀撮角倚子、茶

❶ 该书卷三：四月，度宗初九日圣节，"翰林司排办供御茶床，上珠花看果"。

床，排当即施，用银。子孙两向分昭穆坐。服用之物，酒食器外，如洗漱之类，贤穆者，金；光玉者，银，未尝错乱"❶。贤穆，庆寿公主。排当，即宴会。曰"排当即施"，则平日不施可知。又《倦游杂录》"茶床谜"条："陈恭公以待制知扬，性严重，少游宴，时陈少常亚罢官居乡里，一日上谒，公谓曰：'近何著述？'亚曰：'止作得一谜。'因谓之曰：'四个脚子直上，四个脚子直下，经年度岁不曾下，若下，不是风起便雨下。'公思之良久，曰：'殊不晓，请言其旨。'亚曰：'两个茶床相合也。''方欲以此为对，然不晓风雨之说。'亚笑曰：'乃待制厅上茶床也。苟或宴会，即悭值风，涩值雨也。'公为之启齿，复为之开樽。"陈恭公，陈执中也。由此可知茶床是临时陈设的酒食桌，平日则桌面相对叠在一起，放在不相干的处所即所谓"四个脚子直上，四个脚子直下"，而陈待制本来也是由此一下子想到谜底。但以茶床每为游宴亦即户外宴会而置，因有风之日摆不得，有雨之日摆不得，若待制难得的游宴之兴偏与难得之风雨相值，岂不是经年度岁"下"不得。惟陈恭公始终不悟这里幽默中的讽意，因此百思不得其解。蔡絛《铁围山丛谈》卷一："顷有老内侍为愚道，昭陵游幸后苑，每独置一茶床，列肴核以自酌。"昭陵，宋仁宗也。两事正好互相发明。

　　出游而以茶床相随，其情景也可以援画为证，如南宋无款《洛神赋图》（图8·1）、《春游晚归图》，又传刘松年《西园雅集图》（图8·2）。宋人笔下带着叙事意味的绘画常常写实成分为多，用来与史实对照便每有契合。《西园雅集图》绘北宋故事，即王诜庭园中的一次群贤聚会。两米馀的一幅长卷，其中从者荷物过溪桥的一段，绘抬"行具"者二，顶食盒者一，肩打扇挟棋盘者一；与桥上几人相呼应者，肩负茶床，正在桥头回首顾望。《洛神赋图》虽是古典题材，但舆服却并

❶《说郛》涵芬楼本卷四十五。按"子孙"句前原有"泥幔帐设"四字，此据四库本删。

8·1 《洛神赋图》局部　故宫博物院藏　　　　8·2 《西园雅集图》局部　清宫旧藏

非尽从与故事相应的古制，而是多援"今典"，如随从中的行具，如照例与行具结为一组的茶床。至于《春游晚归图》，则可以说是笔绘当时，因更有细节刻画的微至。随行中，肩茶床者一❷。荷交椅者一。又一人挑担荷行具，担之一肩，为燎炉或称镣子以及点茶用的长流汤

❷ 或曰此是杌凳（王世襄《明式家具研究·文字卷》，页 27、28，香港三联书店一九九五年），但杌凳与交椅以及随行挑负的茶酒具，并不构成组合。此外容易与之混淆的还有一种名为"驾头"，亦即上马杌子，不过它在宋代已成"法物"而属之于卤簿仪仗。《宋朝事实类苑》卷三十三："正衙法座，香木为之，加金饰，四足堕角，其前小偃，织藤冒之。每车驾出幸，则使老内臣马上抱之，曰驾头。"又《西湖老人繁胜录》："驾头用朱红圆兀子一只，以绣袱盖，阁门捧于马上，二边各有从人扶策。"又《梦粱录》卷一，紫棠官一员，"系阁门寄班，乘马，捧月样绣兀子，覆于马上，天武官十馀，簇拥扶策而行，众喝曰：'驾头'"（按冯汉骥《驾头考》于此有详论，见《冯汉骥考古学论文集》，页 85—97，文物出版社一九八五年），与这里的情景不合。此外值得注意的是，《钱氏私志》云：庆寿公主"有荆雍大长公主牌印，金铸也；金鞍勒、玛瑙鞭、金撮角红藤下马杌子。闻国初贵主犹乘马，元祐以后不铸印，亦无乘马仪物"。

瓶，另一肩为"游山器" ❶，或曰"春盛食罍"，又或曰"食匮"，——沈括《忘怀录》"行具二肩"条，于"食匮"中的诸般器具曾一一胪陈 ❷。又肩茶床者身旁，一人手提编笼，编笼内斯锣一面系侧置，钵盂放在唾盂上边，贴着斯锣的底，于是有提携之便。画中的交椅且特别绘出靠背上端连着的荷叶托，此式乃见于宋人笔记，这里又正好见出茶床与椅子的组合。

与传世绘画呼应的一个实例，为四川彭山县（今眉山市彭山区）亭子坡南宋虞公著夫妇合葬墓中发现的一组浮雕作品，即西墓室享堂东、西两壁分别安排的出行图和备宴图。西壁出行图以一乘暖轿为重心，两边仪仗煊赫，中有负交椅者一（见本书页276，图9）。东壁备宴图分作上下两部，上方浮雕长方形高桌一，上有坐在温碗里边的酒注，又与之配合的酒台子一对。桌子的前方放着专用作盛酒的长瓶，其中一个放在座子里。图的下方，一边为"行具二肩"，一肩燎炉，炉上有炭火，上置两个用作点茶的长流汤瓶；另一边为形制小巧的茶床，上置带托子的茶盏。茶床与酒桌相对设，二者的区别恰好见得分明（图9），而东、西两壁的内容又有着相互间的呼应。公著是左丞相忠肃公虞允文次子，以父荫补承事郎，历官至中奉大夫知渠州军州兼管内劝农使，封仁寿县开国男，食邑三百户，赐紫金鱼袋。公著的妻子为丞相卫公留正之女 ❸。那么享堂浮雕表现的正是仕宦人家的生活场景。

"椅的开始，最迟当在唐代，初用之时，似乎多在室外" ❹，宋代

---

❶ 名见文彦博诗，北京大学古文献研究所《全宋诗》（北京大学出版社一九九一年至一九九八年），册六，页3502。

❷《忘怀录》收在《说郛》，署作沈存中。此引自涵芬楼本卷十九。

❸ 四川省文物管理委员会、彭山县文化馆《南宋虞公著夫妇合葬墓》，页393，图一二；页394，图一三，《考古学报》一九八五年第三期。虞公著卒于南宋理宗宝庆二年，其妻卒于宁宗庆元五年。

❹《白沙宋墓》，页119。

9 南宋虞公著夫妇合葬墓西墓
室备宴图

每见于士大夫生活中的椅子与茶床的组合，大约也是先施之于户外，且多用于游宴，而这正是都城市井饮食店铺铺设桌凳之风气的另一种赋予了风雅之韵的表现形式❺。这一风尚最后影响到皇家制度。《宋史》卷一四四《仪卫二》，皇太妃出入仪卫，中有"诸司御燎子、茶床，

---

❺《白沙宋墓》："从晚唐五代开始用桌椅，至北宋中叶以后桌椅相当普遍，此二百多年间，桌椅之使用及其布置已有所改变，如《韩熙载夜宴图》所示一人坐椅或一人单椅独据一桌，而此三墓所示则为一桌二椅之二人对坐。此种一桌二椅之二人对坐之布置，从张择端《清明上河图》和宋人《雪山行旅图》、宋人《文姬归汉图》中观察，可以推知为当时店铺，——特别是饮食店铺之一般安排。欧阳修《归田录》卷二和孟元老《东京梦华录》卷四所记北宋汴京酒楼内部布置也正如此。而此时期之文献记载及传世唐宋各种绘画中，却从不见一般家庭、官舍和寺观中作如此安排者，因疑此种变动，或即渊源于当时城市中到处开设之饮食店铺。"（页114）此说是也。不过见于"此时期之文献记载及传世唐宋各种绘画中"的茶床与椅子的组合，正可为此番考索补充一个重要细节。

快行亲从四人",这是哲宗绍圣元年以枢密院建言而增设的诸般事项之一。那么它正好可以作为家具变化诸环节中一个很有参考价值的时间标尺。

作为接近完成的过渡期,宋代家具名称与功能的对应逐渐趋向细致和明确,且在一次一次的分化中使品种不断增加与完备。不过变化中一个保持不变的原则是室内陈设的自由与灵活,因此进入日常生活的高型家具,也多保持着可以方便移动的特性,如椅子和桌。对于士人来说,一桌一榻或一把交椅,便随处可以把起居安排得适意,可室中独处,也可提挈出行,或留连山水,或栖息池阁。可坐可卧,闻香,听雪 ❶,抚着风的节奏,看花开花落。如朵云轩藏《高阁观荷图》^(图10),台北故宫博物院藏《风檐展卷图》(见本书页46,图19),故宫博物院藏《草堂客话图》^(图11),等等。当然这是宋人用诗和画构筑起来的田园之思,其中自然很有理想的成分,但此中反映出来的生活真实,是椅子和桌终于结为固定组合,在长久的演变过程中完成了家具陈设的一种新格局 ❷。

名物研究十二题

---

❶ 梅尧臣《苏子美竹轩和王胜之》句云"谁怜青青枝,下有暗叶堕。我期戴雪时,来听幽声卧。应当为设榻,勿使赏心刬"。《全宋诗》,册五,页2840。又杨万里《庆长叔招饮,一杯未醲,雪声璀然,即席走笔赋十诗》"长廊尽处绕梅行,过尽风声得雪声",同上,册四二,页26260。

❷ 如《白沙宋墓》所论,桌椅类家具从出现到成为居室内的陈设,"皆经有一段甚长的过程",其中以椅子为早,"最迟当在唐代,初用之时,似乎多在室外,有时且与绳床相混,至于使用之人,又多具特殊身分"(页119)。而桌子的出现比椅子要晚,椅子和桌的固定组合,则更晚。

10 《高阁观荷图》局部　朵云轩藏

11 《草堂客话图》局部　故宫博物院藏

三　关于"鹤膝棹"

茶床在宋代与桌并行，而从中又变化出小而轻便的高桌 ❶，这一分化在五代已见端倪。其中很有特点的一种或者可以说是鹤膝棹。在由席坐向高坐具过渡的过程中，家具的有无固定位置，是前后变化的一大关捩，而鹤膝棹的使用即是可以反映这一变化的一个例子。

鹤膝棹之称见于《南宋馆阁录》。该书卷二《省舍》节曰，秘阁五间，"阁后道山堂五间，九架"。注云："堂两傍壁画以红药、蜀葵。中设抹绿厨，藏秘阁、四库书目。前有绿漆隔三十扇，冬设夏除。照壁山水绢图一，又软背山水图一，有会集则设之。紫罗缘细竹帘六。钟架一并钟一口。黑光偏凳大小六，方棹二十，金漆椅十二。板屏十六，绢画屏衣一，鲛绡缬额一。鹤膝棹十六。壶瓶一，箭十二。大青绫打扇二，小绫草虫扇十五，夏设。黑光穿藤道椅一十四副。"关于鹤膝，原有两指，其一指兵器中矛的一种。《方言》卷九："矛骹细如雁胫者，谓之鹤膝。"左思《吴都赋》"家有鹤膝"，刘良注："鹤膝，矛也，矛骹如雁胫，上大下小，谓之鹤膝。"其一为竹名，见于宋人所作《淳熙三山志》和《笋谱》，元李衎《竹谱》卷五："鹤膝竹，又名木穊竹，生杭州西湖灵隐山中，节密而内实，略如天坛藤，间有突起如鹤膝。"鹤膝棹，当是取鹤膝竹的形象而用来形容中间突起若竹节的桌子腿。

---

❶《白沙宋墓》曰"桌源于汉代之案"（页120），似不确。该条下举诸例，均是后世条案之渊源，实与高桌无涉。

12·1 河北曲阳王处直墓壁画

12·2 辽彩绘供桌
赤峰博物馆南馆藏

　　鹤膝桌子的形象，五代画作中即已出现，如河北曲阳县王处直墓壁画（图12·1）。辽代供桌有类似的样式（图12·2）。又有故宫藏旧题唐卢棱伽实为宋人之笔的《六尊者像》（图13·1），宋徽宗《听琴图》（图13·2），台北故宫博物院藏《宋时大理国描工张胜温画梵像》（图13·3），又宋《人物图》（图14）。而由《人物图》尤其可以看出它的布置。

13·1 《六尊者像》局部

13·2 《听琴图》局部

13·3 《张胜温画梵像》局部

14　宋《人物图》
台北故宫博物院藏

图的中心一张榻，前置一个小踏床，后立一架大插屏，榻上设凭几。近旁的鹤膝桌上一个砚台，两碟酒果，一副台盏，童子方持酒注向盏中注酒。左侧稍后是莲花托座承起的风炉，炉上坐着铫子。稍前的鹤膝桌上放着一具盝顶匣，又台盏一副，上面扣着酒罩 ❶。桌子旁边的木座上放着扎起口来的长瓶。榻的右侧又是鹤膝桌两张，上面放着两函书，又卷轴四，棋盘一，棋盒一对，古琴一张，桌旁一个藤墩 ❷。中间是山石台上的盆花。画作最可注意处是鹤膝桌子的安排，特别是拼合在一起的两张，《南宋馆阁录》记五开间的道山堂中设"鹤膝棹十六"，它的陈设，如《人物图》里的拼接式大约也是其中之一。这又似乎是宋代室内陈设中一种经常的做法，黑龙江省博物馆藏《蚕织图》的"谢神供丝"一幅中，也可以看到这种拼合 _[图15]。更有宋黄伯思的《燕几图》为证，其以形制和高矮相同，惟长宽不等的七张小桌，安排为室内各种形式的陈设，即所谓"创为二十体，变为四十名，因体定名，因名取义"，如一之体有三，曰函三，曰屏山，曰回文；又七之体有二，曰排峦，曰小布算，诸如此类。"率视夫宾朋多寡、杯盘丰约以为广狭之则"，总之是求其"纵横离合，变态无穷"。图前

---

❶ 酒罩，宋有其名也，王安礼《酒罩》诗："妙绝因（一作应）心匠，华堂此集英。轻尘避绿蚁，密影占香琼。醉有陶彭泽，狂如阮步兵。瓮头篱菊下，弃掷任纵横。"《全宋诗》，册一三，页 8686。

❷ 《明式家具研究》叙述明代酒桌来历，曾举出此图："酒桌以案形结构为常式，仍不外乎夹头榫和插肩榫两种造法。其由来已久，前者可参阅五代顾闳中的《韩熙载夜宴图》，后者如《天籁阁旧藏宋人画册·羲之写照》图所见。""它们显然是案形结构，却被称为'桌'，可谓是命名上的一个例外。此名的由来，尚未查到文献根据，但古画所见，多用以陈置酒肴，明人画本更为常见，故名曰酒桌，自有来历。"（页 51）按《羲之写照》即本篇之图 14。明代酒桌之命名，鹤膝桌之"桌"字，可以说昭示其渊源。有意思的是，明代称作"酒桌"的这一类，在宫廷陈设中尚有另外的用途，即其上覆以黄云缎桌帷，置放宝玺，便称宝案；置放诏书，便称诏案（朱家溍《明清室内陈设》，页 13，紫禁城出版社二〇〇四年）。如此灵活使用的方式，可以认为仍是宋代遗风。

15 《蚕织图·谢神供丝》
黑龙江省博物馆藏

并有关于桌子的说明："卓之横数不宜大，广则倍数太长。欲狭，亦止于一尺七寸，其长准此倍之。卓脚以低小为雅，其图以五寸六七分为准。俗工每泥己见，为卓必放脚阔，两卓相并，中即开缝，须当敛下，广狭与上同，则纵横布置无不齐矣。"所谓俗工的"卓必放脚阔"，即《营造法式》卷五柱制中的"侧脚"❸。虽然《燕几图》近乎游戏之作，朋友间看了觉得有意思，便赞许传布，在实际生活中也许并未推广，但却由此见出宋代家具与起居布置的一个很重要的特点❹。与茶床的用法相比，彼是会集方设，平日不过叠置而存；鹤膝桌之类小而轻便的高桌，却是以灵活安排为特色，即陈放位置并无固定，室内室

---

❸ 即"凡立柱，并令柱首微收向内，柱脚微出向外，谓之侧脚"，亦即以柱首中心定开间进深，将柱脚向外"踢"出去，使"微出向外"。《梁思成文集》第七卷，页137，中国建筑工业出版社二○○一年。

❹ 这种做法，在《韩熙载夜宴图》中已经可以看到。

外，可依所需而纵横布置。

道山堂中的大小"黑光偏凳"，即可以并坐二人的长凳 ❶。又"方棹二十"，当也同于鹤膝桌即是用于临时布陈，既有二十之数，则体量不会太大。《南宋馆阁录》卷六"暴书会"条："是日，秘阁下设方桌，列御书、图画。东壁第一行古器，第二、第三行图画，第四行名贤墨迹，西壁亦如之。东南壁设祖宗御画，西南壁亦如之。御屏后设古器、琴、砚，道山堂并后轩、著庭皆设图画。"暴书，曝书也。暴书会中陈列书画的情景，正昭示了方桌的用途之一。

除床榻外，宋代家具品种，在前引《馆阁录》卷二的这一番叙述中占得大部，其中又以屏风品类为多。照壁屏风，乃设在室内靠后的两缝内柱之间。《营造法式》卷六有"造照壁屏风骨之制"，即云如何用条桱做成大方格眼的屏风骨架。骨成，其上再裱糊纸或绢，绘画则多为名笔，道山堂用着的山水绢图，自然也不会是俗品。这些原都是传统的做法。"有会集则设"的"软背山水图"，应即卷轴山水。板屏，在辽宁省博物馆藏南宋《孝经图》中有其式，板屏上端所垂，即《馆阁录》所云"鲛绡缬额"之属 (图16)。屏风，交椅，打扇一对，其组合在一起的用法，由江西乐平宋墓壁画可以见得很清楚 (图17)。

帐、幔，屏风，在宋代仍有着分隔空间的优势，古已有之的堂室壁上作画，也依然是当日风俗 ❷，《馆阁录》云道山堂"堂两傍壁画以红药、蜀葵"，即其例。紧靠墙壁固定摆放的家具很少，橱、柜之类，体量都不大。黄庭坚与人书云"欲作一竹匮，高五尺，阔四尺七，侧

---

❶ 偏凳之称在越中的流行时间似乎很久，见清范寅《越谚》卷中"器用"一项。

❷ 郭若虚《图画见闻志》卷四：董羽，毗陵人，善画龙水、海鱼，"太宗尝令画端拱楼下龙水四壁，极其精思，及画玉堂屋壁海水，见存"。王辟之《渑水燕谈录》卷四："玉堂北壁有毗陵董羽画水，波涛若动，见者骇目。岁久，其下稍坏。学士苏易简受命知举，将入南宫，语学士韩丕择名笔完补之。丕呼圬者墁其下，以朱栏护之。苏出院，以是怅惜不已。"

名物研究十二题

16 《孝经图》局部 辽宁省博物馆藏

17 江西乐平宋墓墓室南壁壁画（摹本）

阔二尺三，两层，欲顶及四面平直"。宋尺一尺合今三十二点九厘米，竹柜四面平直，则下端无足可知。橱柜之属的陈放因与箱箧相类，其下也常常承以桌或榻，这两种情形在宋代绘画中都很常见，如故宫博物院藏《重屏会棋图》，如台北故宫博物院藏刘松年《唐五学士图》（图 18），又《蚕织图》的"入箱"之幅（图 19），等等。如前所述，汉代已是如此，唐代依然 ❸，两宋不过存其遗风。山谷与人书又云："昨日作竹匮极荷调护，甚如法也，欲更作疏棂竹匮盛食器，不知能为作得否。盖三间屋中欲尽去几案，令宽展耳。"求室内空间宽展，为了临时陈设的灵活自由，或者正是它的重要原因之一。

与前不同，宋代支撑室内陈设的，除几、榻和屏风的组合之外，椅子和桌也可以成为陈设的一个中心。它完全进入士人生活，乃在民

---

❸ 元稹《江边四十韵》咏起宅事，其中特别说到"制榻容筐筐"（"筐"，一作"坐"，又或作"在"），则风俗可知。

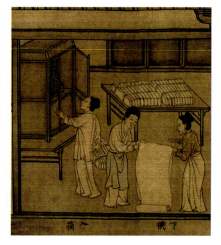

18 《唐五学士图》局部   19 《蚕织图·下机入箱》

间广泛普及之后，而文房工艺品的发达，应与此有着密切关系。可以说，两宋是养育"士"气，即士大夫之气韵的一个黄金时代。士人在世俗生活中，以山水、田园、花鸟，以茶以香为语汇，用想象和营造别为自己酝酿了一个独立的小天地。他们在这里收藏情意也收藏感悟，并在感悟中化解尘世中常会有的种种失意。文房诸器便是这一份心之收藏的物化，而桌子的出现则为器具的陈设提供了最为合适的条件。不过这已是题外话。重要的是，宋代家具式样，特别是士人居室陈设的品味更深入影响到后世，其中所蕴涵的对雅的定义，被诗和画携带着浸入新的时代，而为明代家具奠定了继承与创新的基础，使它在一个很高的起点上走向中国家具史中的发展高峰。

〔初刊于《故宫学刊》第二辑（二〇〇五年），
题作《家具发展史中若干细节的考证——以唐五代两宋为中心》〕

隐几与养和

2

隐几，又称作凭几，或单名曰几，曰机。隐与凭，这里都是依倚的意思❶。隐几的历史很悠久，《诗》、《书》、《左传》、《周礼》、《孟子》、《庄子》都曾提到它。《尚书·顾命》"凭玉几"，此所谓"玉几"，是为重臣而设。《诗·大雅·行苇》"戚戚兄弟，莫远具尔。或肆之筵，或授之几"，是燕饮以聚亲族，年长者受几，所以特别表示尊礼。《左传·昭公五年》云"礼之至者"，乃"设机而不倚"，《孟子·公孙丑下》曰"孟子去齐，宿于昼。有欲为王留行者，坐而言。不应，隐几而卧"，则又是表现一种傲然的姿态。可以说，隐几是席坐时代的一件重要家具，它可用来缓解久坐的疲劳，这是实用的一面；而其设与不设，倚与不倚，又有着若干礼仪的内容。善于把生活艺术化的先秦时代，隐几故事中包含的礼乐文明，同它的制作工艺的精致，也常常是相互辉映。

先秦至两汉，隐几的式样大抵是几面平直或中间微凹，并且多为二足。如中国国家博物馆藏时属战国的一件黑漆朱绘花几[图1]，如长沙浏城桥和信阳长台关楚墓出土雕花漆凭几[图2]。汉代出现了独坐式榻❷，不过席坐的姿式和习惯并没有改变，隐几依然为尊者而设，如

---

❶《说文·叒部》："喦，所依据也。""读与隐同。"又《几部》："凭，依几也。"汉墓遣策亦即随葬物清单或将凭几写作"冯机"、"伏机"，指称之物相同。相关考证，见刘洪涛《释罗泊湾一号墓〈从器志〉的"凭几"》，页101～103，《考古与文物》二〇一二年第四期。

❷ 陈增弼《汉、魏、晋独坐式小榻初论》，页67，《文物》一九七九年第九期。

1　黑漆朱绘花几　中国国家博物馆藏

2　雕花云纹漆几面（战国）　长沙浏城桥一号墓出土

3　画像石局部　山东嘉祥五老洼出土

山东省石刻艺术博物馆藏嘉祥县五老洼出土画像石，凭几而坐者，榜题曰"故太守"〔图3〕。此外隐几与榻也成为经常的组合，自然更有着表示尊崇的意义。山东苍山县（今兰陵县）城前村汉墓出土的画像砖，宴饮场面中，主人踞榻凭几❶；四川成都青杠坡所出表现授经场面的画像砖，讲经者端坐在独榻，前设隐几〔图4〕，都是这样的例子。直到魏晋南北朝，也还如此。不过此际更为流行的样式，是曲木抱腰式的三足隐几。安徽马鞍山市三国吴朱然墓发现的黑漆几，是难得的一件保存完好的实物〔图5〕，而很能代表当日风气之一般。谢朓诗《乌皮隐几》："蟠木生附枝，刻削岂无施。取则龙文鼎，三趾献光仪。勿言素韦洁，白沙尚推移。曲躬奉微用，聊承终宴疲。"❷蟠木，屈曲之木。素韦，白色皮革。白沙，取意于《荀子·劝学》"白沙在涅，与之俱黑"。此以素韦难保其洁而反衬"乌皮"足取。"三趾"、"曲躬"，状隐几之形，小谢所咏，与朱然墓中的隐几几乎无别。南土如此，北地亦然。东晋永和十三年冬寿墓壁画、甘肃丁家闸十六国墓壁画都描绘主人坐

❶《中国画像石全集·3》，图一〇六，山东美术出版社等二〇〇〇年。
❷ 逯钦立《先秦汉魏晋南北朝诗》，中册，页 1453，中华书局一九八三年。

4　画像砖　成都青杠坡出土

5　漆凭几　安徽马鞍山市三国吴朱然墓出土

6·1　东晋永和十三年冬寿墓壁画　　　6·2　甘肃丁家闸十六国墓壁画

7·1　灰陶隐几　南京太平门出土

榻凭几，所凭也是曲木抱腰式的三足几〔图6·1、2〕。实物多出自墓葬的明器，如南京太平门出土东晋灰陶隐几、山东高唐县东魏房悦墓出土酱釉龙首凭几、安阳隋张盛墓出土白瓷隐几〔图7·1~3〕。有了这样一个弯曲，凭倚隐几的姿势便可以更为舒适。

当然几面平直、下置二足的传统式样，依然与三足隐几并行，且

7·2　酱釉龙首隐几　山东高唐东魏房悦墓出土

7·3　白瓷隐几　安阳隋张盛墓出土

一直延续到隋唐。河南安阳隋张盛墓出土明器中，有前举三足隐几，也有几面平直的两足隐几〔图8〕。波士顿艺术博物馆藏《历代帝王图》和旧题唐阎立本作实为宋摹《北齐校书图》，《帝王图》中坐在小辇上的陈宣帝，所凭即两足者〔图9·1〕；《校书图》里侍女所捧持的一件与榻上秉笔者右侧所凭，也是同一样式〔图9·2、3〕。日本奈良正仓院藏品中，有黑漆挟轼一，紫檀木画挟轼一，后者并附有尺寸与之相合的白罗褥一件〔图10·1~3〕。《天平胜宝八岁六月二十一日献物帐》录有"紫檀木画挟轼一枚"，其下注明"著白罗褥"〔图11〕，即是此物。它与《帝

8　白瓷隐几　安阳隋张盛墓出土

9·1　《历代帝王图·陈宣帝》
　　　波士顿艺术博物馆藏

9·2　《北齐校书图》局部一
　　　波士顿艺术博物馆藏

9·3　《北齐校书图》局部
　　　波士顿艺术博物馆藏

10・1　黑漆挟轼　正仓院藏

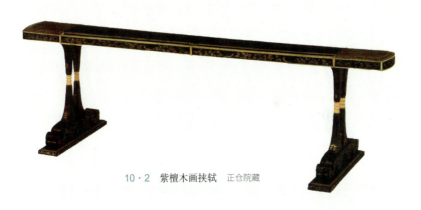

10・2　紫檀木画挟轼　正仓院藏

10・3　紫檀木画挟轼所著白罗褥

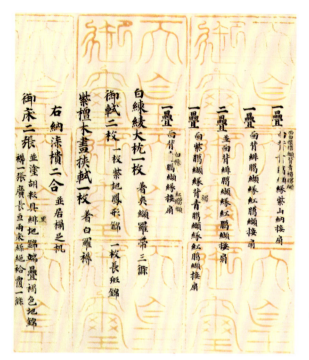

名

物

研

究

十

二

题

御床二張
褥一張黃丹兩末縹絁袷褥一張絹地錦
並篷胡欸具緋地歸端叠褐色地錦

右納漆櫃二合並居棚之机

紫檀木畫挾軾一枚並居棚之机
里

御軾二枚一枚紫地鳳形錦
着白羅褥一枚長班錦

白練綾大枕一枚着夾纈羅帶三條

一叠白練
一叠向背一領脇一領紅鵬纈襪肩

二叠向背緋鵬纈綠紅鵬纈襪肩
向背緋鵬纈綠紅鵬纈襪肩

一叠向背緋鵬纈綠紅鵬纈襪肩

一叠小四領脇一領綠紫山納襪肩

11 《天平胜宝八岁六月
二十一日献物帐》
局部

王图》和《校书图》中的隐几正是同样的形制。天平胜宝八年，为公
元七五六年。唐人又或称隐几为夹膝。《急就篇》"简札检署檠牍家"，
唐颜师古注："家，伏几也，今谓之夹膝。"《酉阳杂俎》前集卷十三
"冥迹"之部云："长白山西有夫人墓，魏孝昭之世，搜扬天下才俊，
清河崔罗什弱冠有令望，被征诣州，夜经于此，忽见朱门粉壁，楼台
相望。俄有一青衣出，语什曰：'女郎须见崔郎。'"女郎，墓主人也，
乃曹魏元城令吴质之女。女遂"与什叙温凉，室内二婢秉烛，呼一婢，
令以玉夹膝置什前"。这里的"玉夹膝"，便是隐几。

　　唐是高坐具开始发达的时代，至于两宋，椅子的使用就更为普遍，
品类也更多。但待客坐椅，家居坐榻，似乎仍是长期保留的一种习俗。
家居独处，读书人更喜欢既可坐又可卧的榻。他喜欢在家中经营一方

完全属于自己的天地，此中可以别无长物，惟存一榻或一床。床与榻，唐宋诗文中常常互通，可以灵活移置的床，原是归在榻类，而同属坐具，自与寝室专设的卧床不同。白居易《小台》："新树低如帐，小台平似掌。六尺白藤床，一茎青竹杖。风飘竹皮落，苔印鹤迹上。幽境与谁同，闲人自来往。"❶陆游《溪园》："跌宕欲忘形，溪园半醉醒。静看猿哺果，闲爱鹤梳翎。矮榻水纹簟，虚斋山字屏。更须新月夜，风露对青冥。"❷都是随手可以举出来的例子。唐宋时代，此类方便移动的藤床、竹床，或多以六尺为度，前引白诗是其例。又南宋徐照《觅班竹作床》"杀青色玳瑁，六尺光照空"❸，亦此。南宋许棐《孙祺卿新居》"山呈好画当书案，柳撒轻丝罩钓船。酒力半酣诗思倦，矮床相对白鸥眠"❹，所谓"矮床"，当与陆诗之"矮榻"同属。此在两宋绘画中也颇为常见，如《莲塘泛艇图》、《草堂客话图》（见本书页 19，图 11）、赵大亨《薇亭小憩图》，等等。契会于猿啼鹤鸣，相伴于清溪绿柳，生活中的这一分绿意，恒久为诗人所想望。而一旦置身于此，便不能没有榻，长久与榻相伴的隐几，自然也成必须。

如此情景，绘画中时或有见，台北故宫博物院藏元人作《倪瓒像》，可以算作最为合式的一例。清雅明净的居室，凭几坐榻的主人公，精心选择出来的绘画语言恰当表现着云林子胸无点尘的逸韵风神（图 12）。从这一幅作品中，我们看到它与前举宋摹《北齐校书图》相同，即隐几的位置与早期不同，便是由身体之前而移到了身体的一侧，且稍稍偏后。此与故宫博物院藏宋人《维摩演教图》，正是同

---

❶《全唐诗》，册一四，页 5126。

❷《全宋诗》，册四〇，页 25443。

❸《全宋诗》，册五〇，页 31393。

❹《全宋诗》，册五九，页 36855。

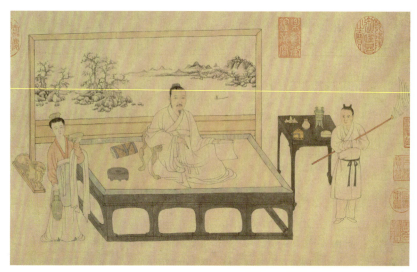

12　倪瓒像　台北故宫博物院藏

13　《维摩演教图》局部
故宫博物院藏

样情形 ❶（图13）。这样的变化，与坐姿的改变密切相关，汉代以前的跪
坐早已不行，隐几的置放，也没有必要总是遵从古制，它可以前凭，

---

❶ 隐几趺坐，也是道释人物的表现程式之一，如唐麟德二年田客奴造石道像（金申《中国
历代纪年佛像图典》，图二五九，文物出版社一九九四年），如大足北山石窟第一七七号
龛被帽地藏菩萨坐像（靖康元年），如辽宁省博物馆藏南宋《白莲社图卷》，等等。

也不妨侧倚，它只在于使坐榻的姿式更加随意和舒适。当然这变化早就开始，——它起始于一个新名称的出现。《太平广记》卷三十八"李泌"条，曰唐肃宗时宰相李泌辞官求隐，于是"采怪木蟠枝，持以隐居，号曰'养和'"。这里说的养和，便是用一枝虬曲的松枝，大体依它自然的形状，作成用来凭倚的隐几。晚唐皮日休赠毗陵处士魏不琢五件雅物，松枝养和即其一，其《五贶诗·序》所谓"桐庐养和一，怪形拳跼，坐若变去，谓之'乌龙养和'"，是也。他的好友陆龟蒙也有诗咏此，句云"倚肩沧海望，钩膝白云吟"❷，依诗中的形容，可知这一件乌龙养和也是隐几。纽约大都会博物馆藏杜堇《伏生授经图》所绘即松枝养和之属，虽是出自想象，却与古式不致相去太远，惟凭倚的姿势非伏生所有（图14）。值得注意的是，成书于《太平广记》之后的《新唐书》，同记李泌故事，却文字有异。卷一三九《李泌传》，曰"泌尝取松樛枝以隐背，名曰'养和'"。"隐背"二字，为《广记》所无，而它实在是递送了隐几在唐宋之际悄然演变的消息。上古时代隐几中所包含的礼仪内容，中古以后逐渐隐退，变化的结果，是隐几

❷《乌龙养和》，《全唐诗》，册一八，页 7058、7159。

和榻以它的悠然古意而与一种从容潇洒的燕居方式结合在一起，被推向诗的境界，因此成为总是做着归隐之梦的文人一件特别的道具。南宋陈文蔚《寄题张正国斗斋》其二"蒲团竹几炷熏炉，剩读平生未见书"，袁燮诗咏竹几："深林碧琅玕，直节空其中。截为小曲几，贯以青丝总。自然光莹质，不费髹漆工。偃仰隐背稳，提挈才指从。儿曹莫轻毁，此物便老翁。"❶"偃仰隐背稳"，既是用典，也是写实，由《维摩演教图》与《倪瓒像》，可以看到图与诗的契合处传达出来的士人风神。它虽然未必是日常生活中的普遍习俗，却是广为诗人士子所爱赏的一种古典趣味。

至于宋人称道的养和，则是此际用唐代已有的名称而想象和制作出来的隐几，乃有别于古式❷。南宋林洪《山家清事》"山房三益"条，曰"采松樛枝作曲几以靠背，古名'养和'"。"古"者，唐也。所谓"采松樛枝作曲几以靠背"，仍用《新唐书·李泌传》中语，以切"山房"的隐居之趣。宋汪藻"清谈三尺竹如意，宴坐一枝松养和"❸；元袁桷"杖扶灵寿稳，松削养和轻"❹，所咏大约都是此类。传李公麟《竹林七贤图·山巨源》所绘便是后人对松枝养和之想象，在此则把古意和野趣融进了典丽的精致中（图15），很可能是出自明人之手。

养和中的别一种，见于日本相国寺藏南宋陆信忠《十六罗汉图》

❶《全宋诗》，册五〇，页30999。
❷ 方以智《通雅》卷三十四："隐背曰养和。程大昌载：'李泌采异木蟠枝以隐背，号曰养和。'按《松陵集》皮日休以五物送魏不琢，一曰乌龙养和，且曰有桐庐养和，皮、陆皆有诗，盖今之靠背也。《宋志》：辇中有靠背椅。绍兴作大安辇，雕香龙椅靠背，上饰水晶珠。此云乌龙，状其蟠屈。今亦有木根坐榻之类。"按程大昌语见《演繁露》卷十。皮、陆所咏之养和实为隐几，说已见前。两宋御辇所设坐具，《文献通考》卷一一七记载甚详，所谓"靠背"，乃坐椅之靠背，而非"隐背"之养和。
❸《寄呈寿基致政左司二首》，《全宋诗》，册二五，页16536。
❹《寿高舜元父二首》，《清容居士集》卷九。

15 《竹林七贤图·山巨源》 故宫博物院藏

16 《十六罗汉图》局部
日本相国寺藏

17 《孝经图》局部
辽宁省博物馆藏

（图16），其"斗兽"之幅所绘养和，形如无腿的靠背椅，与辽宁省博物馆藏南宋《孝经图》中的"事君"之幅相比照，可知此类养和虽然也是坐榻所用，不过采取的是垂足的坐姿（图17）。与"山房"中的养和不同，它不以隐居之趣为旨归，制作当然也讲究。

须要补充的是，宋以及宋以后，养和的古义仍在若干诗文中沿用。如苏轼《十八大阿罗汉颂》"第三尊者，扶乌木养和，正坐"。乌木养和而曰"扶"，自然是指隐几 ❶。养和并且又是搔痒之具的别名。南宋朱翌"从人指画竹如意，假手爬搔松养和" ❷，即其例。乾隆《丁观鹏十八罗汉赞·第十喇乎拉尊者》"欲爬其背，养和手持" ❸，亦此类。

由靠背式的养和，宋人又发展出一种很是别致的家具，《说郛》宛委山堂本弓七十四收有题作宋沈括撰的《忘怀录》一卷，其中有这样一节：

"其座方二尺，足高一尺八寸，档高一尺五寸，从地至档共高三尺三寸。木制藤绷，或竹为之，尺寸随人所便，增减为床，长七尺，广三尺，高一尺八寸。自半以上别为子面，嵌大床中间。子面广二尺五寸，长三尺，皆木制。靠坐欲涩，欲眠令身不褪常。下虚二寸，床下以板称之，勿令通风。又子面嵌下与大床平，一头施转轴，中间子面底设一拐撑，分五刻。子面首挂一枕，若欲危坐，即撑起，令子面直上，便可靠背，以枕承脑。欲稍偃，则退一刻尺，五刻即与大床平矣。凡饮酒，不宜便卧，常倚床而坐，稍倦，则稍偃之，困即放平而卧。使一童移撑，高下如意，不须移身，可以遂四体之适。"

元邹铉续编《寿亲养老新书》卷三"醉床"条，所述醉床之制与此相同，惟字句稍有异，那么它应名作醉床。这一种可以调节靠背的坐具，两宋绘画中似乎不见，惟明仇英《饮中八仙歌图卷》中的扶手

---

❶ 张志烈等《苏轼全集校注》注此句云"养和：隐背之具，靠背之别称"，下引《新唐书·李泌传》及皮日休《无诚诗序》（第十二册，页2259，河北人民出版社二〇一〇年），是征典而未一究东坡文理，且似亦未解养和之初义也。

❷《睡起》，《全宋诗》，册三三，页20846。宋人又或称此具为"痒和子"，释绍昙《禅房十事·痒和子》："既就良工雕琢，何妨出手扶持。抓著衲僧痒处，赏伊一枚荔枝。"《全宋诗》，册六五，页40816。

❸《清高宗御制文集·二集》卷四十二。

18　《饮中八仙歌图》(摹本)

式躺椅，与这里的形容完全切合〔图18〕。明人又或称它为倚床。高濂《遵生八笺》卷八《起居安乐笺·下》"倚床"条云："高尺二寸，长六尺五寸，用藤竹编之，勿用板，轻则童子易抬。上置倚圈靠背如镜架，后有撑放活动，以适高低。如醉卧、偃仰观书并花下卧赏，俱妙。"在清代家具中，我们还可以看到它的馀韵。

　　作为传统式样的两足隐几，宋元时代又别有"懒架"之名，如《大宋宣和遗事·亨集》记徽宗微服会师师，"二人归房，师师先寝，天子倚着懒架儿暂歇，坐间忽见妆盒中一纸文书"云云。石子章《秦修然竹坞听琴杂剧》郑彩鸾唱〔红绣鞋〕"我恰才搭伏定芙蓉懒架"❹，也是一例。宋赵伯骕《风檐展卷图》绘士人独自坐榻于轩中，所倚便是懒架〔图19〕。懒架又常常成为榻上小憩的时候，或枕首或搁足的器具，宋人诗中每有咏及。如林逋"一榻竹风横懒架"、"懒架仍移近枕头"❺；魏野"信旗君逐舟车动，懒架吾随枕簟移"❻；陆游"熏衣过后篝炉冷，

<hr />

❹ 臧晋叔《元曲选》，页1447，中华书局中华书局一九五八年。

❺《读王黄州诗集》，《全宋诗》，册二，页1230。

❻《夏日怀寄四川峡路淮南薛臧王三运使》，《全宋诗》，页941。

19 《风檐展卷图》 台北故宫博物院藏

展卷终时懒架横"❶，等等，都是床榻置懒架的情景。黄庭坚与人书云"桄榔压足懒架大是要物"❷，则明确说到懒架用作搁足。枕首与搁足，两种情形宋元绘画中并见，前者如故宫博物院藏南宋册页《荷亭对弈图》，后者如宋《六逸图·边孝先》（图20）、《槐阴消夏图》（图21）、元王蒙《夏山高隐图》。江苏淮安杨庙镇宋墓出土一件两足黑漆几，其几面平直，两端微翘，高度只有十六厘米，长则一百二十厘米（图22）。与宋元绘画中的形象相比照，说它是懒架之属，当无疑义。

---

❶《初夏闲居》，《全宋诗》，册四〇，页25444。按此诗首联云："啜茗清风两腋生，西斋雅具惬幽情。"下云"懒架"，自然也是西斋雅具之一，可见时人的一种审美趣味。

❷《山谷简尺》卷下。

20 《六逸图·边孝先》
故宫博物院藏

21 《槐阴消夏图》局部
故宫博物院藏

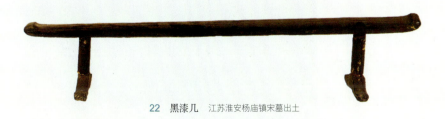

22 黑漆几　江苏淮安杨庙镇宋墓出土

搁足之几，它的起源又可追溯至唐。前引正仓院藏《天平胜宝八岁六月二十一日献物帐》："右纳柒柜二合，并居榻足机。""居榻足机"，与同时用作依凭的夹膝亦即隐几，高矮、长短，大约都有分别，应即宋代懒架前身。

隐几在明代绘画中依然常见，虽然更多是一种图像学的意义，即这里遵从着表现"轩冕才贤"或"岩穴上士"的程式，而把它作为一种带有标识性的艺术语言，不过，这一古老的雅具似乎并未从生活中完全退隐。故宫博物院藏明余壬、吴钺合作《徐显卿宦迹图册》，其中《荆岳卧病》一幅绘徐氏万历己卯芙蓉山中养疴，侧倚凭几席坐于山亭，古琴一张设于右，炉瓶三事置其前〔图23〕。构图虽有遵依程式的成分，但作为写实性质的画传，生活情形当有所本。

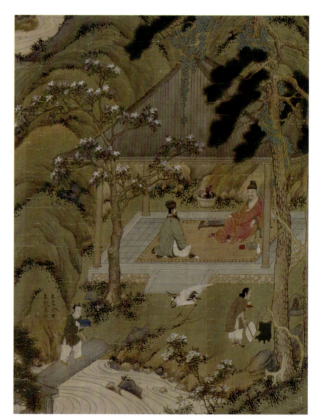

23 《徐显卿宦
迹图·荆岳
卧病》局部
故宫博物院藏

25 《林亭佳趣图》局部
台北故宫博物院藏

　　明代称作"靠背"者，亦养和之属。《遵生八笺》卷八《起居安乐笺·下》"靠背"条云："以杂木为框，中穿细藤如镜架然，高可二尺，阔一尺八寸，下作机局，以准高低。置之榻上，坐起靠背，偃仰适情，甚可人意。"美国檀香山美术学院藏陈洪绶《归去来图卷》所绘养和，适可作为它的图解，当然它也是明人对陶渊明隐居生活的当代释义（图24）。早于老莲的仇英，在他的《林亭佳趣图》里为画中的读书人设置了一具养和，他于是同假山、松竹、香炉、古瓶，还有书册与砚，一起构成可近周公、可以梦蝶的诗意的栖居（图25）。与《遵生八笺》同观，可知画家的"造境"，并非没有现实生活的依据。黄宗羲《余若水周唯一两先生墓志铭》也属于纪实文字，其中说道："唯一山林标致，一器之微亦极其工巧，尝拾烧馀为炉，拂拭过于金玉；又得悬崖奇木，制为养和，坐卧其间。"所谓"悬崖奇木，制为养和"，可知是仿唐意而按照时人的理解制为树枝靠背，即如前引《竹林七贤图·山巨源》。

坐榻凭几，偃仰隐背，作为雅尚，始终代表了一种古典趣味和风致标格，直到清代也还如此，如禹之鼎《王原祁艺菊图》、任薰人物图扇，又石涛《铜雀砚图》(图26·1~3)。清汪琬《料理粗华因置此砚于斋中》："扫除一室作行窝，跣脚科头乐事多。盆竹数竿微篛蒻，砚山三寸小陂陀。谈玄稍稍挥如意，娱疾时时藉养和。偷得少间差似可，不忧岁月易蹉跎。"(《尧峰文钞》卷四十六)石涛原作的别有寄意暂勿论，这里似偶然而非偶然的诗画相契，却可以使我们从一个更为广远的背景去审视文人的心态与生活。而追慕风雅的乾隆也把它作为一种古意特将自己代入其中——《乾隆皇帝薰风琴韵图》中的诸般布置，

26·1《王原祁艺菊图》局部　故宫博物院藏

26 · 2　人物图扇　南京博物院藏

26 · 3　《铜雀砚图》　南京博物院藏

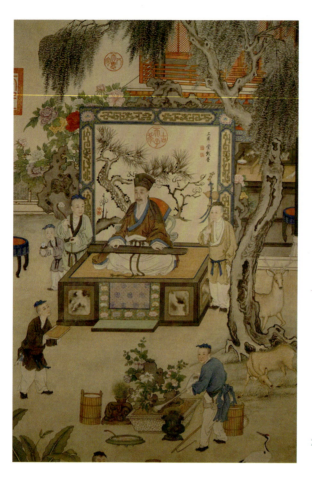

27 《乾隆皇帝薰风琴韵图》
故宫博物院藏

不论虚构还是写实，绘笔意在显示一种复古的风雅，则无疑问〔图27〕。

　　靠背式养和进入清代宫廷，既有古老的依据，也与清人本来的习俗相关，清宫的室内装修原是满汉习俗的互融，炕与床的结合，其一也，靠背因此与炕桌、炕案、炕几等正好成为配合使用的一组。从三希堂中的家具陈设，可以知道靠背在清宫得以保存的缘由〔图28〕。故宫博物院藏雍正朝的黑漆描金靠背一件〔图29〕，据清代内务府档案，雍正七年十月廿一日，江宁隋赫德所进陈设单内有"仿洋漆填香炕椅靠

28　三希堂中的家具陈设

29　黑漆描金靠背　故宫博物院藏

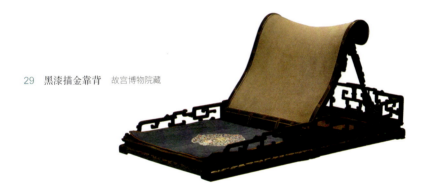

背一座"，应即此物 ❶。这里所谓"洋"，指东瀛。

　　古老的三足隐几，在清宫也再度出现。故宫博物院藏一件金漆三

足隐几，为康熙朝物〔图 30·1〕，而清宫旧藏《康熙冬吉服读书像》中

---

❶ 朱家溍《清雍正年的漆器制造考》，《故宫退食录》，页 157～158，北京出版社二〇〇〇

年。

30·1　金漆三足隐几　故宫博物院藏

30·2　康熙冬吉服读书像　清宫旧藏

出现的也是三足隐几〔图30·2〕。无论用材、做工与样式，隐几在此更多
的是复现它在上古时代所具有的礼仪意义，而用来显示庄重和威仪。

　　清代民间家具中，仿古式的隐几也偶有可见，如《清代家具》所

录时属晚清的一件（图31·1）。其设计构思或从绘画中来。上海博物馆藏
清华嵒《金谷园图》，画家为想象中的金谷园主人安排的隐几，正是
如此形制（图31·2）。虽然刻意仿古，其实并未能复原真正的古式，但用
来表达一种人们可以知会的古意，已经足够了。

31·1　清代晚期隐几

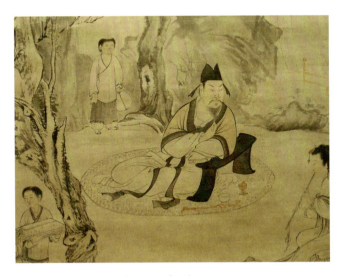

31·2　《金谷园图》局部　上海博物馆藏

作为席坐时代的一件重要家具，从三代到近古，隐几不断发生着变化，然而始终未从生活中消失，并且时时作为一种雅尚而与高坐具并存。养和则是从隐几的演变中分化出来的一支，从此它便与隐几并行于世。明清诗歌绘画中的隐几与养和，虽未必都是现实生活的实录，但这爱赏之风的不衰，却足以表明它在文人理想和生活中持久的生命力，这当然源自其本身所包含的丰富的文化信息。

〔初刊于《收藏家》二〇〇二年第十二期〕

宋代花瓶

3

小引

瓶花的出现，早在魏晋南北朝，不过那时候多是同佛教艺术联系在一起。鲜花插瓶真正兴盛发达起来是在宋代。与此前相比，它的一大特点是日常化和大众化。其间的区别又不仅在于规模和范围的不同，且更在于气象和趣味的不同。影响欣赏趋向的有一个很重要的物质因素，便是家具的变化，亦即居室陈设的以凭几和坐席为中心而转变为以桌椅为中心。高坐具的发展和走向成熟，精致的雅趣因此有了安顿处。瓶花史与家具史适逢其时的碰合，使鲜花插瓶顺应后者的需要而成为室内陈设的一部分，并与同时发达起来的文房清玩共同构建起居室布置的新格局 ❶。

唐宋时代室内格局与陈设的不同，由传世绘画和近几十年发现的墓室壁画可以见出清晰的演变轨迹。花瓶成为风雅的重要点缀，是完成在有了新格局的宋代士人书房。它多半是用隔断辟出来的一个相对独立的空间，宋人每以"小室"、"小阁"、"丈室"、"容膝斋"等等为称，可见其小。书房虽小，但一定有书，有书案，书案上面有笔和笔格，有墨和砚，砚滴与镇尺。又有一具小小的香炉，炉里焚着香饼或香丸。与这些精雅之具相配的则是花瓶，或是古器，或其式仿古，或铜或瓷，而依照季节分插时令花卉。这是以文人雅趣为旨归的一套完

---

❶ 如果不是与家具史的线索相交汇，瓶花的发展很可能会是另外的面貌，比如东瀛花道与茶道的结合，以此形成的花事，不仅陈设方式与艺术风格不同，甚至内涵也不很一致。

1 《寒窗读易图》局部　朵云轩藏

整组合。"日移帘影临书案,风飐瓶花落研池"❷,花瓶作为构筑诗境的
要件之一,已在其中占得固定的位置。

　　咏及几案花卉的诗,在宋人作品中俯拾皆是。曾几《瓶中梅》:"小
窗水冰青琉璃,梅花横斜三四枝。若非风日不到处,何得色香如许时。
神情萧散林下气,玉雪清莹闺中姿。陶泓毛颖果安用,疏影写出无声
诗。"❸刘辰翁《点绛唇·瓶梅》:"小阁横窗,倩谁画得梅梢远。那回
半面。曾向屏间见。　　风雪空山,怀抱无荀倩。春堪恋。自羞片片。
更逐东风转。"❹诗云瓶梅如画;词云它本来是屏风上的写真,却又从画
中脱"影"而出。朵云轩藏宋人《寒窗读易图》,便恰好是"小阁横窗"
的书房一角〔图1〕。书案上的其他陈设均被山石掩住,画笔不曾省略的

---

❷ 高翥《春霁》,《全宋诗》,册五五,页34125。

❸《全宋诗》,册二九,页18569。

❹ 唐圭璋《全宋词》,册五,页3189,中华书局一九六五年。

只有书卷和瓶梅，小瓶里横枝欹斜，梅英疏淡，宋人的无声诗与有声画原是韵律一致的梅颂。如果说牡丹是唐人的花，那么梅可以算作宋人的花，南宋陈景沂辑《全芳备祖》，其"花部"以梅为冠，正是时风使然。张耒说："箇人风味，只有江梅些子似。"❶此评却不妨扩展来用。不过牡丹在唐代很少插在瓶中作为几案清供，梅花却如同沉香一样，长在书室与宋人诗思相依傍，由花瓶护持的一缕冷香因此总能为各种环境下的生存带来闲适和清朗。

一　关于花瓶

"花瓶"一词用来专指插花之瓶，出现于文献的时间是在北宋。温革《琐碎录》卷二"杂说"条云："冬间花瓶多冻破，以炉灰置瓶底下，则不冻，或用硫磺置瓶内亦得。"温革是政和五年进士，《琐碎录》最早著录于陈振孙《直斋书录解题》卷十一，今有明抄本残卷存世❷。同卷中关于鲜花插瓶的各种知识尚有不少，如："牡丹、芍药插瓶中，先烧枝断处令焦，镕蜡封之，乃以水浸，可数日不萎。蜀葵插瓶中即萎，以百沸汤浸之复苏，亦烧根。"而与他约略同时的李纲有《志宏见和再次前韵》，句云"蜡封剪处持送我"❸，所送者，牡丹也，诗中记事与《琐碎录》的说法正是一致。《录》又云："牡丹、芍药，摘下，烧其柄，

---

❶《减字木兰花》，《全宋词》，册一，页 592。

❷ 中国国家图书馆藏一至三卷，题作《琐碎录》，本文所引据此。此外上海图书馆也藏有此书的一个明抄本，不分卷，题作《分门琐碎录》，上海图书馆一九六二年曾据以影印。影印本《后记》对该书及作者温革的事迹均有考述。前引之温说，上图本首句作"冬间兰花瓶多冻破"，按"兰"字衍。

❸《全宋诗》，册二七，页 17558。

先置瓶中，后入水，夜则以水洒地，铺芦席，又用水洒之，铺花于其上，次日再入瓶，如此可留数日"；"莲花未开者，先将竹针十字卷之，白汁出，然后插瓶中便开。或削针去柄，簪于瓶中"，等等，所记多是经验的总结，由此可见当日鲜花插瓶的风气之盛。南宋释宝昙《花瓶》诗云："辘轳声中井花满，亦有口腹如许清。百花丛中度朝夕，一点不关流俗情。"❹ 便是借抬眼可见的寻常物事聊寄胸中一点清奇。

古之所谓"瓶"和"罂"，还有"壶"，适用的范围很宽泛，水器，食器，都可以称罂，称瓶，称壶。罂，《说文·缶部》云"缶也"。《广雅·释器》："罂，瓶也。"《汉书》卷三十四《韩信传》颜注："罂缶，谓瓶之大腹小口者。"瓶，慧琳《一切经音义》卷三："《考声》云：似罂而口小曰瓶。"又《急就篇》卷三颜注："壶，圆器也，腹大而有颈。"作为生活用器，自名为"瓶"、"罂"者，式样并不一致。南京化纤厂内一座东晋墓中发现的鸡首壶，底部刻"罂主姓黄名齐之"❺；浙江德清县秋山乡新农村唐墓出土的唐元和三年黑瓷粮罂，浙江嵊州市出土唐元和十四年青瓷四系盘龙罂，前者自名粮罂，后者自名罂，造型却不很相同。浙江余姚上林湖窑址出土唐光化三年青瓷食瓶，盘口，长颈，圆腹，自名食瓶。比较而言，食瓶的颈比粮罂更见修长。又绍兴博物馆藏北宋咸平元年青瓷粮罂瓶，盘口，长颈，丰肩，下腹渐收，口沿至腹原粘接四鋬，其自名粮罂瓶。从基本轮廓来看，它的颈长于粮罂而短于食瓶。这一类粮罂食瓶，高多在三四十厘米〔图 2·1-4〕。

早期插花之器也或称罂。《南史》卷四十四《齐武帝诸子》："晋安王子懋，字云昌，武帝第七子也，诸子中最为清恬，有意思，廉让好学。年七岁时，母阮淑媛尝病危笃，请僧行道。有献莲华供佛者，

---

❹《全宋诗》，册四三，页 27097。
❺ 南京市博物馆《六朝风采》，图三四，文物出版社二〇〇四年。

2·1 唐元和三年款粮罂 浙江德清秋山乡唐墓出土

2·2 唐元和十四年款罂 浙江嵊州出土

2·3 唐光化三年款食瓶
浙江余姚上林湖窑址出土

2·4 北宋咸平元年款粮罂瓶
绍兴博物馆藏

3　梁萧景墓神道柱

梁萧景墓神道柱线刻画位置

梁萧景墓神道柱线刻画

众僧以铜罂盛水渍其茎，欲华不萎。子懋流涕礼佛曰：'若使阿姨因此和胜，愿诸佛令华竟斋不萎。'七日斋毕，华更鲜红，视罂中稍有根须，当世称其孝感。"与这里情景相呼应的有南京甘家巷梁萧景墓神道柱上的线刻画。神道柱下是浮雕出衔珠双螭的柱础，上有伞盖一样的覆莲，覆莲顶端一只石狮，其下为柱额，柱额侧面浅刻一幅比丘双手捧瓶花的图像（图3）。萧景是梁武帝从父弟，卒于普通四年。两事虽然异代，但时间相差不远。此线刻画中的插花之器因可为子懋事中的插莲之罂作一解。出自河南邓县（今邓州市）学庄村南朝墓的文吏浮雕砖，文吏两侧各置莲座上的瓶花（图4·1）。湖北襄阳贾家衝出土南朝画像砖中有足登高头履，脚踏覆莲座，手捧瓶花的女侍，两例中的插花之瓶与线

4·1　文吏浮雕砖局部　河南邓县学庄村南朝墓出土

刻画中的花器都很相似（图4·2）。至于各种式样的长颈瓶，已经颇流行于两晋南北朝直到隋唐，插花应是它的用途之一，时当初唐的昭陵长乐公主墓壁画即有这样的形象。墓室甬道东壁的持物侍女图中，一位肩覆绿披帛、身系条纹裙的女子手捧鼓腹撇口的长颈瓶，瓶口低低探出一枝莲蓬和一茎待放的莲花（图5）。这自然是一个很明确的例子。不过瓶花作为居室陈设特别是几案陈设，宋代以前尚没有蔚成风气。风气的形成实与家具变化的推助密切相关，这是前面已经说到的。

宋代花瓶在形象设计上并没有全新

4·2　捧瓶女侍
湖北襄阳城西贾家衝出土

5 唐昭陵长乐公主墓壁画

的创造，只是选择了造型优美的几种，使它从古已有之的瓶罍样式中独立出来，而予以比较固定的用途。若只是大略区分，那么可以说设于厅堂的大花瓶，其造型来自粮罍食瓶的成分为多，而设于几案的小花瓶，式样多取自上古青铜礼器。从造型来源说，前者为俗，后者为雅，在使用上，也微见此别。诗人题咏者，最多的便是胆瓶、小瓶、小壶、瓷瓶，又古瓶、铜瓶。考古发现的实物中，有两组很好的例子，一见于杭州凤凰山老虎洞窑址，一见于四川遂宁金鱼村窖藏。后者时代约当南宋末年，而包含的品类更为丰富，并且时间跨度很大，是汇聚了很可以体现时代风尚的一批器物，其中花瓶正是重要的一项。

二 胆瓶

体现着雅趣的花瓶原是随着桌、案的发达，因陈设的需要而兴盛发达起来。室内格局与陈设在唐宋之际发生的巨大改变，由各类图像资料可以看得很清楚。花瓶成为日常生活中的风雅，乃完成在新格局下的两宋士人书房。它多半是用小木作间隔出来的一个相对独立的空间，所谓"小室"、"小阁"、"丈室"、"容膝斋"等等，每见于宋人题咏，可见小也正是书房的特色之一。为着与书案上的文房清玩相谐，花瓶自然也以小为宜。陈与义《梅花二首》"小瓶春色一枝斜"❶；严参《瓶梅》"小瓶雪水无多子，只簪横斜一两枝"❷；朱淑真《绛都春·梅》"独倚栏杆黄昏后，月笼疏影横斜照。更莫待、笛声吹老。便须折取归来，胆瓶插了"❸，所咏俱是。严参诗又收在杨万里《诚斋集》卷五，为《昌英知县叔作岁赋瓶里梅花时坐上九人七首》之五。七首之二云："胆样银瓶玉样梅，北枝折得未全开。为怜落莫空山里，唤入诗人几案来。"❹若赋笔果然实录，则坐中插梅之瓶乃是小银胆瓶，且设在几案。而所谓"小壶"，也是可近笔床可依书灯的小瓶之类，由前引古训，可知"腹大而有颈"的"圆器"均可称之为壶，它与瓶并没有严格的区别。周紫芝《酴醾小壶色香俱绝灯下戏题二首》之一："芳条秀色净如霜，折得残枝近笔床。月冷灯青花欲睡，可怜虚度此时香。"❺葛胜仲《江神子·初至休宁冬夜作》"官梅疏艳小壶中。暗香浓。玉玲珑"❻，所云插花的小壶，应该都是"腹大而有颈"的"圆器"。宋诗中的胆瓶，如前举之例，其实也多是陈设于几案或枕屏旁边的插花小瓶。虞俦《癣舍堂前仅有木犀一株今亦开矣为赋二绝句》其二云："维摩丈室无人到，散尽天花结习空。犹有一枝秋色在，明窗净几胆瓶中。"❼李弥逊《声声慢·木犀》下阕云："更被秋光掇送，微放些月照，著阵

---

❶《陈与义集》，页 448，中华书局二〇〇七年。

❷《全宋诗》，册五九，页 37216。

❸ 冀勤辑校《朱淑真集注》，页 272，中华书局二〇〇八年。

❹《全宋诗》，册四二，页 26128。

❺《全宋诗》，册二六，页 17312。

❻《全宋词》，册二，页 715。

❼《全宋诗》，册四六，页 28571。

风吹。恼杀多情，猛拚沉醉酬伊。朝朝暮暮守定，尽忙时、也不相离。睡梦里，胆瓶儿，枕畔数枝。"❽又无名氏《南歌子》："阁儿虽不大，都无半点俗。窗儿根底数竿竹。画展江南山景、两三幅。　彝鼎烧异香，胆瓶插嫩菊。翛然无事净心目。共那人人相对、弈棋局。"❾几案、枕畔、彝鼎亦即仿古铜炉旁边的插花胆瓶自然尺寸不大，而由《南歌子》所咏更见得小小空间里的格局和诸般布置。窗外竹，室中画，焚香，插花，对弈，此际已成铺陈风雅的几项基本设施，正所谓"阁儿虽不大，都无半点俗"。不过胆瓶在两宋诗词中很可能是用来表述花瓶中的一大类，长颈鼓腹而曲线柔和，即其形略如垂胆者，大约便是宋人眼中的胆瓶，所谓"圆壶俄落雄儿胆"❿、"垂胆新瓷出汝窑"⓫，又徐兢《宣和奉使高丽图经》卷三十一"花壶"条"花壶之制，上锐下圆，略如垂胆"，都是大致相同的描述。

上锐下圆、形若垂胆的花瓶，其实早已见于南北朝艺术中的瓶花图案。如龙门莲花洞南壁第41龛龛内左侧佛传故事中，坐于筌蹄之上的悉达多太子身后一个细颈圈足的大花瓶，瓶里插着莲花与莲叶，其时代为北魏后期(图6·1)。山东临朐北朝画像石墓出土的一方画像石，下有覆莲座的长颈瓶里插着莲叶莲花，与云气中的青龙合为一个画面(图6·2)。不过直到宋代，胆瓶之称才开始叫响，并且成为宋人花事中常见的话题。胆瓶造型优雅，线条简单却很俊逸，鼓腹容水，修颈容枝，瓶口小而微侈，正宜捧出花束而又轻轻拢住，因此特为宋人赏爱，它出现在时人画笔下便总是与花事相连，比如最常见的采花插瓶。故

❽《全宋词》，册二，页1051。按"秋光撷送"，原作"秋光断送"；"也不相离"，原作"也不分离"，此据《乐府雅词·拾遗上》改（页202，辽宁教育出版社一九九七年）。

❾《乐府雅词·拾遗上》，页187。

❿ 刘子翚《任伯显昨寄日柿不至续以胆瓶为贶》，《全宋诗》，册三四，页21378。

⓫ 楼钥《戏题胆瓶蕉》，《全宋诗》，册四七，页29483。

6·1　龙门莲花洞南壁第 41 龛龛内雕刻

6·2　山东临朐北朝画像石墓出土画像石

宫博物院藏南宋册页《采花图》❶ (图7·1)，常州武进村前乡南宋五号墓出土夏日清游图朱漆戗金奁盖面 (图7·2)，日本京都大德寺藏南宋《五百罗汉图·阿弥陀画像供养》，都是描绘亲切的例子 (图7·3)。与画面中形象相近的宋金实物有不少，如分别出自北京海淀区原中国林业科学

---

❶ 从画中主人公的形象来看，其主题似为"陶渊明爱菊"。

1 《采花图》局部　故宫博物院藏

7·2　夏日清游图朱漆戗金奁盖面　常州武进村前乡南宋五号墓出土

7·3　《五百罗汉图·阿弥
陀画像供养》
日本京都大德寺藏

8·1 钧窑大瓶 北京
海淀区原中国林业
科学研究所出土

8·2 钧窑大瓶 西安
雁塔区观音庙村金
正大三年李居柔墓
出土

9·1 龙泉窑小瓶 安徽宿松
南宋嘉定八年墓出土

9·2 龙泉窑小瓶
四川遂宁窖藏

9·3 褐漆小瓶
江苏宜兴和桥宋墓出土

9·4 仿古纹银瓶 绵阳
中区黄家巷宋代窖

研究所、西安雁塔区观音庙村金正大三年李居柔墓的钧窑大瓶〔图8·1、2〕，
如安徽宿松县河西山南宋墓和四川遂宁窖藏中的龙泉窑小瓶，江苏宜兴
和桥宋墓出土褐漆小瓶，又绵阳市中区黄家巷窖藏仿古纹银瓶，虽大小
有别，材质不同，造型稍异，但大致都可以归入宋人所说的胆瓶之属〔图
9·1~4〕。出自河南宝丰清凉寺的北宋汝窑天蓝釉刻花鹅颈瓶，也适如诗

人所咏"垂胆新瓷出汝窑"^{（图9·5）}。旧金山亚洲艺术博物馆藏金代磁州窑瓶瓶腹书"香花奉神"四个大字，更明确点明这一件胆瓶是用于插花^{（图10）}。

不过这里尚有一个问题，即作为酒具的玉壶春瓶，宋金时代，它的式样与大型胆瓶几乎相同，而出现在墓室壁画中，用途多表现得很清楚，比如河南焦作市北郊老万庄金代壁画墓中的一幅侍女奉酒图^{（图11）}。

9·5　汝窑天蓝釉刻花鹅颈瓶
河南宝丰清凉寺出土

11　奉酒图　河南焦作北郊
老万庄金代壁画墓出土

10　磁州窑"香花奉神"瓶
旧金山亚洲艺术博物馆藏

不妨认为，玉壶春瓶是从胆瓶这一大类中析出的一支，它以用来盛酒而美其名曰"玉壶春"，但玉壶春瓶同时也用作插花，图像所见正是如此，比如前面举出的夏日清游图朱漆戗金盒，而宋词中早有着这样的叙事。北宋曹组《临江仙》句云"青埦窗深红兽暖，灯前共倒金尊。数枝梅浸玉壶春"❶，此玉壶春瓶用来插梅自是毫无疑义，而酒瓶插花也很日常，如南宋萧泰来《亭坐》"可是近来疏酒盏，酒瓶今已作花瓶"❷。它与胆瓶是同类，由冯子振《梅花百咏》和释明本的和诗可得一证。冯诗《梅花百咏·浸梅》一首云："旋汲澄泉满胆瓶，一枝斜插置幽亭。冰姿玉骨清如许，隐隐风声入座馨。"❸明本同题和诗云："插花贮水养天真，潇洒风标席上珍。清晓呼童换新汲，只愁冻合玉壶春。"原唱云"胆瓶"，和作呼应其意而变换语词切其事曰"玉壶春"，正可见二者原本同属，因此在时人的观念中它有这种可以互换的一致❹。冯子振与明本生活的时代大抵相同，均是由宋入元。元代自是与宋风相延。故宫博物院藏一件元"张敏德造"剔红赏花图盒〔图12〕，盖面是水边竹林中的厅堂，主客二人在庭中山石前赏花，前厅之侧有童子布酒食，厅中高桌上一个带座的玉壶春瓶似待折枝插瓶，而与赏花之意相呼应。

花瓶的陈设，在几案，在厅堂，都有一个重要的要求，即稳定，因此多为它增配器座。李齐《山庵》："花梨架子定花瓶，一朵红梅对

❶《全宋词》，册二，页803。

❷《全宋诗》，册六二，页39031。

❸ 冯子振、周履靖《千片雪》，《夷门广牍》卷九十六。按《千片雪》所收冯诗即《梅花百咏》。《四库全书》本《梅花百咏》此"胆瓶"作"瞻瓶"，应是形近（瞻、瞻）而误。

❹ 与此相类者又如《百咏》中的《盆梅》："新陶瓦缶胜琼壶，分得春风玉一株。最爱寒窗读书处，夜深灯影雪模糊。"和诗云："月团香雪翠盆中，小技能偷造化工。长伴玉山颓锦帐，不知门外有霜风。""翠盆"与"新陶瓦缶"亦为一事。

12 "张敏德造"剔红赏花图盒
故宫博物院藏

忏灯。贾岛佛前修夜课，卧冰庵主
是诗僧。"❺"花梨架子定花瓶"，几
案陈设也。以定瓷之素雅推送出梅
花之清瘦，山庵遂成诗境。花开
"一朵"，自是缀于一枝。日本南禅
寺藏传南宋马公显《药山李翱问答
图》，正仿佛为此诗写照。这是宋
人笔下的唐人故事，药山手示上下，
曰："云在天，水在瓶。"一支画笔
却绘出宋人钟爱的胆瓶，胆瓶里又
是宋人钟爱的"一朵红梅"_{（图 13）}。

13 《药山李翱问答图》局部　日本南禅寺藏

❺《全宋诗》，册五九，页 37436。

三　其他几案花器

瓶插一枝，欲求其熨帖，不能不说也是一项艺术，花枝要选得好，品种要合宜，花瓶与花也要韵致相谐。南宋《盥手观花图》绘花事烂漫时节的一幅庭院小景，长案上一具长颈瓶，瓶身形若倒扣的敞口杯，修颈两侧各缀一对双环，小口中耸出鲜花一枝 ❶（图14）。

《盥手观花图》绘闺阁花事，又着意画出花器的不同。长案前后各有一个方几，后面的一个放着口沿装饰鼓钉纹的花盆，前面一个置花瓶，长身细腰，由编纹可以认得是竹器，瓶里一大捧菊花。竹瓶和菊花相配仿佛更能留驻花的淡雅，而竹花瓶的布置得宜也另有一个很好的例子。《南

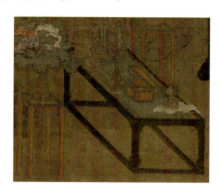

14　《盥手观花图》局部　天津博物馆藏

宋馆阁录》卷二《省舍》一节说到濯缨泉上有木桥，上有竹亭，泉东有竹屋一间，"周回设斑竹帘，中设黑漆棹一，竹花瓶一，香炉一，石墩十二"。竹屋陈设看得出是讲求古朴、清雅，黑漆棹上的竹花瓶便正

❶ 项元汴《历代名瓷图谱》著录一件宋龙泉窑器，名作"一枝小瓶"，式样与此图所绘相同，《谱》云："瓶不盈寸，而制度精工，泐色青翠，小品中之佳物也。以之插鱼子兰、指甲花、茉莉诸种最妙。"福开森《校注项氏历代名瓷图谱》，图二六、图二七，觯斋印书社一九三一年。不过此书今人多疑其伪，或不足为据，姑录此备考。

15・1　南宋官窑花筒
台北故宫博物院藏

15・2　南宋官窑花筒
台北故宫博物院藏

15・3　龙泉窑花筒
日本根津美术馆藏

是点睛之笔。

截竹为筒，筒插鲜花，本来也是宋人花事中的雅趣之一。邓深《竹
箭养梅置窗间》："竹与梅为友，梅非竹不宜。截箭存老节，折树冻疏
枝。静牖初安处，清泉满注时。暗香披拂外，细细觉春吹。❷用于宫禁，
更成豪举，《武林旧事》卷二述宫中花事曰"至于梁栋窗户间，亦以湘
筒贮花，鳞次簇插，何翅万朵"，可见其盛。竹筒制作的花瓶自难久存
于世，因此不知它曾否流行，不过宋代瓷器中有一种筒形瓶，今人常
称作"花插"，它的设计或即从竹筒取意。台北故宫博物院藏有两件南
宋官窑器，日本根津美术馆一件属龙泉窑，亦南宋物（图15・1~3）。此
在绘画中也有合式的对应。波士顿艺术博物馆藏传苏汉臣《妆靓仕女
图》，图绘对镜理妆的女子，妆具之侧一个小木架，木架里面正好坐一

❷《全宋诗》，册三七，页23341。

16 《靓妆仕女图》局部
波士顿艺术博物馆藏

具插着鲜花的花筒［图16］。镜旁陈设花瓶，在宋代并非仅仅是女子的雅尚，士人也常把它视作逸趣且付诸吟咏。楼钥《以十月桃杂松竹置瓶中照以镜屏用潇韵》："中有桃源天地宽，杳然溪照武陵寒。莫言洞府无由入，试向桃花背后看。" ❶方回《开镜见瓶梅》："开奁见明镜，聊以肃吾栉。旁有一瓶梅，横斜数枝入。真花在瓶中，镜中果何物。玩此不能已，悠然若有得。" ❷把对"格物"的偏爱贯注到对生活细节的关心和体验，使宋诗并不总是诗意丰沛而宋人诗心长在，镜中瓶梅便成诗心烛照下的一点玄思，"照镜梅"也因此成为后世咏梅诗中常见的一题。

　　如前所述，宋人的鲜花插瓶，常常用到的是瓷瓶、古瓶、铜瓶。酒筵或偶用银瓶，如前引杨万里诗。小瓶、胆瓶、花筒，其实均以瓷器为多。瓷器中似乎又以青瓷瓶最为士人所喜。杨万里《道旁店》："路旁野店两三家，清晓无汤况有茶。道是渠侬不好事，青瓷瓶插紫薇花。" ❸开篇引曾几《瓶中梅》"小窗水冰青琉璃"，插梅的花器自然也是青瓷瓶。又南宋钱时有诗题作《小瓷瓶》，诗前小序称："羔侄近得

❶《全宋诗》，册四七，页 29451。
❷《全宋诗》，册六六，页 41752。
❸《全宋诗》，册四二，页 26512。

17　蔡襄《大研帖》
台北故宫博物院藏

小瓷花瓶二，见者莫不称叹。熊佺自言，因是有感。大概谓此瓶高不盈尺，价不满百，以其体制之美，人皆悦之，若无体制，虽雕金镂玉不足贵也。惟人亦然，修为可取，虽贱亦好。苟不修为，贵无取尔。余喜其有此至论，因诗以进之，且以开示同志。"诗曰："小瓷瓶，形模端正玉色明。乌聊山边才百文，见者叹赏不容声。乃知物无贱与贵，要在制作何如耳。轮囷如瓠不脱俗，虽玉万镒吾何取。……"❹可知这一对得自徽州歙县西北乌聊山边的小花瓶，高不足一尺，价不过百钱，而釉色美丽得像玉一样，又造型线条流畅，有规整端正之好，因此偏爱"格物"的宋人由不得要起一番哲思。而玉色，青瓷之色也。

　　宋人花事中，花盆也别有清韵，由蔡襄著名的一件墨迹《大研帖》，可知花盆也是用于相互馈赠的文房雅物 [图17]，虽然"花盆亦佳品"在

---

❹《全宋诗》，册五五，页 34344。

18·1　素胎花盆　观台磁州窑址出土　　　　　　18·2　素胎花盆　观台磁州窑址出土

报谢的尺牍中或有客气的成分，但得与大研谐配，其式应当不俗。在花
盆中莳弄出的水石又或松梅盆景，也可作几案小品。河北磁县观台磁州
窑址发现的素胎花盆尺寸都不大，长多在二十馀厘米，高不过十几厘米，
外壁或装饰花卉，又或山石芭蕉与仙鹤而成一幅庭院小景（图18·1、2）。

　　花盆的古雅之称有方斛。黄公度《方斛石菖蒲》："勺水回环含浅
清，寸茎苍翠冠峥嵘。扁舟浮玉山前过，想见江湖万里情。"❶所咏"方
斛"，也为花盆之属。所谓"斛"，原是量器，即十斗为斛，此便以花
盆造型如斗而假以方斛之名。故宫博物院藏一件宋三彩刻花枕，枕面
图案中心画一丛翠竹，翠竹两边各一个底端花头足的花盆，盆里各开
着一大朵牡丹花（图19·1）。山东博物馆藏出自德州窑的绿釉方盆，恰与
此对花盆式样相同（图19·2）。若为这一类方盆冠以雅称，"方斛"便正
好合式。

　　制作盆景之外，花盆也用来育兰与栽荷。刘克庄《咏邻人兰花》"两
盆去岁共移来，一置雕阑一委苔"❷；王炎《石盆荷叶》："月明露冷净
娟娟，收入窗间一掬泉。不用亭亭张翠盖，也能细细叠青钱。时因新

---

❶《全宋诗》，册三六，页22508。
❷《全宋诗》，册五八，页36189。

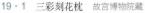

19·1　三彩刻花枕　故宫博物院藏

19·2　绿釉花盆　山东博物馆藏

20　《雪阁临江图》局部
波士顿艺术博物馆藏

汲分瓶杓，暗有微香散简编。留得移根栽玉井，开花十丈藕如船。"❸曰
"收入窗间一掬泉"，曰"暗有微香散简编"，则一捧绿意正是盈盈于
芸窗几案。波士顿艺术博物馆藏宋《雪阁临江图》(图20)，窗间挽幔卷帘，
窗幔挽起处微露香几和几上香炉，主人凭窗听雪，童子捧来兰叶披拂
的一个花盆，宋人绘笔不肯放过的点滴花事，与诗人所咏是一致的。

---

❸《全宋诗》，册四八，页29699。

21·1 宋景德镇窑影青带座盆
安徽枞阳横铺镇出土

21·2 《佛涅槃图》局部　日本爱知县中之坊寺藏

　　形制独特者，尚有一种深腹盆，如安徽枞阳县横铺镇出土一件宋景德镇窑影青柳斗纹花口带座盆〔图21·1〕，日本爱知县中之坊寺藏南宋《佛涅槃图》中正绘出它的形象，——原是设于香案上的花器〔图21·2〕。《涅槃图》墨书落款曰"明州江下周四郎笔"。明州，即今宁波。

　　两宋瓷器中，又有一种体量稍大的平底或浅底深盘，今人多称之为"洗"，不过它在当时却有可能是花器。苏轼有诗题作《惜花》，是为钱塘吉祥寺牡丹而作，自注"钱塘吉祥寺花为第一，壬子清明赏会最盛，金盘彩篮以献于座者"云云，所谓"金盘"，在这里正是用来作为花器。又梅尧臣《胡武平遗牡丹一盘》"昨日到湖上，碧水涵蒲芽。此情颇已惬，薄宦非初嗟。况乃蒙见怜，带雨摘春葩"❶；郑刚中《封州极少酴醿近得数蕊瘦小如纸花而清芬异常》"小盘和雨送酴醿，瘦怯东风玉蕊稀"❷，是置花之器皆为盘也，而这一做法又非自宋始，敦煌

------

❶ 诗作于湖州，胡武平，即胡宿。朱东润《梅尧臣集编年校注》，页202，上海古籍出版社二〇〇六年。

❷《全宋诗》，册三〇，第19108页。

唐代壁画中于此多有描绘，如莫高窟第一五三窟南壁手捧牡丹花盘的童子（图22），两宋不过延用旧俗而已。核之以两宋遗存，则瓷"洗"之大者，比如口径二十厘米以上，当日的用途之一，或即放置鲜花。

3 宋代花瓶

四　铜瓶与仿古花瓶

    宋人的尚古，本是缘自对古今之别的体认。宋《政和五礼新仪·卷首》录有大观年间制定礼仪之际君臣间的一番讨论，其中徽宗的意见很耐人寻味，即"礼缘人情，以义而起，因时之宜，御今之有，故商因于夏，所损益可知；周因于商，所损益可知，而不相袭也。善法古者，不法其法，法其所以为法之意而已"；而"世异事殊，衣冠器用，其制不同。弁筓组紞、筐箧簟筵，皆古人之常用，其制度非今人之所见，品官之家，岂能遵行。可改用今人器用，制礼具令，将行天下"，总要使今礼"简而易行"。它的引人注意，即在于有此明确的古今之别，才能够把所谓的"古"从作为"今"的现实生活中独立出来，而安放在可以从容涵泳的艺术世界中。"古"于是有距离，有魅力，所谓"古鼎"、"古瓶"的古为今用，比如焚香，比如插花，方见出它典雅雍容的艺术气息❶。葛绍体《韩氏与闲即事》"古瓶疏牖下，怪石小池旁"❷；舒岳祥有诗题作《十一月初三日插梅花古罍洗中因成四绝》❸；又洪咨夔《夏初临》句云"铁甓栽荷，铜彝种菊，胆瓶萱草榴花"❹；张炎《三姝媚》词前小序称："海云寺千叶杏二株，奇丽可观，江南所无，越一日，过傅岩起清晏堂，见古瓶中数枝，云自海云来，名芙蓉杏，因爱玩不去，岩起索赋此曲。"❺诗词中的"古瓶"、"古罍洗"、"铜彝"，都是对上古铜器的并不严格的泛称，而同时代的绘画也常常把此尚古之情化为具体的形象，如故宫博物院藏宋徽宗《听琴图》、南宋册页《瑶台步月图》⁽图23·1·2⁾，等等。又有清宫旧藏宋薛绍彭《元章召饭帖》，尺牍所用研花笺图案是插着数枝梅花的古铜瓶⁽图23·3⁾。不过审美情趣之外，古铜器的插花，也包含着宋人的养花经验与知识。宋赵希鹄《洞天清禄·古钟鼎彝器辨》："古铜器入土年久，受土气深，以之养花，花色鲜明如枝头，开速而谢迟，或谢则就瓶结实。"铜本是植物生长发育所必需的微量元素之一，它既可作为植物体内参与氧化还原过程的多酚氧化酶的辅基，又可以使植物因铜素营养充足而增强抗寒能力。此外古铜器表面因水和二氧化碳的长期侵蚀而生成的铜绿，乃是碱性碳酸铜，原有杀虫、杀菌和防腐之效，铜瓶插花，瓶里的水因此不易

---

❶ 诗人也或从另一面立论，如舒岳祥《老铜壶》："孙孙子子永享用，下有铭文谁所为。有色无声形制具，不得随俗插花枝。"（《全宋诗》，册六五，页41025）而以古器插梅，亦舒氏所行之花事也，如下文所引。

❷《全宋诗》，册六〇，页37957。

❸《全宋诗》，册六五，页41017。

❹《全宋词》，册四，页2464。

❺《全宋词》，册五，页3465。

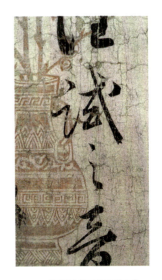

23·1 《听琴图》局部　故宫博物院藏　　　23·2 《瑶台步月图》局部　　　23·3 薛绍彭《元章召饭帖》
　　　　　　　　　　　　　　　　　　　　　　故宫博物院藏　　　　　　局部　清宫旧藏

变质，瓶里的花则可吸收铜离子以为营养 **❻**。当然"谢则就瓶结实"的
可能性是很小的，《洞天清禄》所举即便是实，也只是特例。

　　至于铜瓶，其称很早就已经出现，不过在北宋以前，所谓"铜瓶"，
以指净瓶，又或汲水之瓶、温酒之瓶为多。皮日休有诗咏栽植药草事，
句云"铜瓶尽日灌幽花" **❼**，此则汲水浇花之瓶。宋人说到铜瓶，方才
涉及折枝插瓶，便是插花和养花，而以北宋末年直至南宋为盛。黄公
度《对瓶花独酌》"红红白白两铜瓶" **❽**，杨万里《瓶中梅杏二花》"折
来双插一铜瓶" **❾**，赵孟坚《安吉州赋牡丹》"铜瓶分插递参差" **❿**；又

❻ 周肇基《中国植物生理学史》，页 469，广东高等教育出版社一九九八年。
❼ 《重玄寺元达年逾八十种好种名药凡所植多至自天台四明包山句曲丛翠纷糅各可指名余奇而
　　访之因题二章》，《全唐诗》，册一八，页 7078。
❽ 《全宋诗》，册三六，页 22508。
❾ 《全宋诗》，册四二，页 26182。
❿ 《全宋诗》，册六一，页 38677。

晁公遡《咏铜瓶中梅》："折得寒香日暮归，铜瓶添水养横枝。书窗一夜月初满，却似小溪清浅时。"❶刘克庄《出城二绝》之一："日日铜瓶插数枝，瓶空颇讶折来稀。出城忽见樱桃熟，始信无花可买归。"❷刘过《沁园春·赠王禹锡》句云："自注铜瓶，作梅花供，尊前数枝。"❸举出的这几例诗和词，本来都各有背景，各系着作者的身世，这里不去细论，只看宋人拈出铜瓶和花寄意抒情言志，都写得很家常，很亲切，而鲜花插瓶差不多就是每天的清课。所谓"古瓶"、"铜瓶"，南宋时候已经是很常见的商品，因此南宋末年的《百宝总珍集》特从商家角度讲述二者之间的区别。其卷六"古铜"条前面四句口诀云："古铜元本出周时，旧者花粗入眼稀。丁角句容花儿细，此物应当价例低。"下面解释道："古铜坚者颜色绿，多犯茶色，多是雷纹，花样皆别，今时稀有。鼎、花瓶、雀盏之属，丁角、句容及台州亦有新铸者，深绿色，多是细少回文花儿，不甚直钱。"雀盏，即爵盏，亦即仿古爵杯。这里所说出自新铸的"花瓶"，便是诗词所咏养花插花的"铜瓶"。铜瓶的式样或是最为通行的胆瓶，或四方瓶、八方瓶，如遂宁金鱼村窖藏出土的数件(图24·1~3)。又或仿古式而作成铜瓿，即后世所谓的"花瓿"、"美人瓿"，前举《瑶台步月图》所绘即是。相应的实物也有不少，如四川绵竹观鱼乡北宋青铜器窖藏中的铜瓿、出自福建南平市区大桥工地的南宋铜瓿(图25·1、2)。与此同时，瓷花瓶的仿古，古铜礼器之外，也多取铜瓿为式，如杭州凤凰山老虎洞窑址出土南宋初年青瓷瓿，如浙江省博物馆藏南宋龙泉窑青瓷瓿(图25·3、4)。

❶《全宋诗》，册三五，页22448。

❷《全宋诗》，册五八，页36210。

❸《全宋词》，册三，页2144。

24·1 铜瓶
四川遂宁金鱼村窖藏

24·2 铜瓶
四川遂宁金鱼村窖藏

24·3 铜瓶
四川遂宁金鱼村窖藏

25·1 铜觚 四川绵竹观鱼
乡北宋青铜器窖藏

25·2 铜觚 福建南平市区
大桥工地出土

25·4 龙泉窑青瓷觚
浙江省博物馆藏

25·3 青瓷觚 杭州凤凰
山老虎洞窑址出土

五 大花瓶

————

　　用作插花的大瓶，高多在三四十厘米，或者更高一点。北方辽金墓葬砖雕或壁画，又川渝宋墓砖雕，都有它的形象（图26·1~5）。有的瓶颈处系彩帛，这原是佛教艺术中的宝瓶式样❶，当然大瓶的主要发展线索仍是此前作为生活用具的瓶罍。与作为几案陈设的小瓶相比，这一类安排在厅堂的大瓶开始流行的时间或稍早一些。以图像为比照，北方窑址属于宋代遗存的若干大瓶可定名为花瓶，河北磁县观台磁州窑址所出即是比较集中的一批❷（图27·1）。出自陕西铜川黄堡镇耀州窑遗址的有式样近同的金代花口瓶（图27·2）。又湖南益阳县（今益阳市）泞湖出土一件北宋青瓷大瓶，高四十二厘米，口径十二厘米，侈口，短颈，丰肩，以向下的收分显出瓶身柔和的曲线。重要的是，此器颈肩结合处阴刻"熙宁五年花钵"六个字❸（图28·1）。南京博物院藏一件萧窑白瓷

————

❶ 如新绛南范庄金墓墓室东壁上的格子门屏心，《平阳金墓砖雕》，图七七，山西人民出版社一九九九年。宝瓶，又作贤瓶，均是佛经中迦罗奢或羯罗舍的意译，《大日经》卷二《具缘品》云："次具迦罗奢，或六或十八，备足诸宝药，盛满众香水，枝条上垂布，间插花果实，涂香等严饰，结护而作净，系颈以妙衣。"瓶颈处系彩帛，便是"系颈以妙衣"，宣化辽张世卿墓后室顶部彩绘星图中的宝瓶，即是表现清晰的一例，见《宣化辽墓》，彩版六七。

❷ 相关讨论，见秦大树《宋元时期磁州窑瓶类器物的发展及其使用功能探讨》，页30，《南方文物》二〇〇一年第四期。

❸ 陈峻《湖南益阳县泞湖出土北宋"熙宁五年"青瓷梅瓶》，页96，《考古》二〇〇五年第十二期。按"熙宁五年"下面两个字笔画略有漫漶，原文未曾识读（作"□□"），"花钵"之确认，系承孙机先生赐教。

26·1 河北宣化辽张世卿墓壁画

26·2 山西平阳稷山马村金墓砖雕

26·3 山西平阳稷山马村金墓砖雕

26·4 重庆南川大夫地
宋墓一号墓砖雕

26·5 重庆江津三溪子墓地出土
砖雕

27·1 白釉瓶 河北
磁县观台磁州窑
址出土

27·2 青釉瓶 陕西
铜川黄堡镇耀
州窑遗址出土

28·1 "熙宁五年花钵" 湖南益阳泞湖出土

28·2 萧窑瓷瓶 南京博物院藏

瓶，瓶身有铭三行："白土镇窑户赵顺谨施到慈氏菩萨花瓶壹对，供养本镇南寺。时皇统元年三月二十二日造。"（图28·2）此器系征集于安徽萧县白土镇，虽然颈部残失，但以保存完好者相比照，整体造型不难大略推知。两例自然是可作为依据的实例。几种大瓶造型的渊源也都很早，但用途大约始终比较宽泛，直到宋辽金时代鲜花插瓶作为家居陈设蔚为风气，才成为大致固定的花瓶式样。

　　另一个很著名的例子，是美国纳尔逊博物馆藏磁州窑白地黑花龙纹大瓶，瓶高五十六点八厘米，长颈，鼓腹，下部仰莲的莲瓣之缘有"花瓶刘家造"五字铭文，因可明确作为宋代花瓶样式中的一个类型。不过曾有学者认为它是后世仿品，并提出几个主要疑点，即从造型看，此件比例失调，颈部过长，足又撇得过大，与宋代瓶的造型不同；从纹饰看，宋代磁州窑器以龙纹为饰者极少，而此龙形象呆板，画五爪，违背了宋代龙画三爪的规律；此外，则是"花瓶"一词在宋代还没有

29·1　陶花槛　北京磁器口金墓出土

29·2　陶花槛铭文

出现❶。这一观点近年已受到质疑，或引宋杨万里《谢亲戚寄黄雀诗》"瓷瓶浅染茱萸紫"，以证"用瓷瓶插花在宋代其实是很流行的"，又引《西湖老人繁胜录》关于端午节花瓶插花供养一段纪事，证明宋代有"花瓶"之称❷。又或从装饰手法的角度，引证辽宋时代的其他例子，认为此件当出自河南地区窑场❸。几点意见都很有说服力，当然可议者尚不止此，本文此前举出的相关故事其实均可为证。

此外一例，是标明"刘家造"的另一件陶花器，长方形，口沿一周回纹，下有四个花头足，底面阴刻"南控鹤营内刘家造花槛"两行十个字，字体风格与"花瓶刘家造"相去不远 (图29·1、2)。花器系出在

---

❶ 冯先铭《仿古瓷出现的历史条件与种类》，页15，《故宫博物院院刊》一九九四年第一期；又冯先铭、冯小琦《磁州窑瓷器与历代仿品》，页51，《收藏家》一九九九年第二期。

❷ 《宋元时期磁州窑瓶类器物的发展及其使用功能探讨》，页30~31。

❸ 刘涛《宋辽金纪年瓷器》，页33~36，文物出版社二〇〇四年。

北京磁器口一座约当大定年间的金墓❶。铭文之"槛"应是"鑑"字之假，或意在取其古雅。控鹤在北宋初年曾用作禁军步兵之称，但不久即易名天武❷。而辽在幽州城中有汉兵八营，其中之一名控鹤❸。由器铭来推测，控鹤营似作为地名曾长期沿用。

六 馀论

瓶花本来是从礼佛的香花供养而来，演变过程中伸展出室内陈设和几案清玩的一支，且因各方面的条件适合而使得它枝繁叶茂。但本源却依然顺流而行不曾断绝，并且礼佛之外又用于祭祀，由此发展出明清时代的所谓"五供"，即花瓶一对，烛台一对，香炉居中，一字排开设于供案。不过宋代多见的仍是中间香炉，两侧花瓶，不论礼佛抑或祭祀。前者之例，如日本京都大德寺藏南宋《五百罗汉图·罗汉供》(图30·1)；后者之例，如辽宁省博物馆藏南宋《孝经图》中的祭祀场面(图30·2)。

最后再来看遂宁金鱼村窖藏中的器物，应可容易识得瓶类中的花瓶之属。龙泉窑各式小瓶在这里占得多数，胆瓶，瓜棱瓶，贯耳瓶，管耳瓶，弦纹瓶(图31·1~5)，等等，高均为十几厘米。琮式瓶，出自龙

❶ 王清林等《瓷器口出土的金代石椁墓》，页330，北京辽金城垣博物馆《北京辽金文物研究》，北京燕山出版社二〇〇五年。

❷《续资治通鉴长编》卷十七开宝九年七月乙巳，太祖"幸控鹤营，观骑士射"。同书卷十八太平兴国二年正月庚辰："诏以美名易禁军旧号，铁骑曰日骑，控鹤曰天武。"

❸ 宋人路振于大中祥符初使辽，撰《乘轺录》以纪行，其中说到幽州"城中汉兵八营，有南北两衙兵，两羽林兵，控鹤，神武兵，雄捷兵，骁武兵"。又《契丹国志》卷十三《景宗萧皇后传》："国中所管幽州汉兵，谓之神武、控鹤、羽林、骁武等，皆后自统之。"

30·1 《五百罗汉图·罗汉供》局部　日本京都大德寺藏　　30·2 《孝经图》局部　辽宁省博物馆藏

31·1　胆瓶　四川遂宁
金鱼村窖藏

31·2　瓜棱瓶　四川遂宁
金鱼村窖藏

31·3　贯耳瓶　四川遂宁
金鱼村窖藏

31·4 管耳瓶 四川遂宁金鱼村窖藏

31·5 龙泉窑弦纹瓶 四川遂宁金鱼村窖藏

32·1 龙泉窑琮式瓶
四川遂宁金鱼村窖藏

32·2 青石琮式瓶
四川遂宁金鱼村窖藏

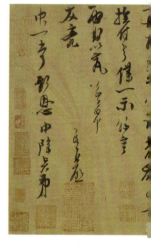

32·3 宋杜良臣尺牍
清宫旧藏

泉窑者为一对大瓶（图32·1），小瓶则有青石制作的一对（图32·2）。此即明人眼中的花器之雅品，名作蓍草瓶，而赏鉴的品味当是遥承宋人，前面举出的花觚也是同样的例子。宋杜良臣《致中一哥新恩中除贤弟尺牍》所用研花笺上的图案便是插着一蓬兰花的琮式瓶（图32·3）。两件景

33　青白釉印花双凤纹碗局部　四川遂宁金鱼村窖藏

德镇青白釉印花双凤纹碗碗心图案中装饰着插花的弦纹瓶，而它与窖藏中的龙泉窑弦纹瓶式样完全相同，那么后者是花瓶，这自然是最为直接的证据〔图33〕。铜瓶数件，均是宋代花瓶的常见样式。窖藏中制作精好的龙泉窑仿古式青瓷小香炉，屡见于宋人题咏的蟾蜍砚滴，与各式小花瓶正是当日几案陈设习见的组合。要之，窖藏中的花瓶不仅品类丰富，而且集中体现了它所属时代的雅尚，诚可视作记述了宋代瓶花故实的一批珍贵标本 ❶。

　　对"格物"的偏爱使花事成为宋人诗词中的一个热门话题，宋人咏花诗之多自不必言，信手翻览《全宋诗》与《全宋词》即可大概了解。当然无论如何，花与花瓶仍只算得宋人生活中的细事，今天是把

❶ 以此而阅明袁宏道《瓶史》，所谓"养花瓶亦须精良"，"尝见江南人家所藏旧瓿，青翠入骨，砂斑垤起，可谓花之金屋。其次官、哥、象、定等窑，细媚滋润，皆花神之精舍也。大抵斋瓶宜矮而小，铜器如花觚、铜觯、尊罍、方汉壶、素温壶、匾壶，窑器如纸槌、鹅颈、茹袋、花樽、花囊、蓍草、蒲槌，皆须形制短小者，方入清供"，更可见明代士人雅趣之渊源。

它作成一幅特写，于是我们可以看到花瓶作为几案陈设成为风气，实在是与宋人生活方式的重大改变，即席坐向着垂足坐由转变到最后完成密切相关。这样一个牵连了诸多方面的生活细节，说它是情节丰富的别一种历史叙事，应该是可以成立的。

总之，鲜花插瓶不是中土固有的习俗，而瓶花最早是以装饰纹样率先出现在艺术品中，它与佛教相依在中土传播，走了很远的路，从魏晋直到南北朝，从西域一直到中原，到南方。瓶花虽然作为纹饰很早就是艺术形象中为人所熟悉的题材，而花瓶一词的出现、特别是有了人们普遍认可的固定样式，却是很晚的事，大约可以推定是在北宋中晚期。如果把对它的叙事分作两个不同语汇的系统，那么可以说一个是实物的，其中包括各种图像；一个是文献的，其中包括诗词歌赋。在以实物为语汇的叙事系统中，瓶花是从魏晋南北朝而隋唐，而两宋，直到元明清的一个始终不断的繁荣史。而在以文献为语汇的叙事系统中，花瓶是从晚唐五代开始进入赏爱品鉴的视野，直到两宋才成为日常生活中几乎不可或缺的妆点，由此而发展成为典丽精致的生活艺术。至于两套叙事系统的合流，则完成于宋代，并且自此以后开始沿着共同的走向，向着丰满一途发展。

〔初刊于《故宫博物院院刊》二〇〇七年第一期〕

4

龙涎真品与龙涎香品

龙涎香以它的名贵和稀见，自古以来便是一个总带着几分神秘的话题。宋人对它算是最不陌生，两宋香事中因此常常见到"龙涎"之名，不过这时候的"龙涎"二字实在还包含着虚与实的分别，亦即龙涎真品与龙涎香品的重要区别，而这也正是宋代香事中很有意思的一个细节。

龙涎香最早见于中土文献是在唐人段成式的《西阳杂俎》，前集卷四云"拨拨力国，在西南海中"，"土地唯有象牙及阿末香"。拨拨力，即今索马里的柏培拉。不过当时阿末香还只是外国来的一种传闻。此后过了很久，除偶见于"朝贡"纪录外[1]，似乎再不见有人谈起它，直到元祐年间苏轼的《再和杨公济梅花十绝》，其七曰"檀心已作龙涎吐，玉颊何劳獭髓医"[2]，乃以龙涎拟喻梅花的幽香。东坡远谪海南之后，作诗咏山芋羹，又把龙涎拈来作喻，句云"香似龙涎仍酽白，味如牛乳更全清"[3]。龙涎用作焚香，此际也见士吟咏，如秦观《浣溪沙》"霜缟同心翠黛连。红绡四角缀金钱。恼人香蒸是龙涎"[4]。宣和初年徽宗在睿谟殿张灯结彩预赏元宵，曲宴近臣，亲历者如王安中如

---

[1] 如熙宁四年，有层檀国遣使奉表贡龙涎香等；五年，有大食勿巡国遣使奉表贡龙涎香等。《宋会要辑稿》，第八册，页 7855。

[2] 《全宋诗》，册一四，页 9438。

[3] 诗题颇长，作《过子忽出新意以山芋作玉糁羹色香味皆奇绝天上酥陀不可知人间决无此味也》，《全宋诗》，册一四，页 9558。

[4] 《全宋词》，册一，页 462。

冯熙载均有长诗纪此一时之盛，所谓"层床藉玑组，方鼎炷龙涎"❺，便是其中的纪实之句。龙涎又不仅用作焚香，南宋叶绍翁《四朝闻见录》乙集"宣政宫烛"条曰"宣、政盛时，宫中以河阳花蜡烛无香为恨，遂用龙涎、沉脑屑灌蜡烛，列两行，数百枝，焰明而香溢，钧天之所无也"。不过龙涎真品价格昂贵非同一般。张知甫《可书》："仆见一海贾鬻真龙涎香，二钱，云三十万缗可售鬻，时明节皇后阁酬以二十万缗，不售。遂命开封府验其真赝，吏问：'何以为别？'贾曰：'浮于水则鱼集，薰于衣则香不竭。'果如所言。"明节皇后即徽宗之妃刘氏，以别于明达皇后刘氏，又称作小刘，宣和三年追册为皇后。宋佚名《百宝总珍集》卷八"龙涎"条曰龙涎"每两直百千已上"，当然此中还应有质量、等级之类的差别，虽海贾在皇室面前有故昂其值的成分，但"薰于衣则香不竭"，并非虚语，龙涎香的分外贵重，且非寻常可见❻，也是实情。

龙涎香是抹香鲸肠内的病理分泌物，主要见于热带和亚热带温暖的海洋中。其成因，说法不很一致。一般认为它是抹香鲸的贪食，由消化不良而刺激胃肠粘膜，因形成的一种病理性结块亦即结石。以其质轻，——相对密度为 0.8~0.9，故从鲸鱼体内排出之后，便往往会漂浮在海面或被冲上海岸。龙涎香的干燥品看去是灰色或褐色的蜡样团块 [图1]，六十度左右会软化，七十至七十五度间则熔融。新从鲸鱼体内排出的龙涎香香气很弱，经海上长期漂流自然熟化，或经过长期贮存自然氧化，它的香气方逐渐增强。

龙涎香具有生动的动物香，清灵而温雅，同时又很特别的微含木

❺ 王安中《睿谟殿曲宴诗》，《全宋诗》，册二四，页 15973。
❻ 蔡绦《铁围山丛谈》卷五，曰政和间徽宗检察奉辰库，见前朝旧存龙涎香，既不知所从来，也不知为何物，更不必说用途；及至"以一豆火爇之，辄作异花气，芬郁满座，终日略不歇"，方惊为珍奇，乃至把已分赐臣下者悉数收回。此所谓"龙涎香"，应是龙涎真品。

1　龙涎香　泉州后渚港沉船遗址出土

香、苔香。一种特殊的甜气和尤其持久的留香底韵使它很有温暖朦胧的意蕴，清厉鹗《天香·龙涎香》"天上梅魂乍返，温麝似垂纤尾"❶，为传闻中的香气写真而竟得其神。香气的微妙柔润，可提扬而又凝聚不散，且特别能够圆和其他气息，都是龙涎香令人珍爱的品质。麝香、灵猫香等几种名贵的定香剂中，龙涎香的留香最为持久，优质者，竟可达数月。以上种种古人多已认识到，其实有关龙涎香的故事，虽常常不免带了某种传说的成分，但究竟有着不少确实的依据。

　　最早详细记述龙涎香之性状与用途的，当推成书于淳熙五年（一一七八）的《岭外代答》，卷七《宝货门》"龙涎"条曰："大食西海多龙，枕石一睡，涎沫浮水，积而能坚，鲛人采之，以为至宝。新者色白，稍久则紫，甚久则黑。因至番禺尝见之，不薰不莸，似浮石而轻也。人云龙涎有异香，或云龙涎气腥，能发众香，皆非也。龙涎于香本无损益，但能聚烟耳。和香而用真龙涎，焚之一铢，翠烟浮空，结而不散，座客可用一剪分烟缕。此其所以然者，蜃气楼台之馀烈也。"

---

❶《樊榭山房集·集外词·秋林琴雅二》。

所谓"不薰不莸，似浮石而轻"，以其至番禺而亲见，所述当然比较近实，聚烟的认识自然更为重要，至于"蜃气楼台"之类的想象，原是难免，惟"能发众香"本来是实，"有异香"亦然，不必非之。此说流传极广，稍后于此的赵汝适《诸番志》、张世南《游宦纪闻》，都有大致相同的复述。后世笔记也大多沿用这样的说法，直到屈大均作《广东新语》，说龙涎，大意仍不外此。

关于龙涎香的产地、品质、采获以及调制的过程与方法，日人山田宪太郎所著《香料博物事典》，叙述最为详明 ❷。不过大量见于宋人诗文的龙涎香，却多半不是真品龙涎，而是龙涎香饼，有的甚至配料中龙涎也无，却只是用素馨或茉莉的精油调配出花的香韵。成书于宋末元初的《陈氏香谱》卷三收"龙涎香"、"古龙涎"、"小龙涎"等香方二十四种，方中配料入龙涎者只有三种，可知龙涎香饼乃别有故事。

最负盛名的龙涎香饼是五羊城中的吴氏心字香。叶寘《坦斋笔衡》："有吴氏者以香业于五羊城中，以龙涎著名。香有定价，家富日缩如封君。人自叩之，彼不急于售也。"吴曾《能改斋漫录》卷十六"玉珑璁词"条下曰某士人以诗酬答友人龙涎香之赠，句云"认得吴家心字香"；王灼《糖霜谱》的配方中则列着"吴氏龙涎香"。吴家心字，吴氏龙涎，皆一物也，著名而且传得广远。其配方似乎未见当时人记载，不过龙涎香品的制作由宋人笔记和诗词中的若干描写，尚可略窥其概。《能改斋漫录》卷十五"素馨花"条："岭外素馨花，本名耶悉茗花，丛脞么麽，似不足贵，唯花洁白，南人极重之。以白而香，故易其名。""海外耶悉茗油，时于舶上得之，番酋多以涂身。今之龙涎

❷ 山田宪太郎《香料博物事典》，页 442~466、同朋舍一九七九年。

香，悉以耶悉茗油为主也。"❶陈善《扪虱新话》卷十五"南地花木北地所无"条则曰："制龙涎香，无素馨花，多以茉莉代之。"诗词中咏及龙涎香，固多用辞藻装点，但意思依然明确。张元幹《青玉案》"心字龙涎饶济楚。素馨风味，碎琼流品，别有天然处"❷；洪适《番禺调笑·素馨巷》"屑沉碎麝香肌细。剩馥熏成心字"❸；朱翌《素馨》"馀波润泽龙涎春，北走万里燕赵秦"❹，虽不是专说制香，而制香之法可见。又郑刚中诗的反面作比："素馨玉洁小窗前，采采轻花置枕边。仿佛梦回何所似，深灰慢火养龙涎。"❺可知宋人心目中龙涎和素馨是亲密得可以互换❻。顺带说到，"心"字是两宋流行的一类纹样，如心字帔坠、心字耳环、心字幡胜（图2·1-3），又可开可合的心字簪以及枕面上的装饰图案（图3·1、2）。出自安徽南陵铁拐南宋墓的心字耳环，恰同周邦彦词中所咏"黄金心字双垂耳"（《蝶恋花》），是风气自北宋流贯至南宋，龙涎香饼取心字为饰，自然会博得爱赏。

---

❶《黄氏日钞》卷六七："泡花，采以蒸香。法以佳沉香薄劈，着净器中，铺半开花，与香层层相间，密封之，日一易，不待花蔫，花过香成。番禺人作心字香、琼香，用素馨、末利，法亦然。大抵泡取其气，未尝炊燃。"此乃节录范成大《桂海虞衡志·志花》之文（今范《志》"泡花"一则稍略于此，盖所存已非全帙）。不过依吴氏《漫录》，用作制香者乃耶悉茗油，则仍应以蒸液渍香为是，其法即如前引《游宦纪闻》所云，此曰"未尝炊燃"，似非。

❷《全宋词》，册二，页1088。

❸《全宋词》，册二，页1369。

❹《全宋诗》，册三三，页20876。

❺《广人谓取素馨半开者囊置卧榻间终夜有香，用之果然》，《全宋诗》，册三〇，页19104。

❻素馨与茉莉前已提及，二者同属木犀科，香气近似而又略有不同。现代调香工艺中把它们分作大花茉莉和小花茉莉，素馨属前者，虽然它实际上开的是小花，吴氏所谓"丛脞么麽"者是也。素馨和茉莉的香气特征均在于"鲜"，不过素馨是鲜中带浊，茉莉则鲜而清灵。鲜的来源在于其鲜花的香气成分里含有大量吲哚——约达百分之五至十二。吲哚纯品在浓溶液中是咸鲜有力而粗犷的动物香气，扩散力强而持久。用耶悉茗油精制香饼，以其香气中独特的鲜韵而依稀龙涎风神，或者是可能的，只是我们无法去证实，因此把它作为一个推论。

2·1 心字帔坠
浙江新昌南宋乾道五年季氏墓出土

2·2 心字金耳环　安徽南陵铁拐南宋墓出土

3·1 心字金钗（打开）
安徽潜山余井宋墓出土

2·3 银鎏金龟衔心字幡胜
浙江德清武康银子山出土

3·2 珍珠地白釉枕　波士顿艺术博物馆藏

　　茉莉与素馨同属木犀科，原中心产区在波斯。唐人已经知道茉莉和茉莉花制作的精油❶，不过它和素馨的大规模引种都是在宋代❷。《岭外代答》卷八"花木门"曰"素馨花，番禺甚多"。其时且有专植素馨的花田。南宋蔡戡《重九日陪诸公游花田》四首，句有"瑞叶嘉禾亦旅生，琼田十顷足丰盈"，其下自注云："土人卖花所得不减力耕。"❸诗应作于蔡戡嘉泰年间知静州府兼广西经略安抚使任上。花开时节当地固多把它用作簪戴，而素馨同样重要的一个用途则是制香❹，蔡诗"不特炉熏资剩馥，最宜宝髻缀繁英"，即为此而言。南宋程公许《和虞使君撷素馨花遗张立蒸沉香四绝句》其一曰："平章江浙素馨种，小白花山瓜葛亲。借取水沉薰玉骨，便如屏障唤真真。"又曰："长讶诗人巧夺胎，天心月胁句中来。更将花谱通香谱，输与博山烘炭煤。"❺"更将花谱通香谱"，最是宋人调香的要紧处，独具特色的龙涎香即由此而来。

　　周密《武林旧事》卷三记端午故事，曰届时禁中分赐后妃诸阁、

---

❶　如杜环（《经行记》"大食国"条）、段成式（《酉阳杂俎·前集》卷十八）、段公路（《北户录》卷三）。最早提到"耶悉茗"亦即茉莉花者，为旧题晋嵇含撰《南方草木状》，然此书实非全部出自晋人之手，因不可作为考证，中外学者有关考证文章已有多篇，如马泰来《〈南方草木状〉辨伪》，页43~57，《农史研究》第三辑，农业出版社一九八三年。

❷　高似孙《纬略》卷九"耶悉茗油"条："耶悉茗花是西国花，色雪白，胡人携至交广之间，家家爱其香气，皆种植之。"素馨的移种或始于南汉。《全芳备祖》前集卷二十五"素馨"条："《龟山志》：素馨旧名耶（耶）悉茗，昔刘王有侍女名素馨，其冢上生此花，因以得名。"刘王即五代十国时割据岭南的南汉王。宋许及之《咏史》："南汉倾颓宫女亡，风流争睹一花香。香名认取素馨字，玉树琼花一样妆。"《全宋诗》，册四六，页28453。元王恽《秋涧集》卷九《素馨辞》前小序云："五代汉刘隐女曰素馨，死，其墓生花甚香，因以女名目之。"传说不一，但南汉辖地已植素馨，大约是实。

❸　《全宋诗》，册四八，页30061。

❹　洪迈《番禺调笑·素馨巷》："轻丝结蕊长盈穗，一片瑞云萦宝髻。水沉为骨麝为衣，剩馥三熏亦名世。"《全宋词》，册二，页1369。

❺　《全宋诗》，册五七，页35619。

4　香佩　常州武进村前乡南宋五号墓出土

大珰近侍诸般节令物事，中有"软香、龙涎佩带"。"软香"，乃和合众香制成的各式佩香或曰香佩，它也常用作扇坠。南宋词人史达祖《菩萨蛮·赋软香》："广寒夜捣玄霜细。玉龙睡重痴涎坠。斗合一团娇。偎人暖欲消。　　心情虽软弱，也要人传搦。宝扇莫惊秋，班姬应更愁。"又詹玉《庆清朝慢》所谓"红雨争妍，芳尘生润，将春都揉成泥"，"梅不似，兰不似，风流处，那更著意闻时，蓦地生绡扇底"，都是为软香写照。常州武进村前乡南宋五号墓出土一枚香佩，两厘米厚，直径六厘米，外缘包镶錾花银边，银边一侧结一个小环，小环内贯一个大环以为佩戴（图4），宋人所谓"软香"，此可当之。墓主人是一位女性。

"龙涎佩带"，也是软香之属。杨皇后《宫词》"角黍冰盘饤饤装，酒阑昌歜泛瑶觞。近臣夸赐金书扇，御侍争传佩带香"，末语所咏即是此物。"佩带"而冠以"龙涎"，原是特地说明它的制作原料中有龙涎一味，或者只是添得依仿龙涎风味的"龙涎香品"，实际上多数情况是取后者，因为真品龙涎不惟价格极昂，且非轻易可得，即便在宫禁它也不是寻常之物，如此情状在宋人笔记中多有记述。南宋顾文荐《负暄杂录》"龙涎香品"条："向尝叙海南香品矣，近有人问曰，今之龙涎香始于何时，盖前代未尝闻也。惟古诗中有'博山炉中百和香，郁金苏合及都梁'，则古亦有合和成香者。""绍兴光尧万机之暇，留意香品，合和奇香，号东阁云头。其次则中兴复古，以古腊沉香为本，杂以脑麝、栀花之类，香味氲氲，极有清韵。又有刘贵妃瑶英香、元总管胜古香、韩钤辖正德香、韩御带清观香、陈门司末札片香，皆绍兴、乾淳间一时之盛耳。庆元韩平原制阅古堂香，气味不减云头。"顾氏说得不错，合香在南北朝已经很盛行，不过以龙涎入于合香，却是宋代方始流行。龙涎香品，俗又称龙涎花子，《百宝总珍集》卷八"龙涎香"条前面所冠口诀首云"龙涎花子有多般"，即此。口诀之下又曰："复古、云头、清燕，此三等系高庙、孝宗、光宗在朝合之者。向日杨和王者进御前香花子，上有和王臣名，最好，目今街市上有，今时韩太师府修合阅古龙涎花子，街市亦有假者。"杨和王即杨沂中，南渡大将，绍兴间赐名存中，卒于孝宗乾道二年，追封和王。韩太师即韩侂胄，韩有阅古堂，出自韩府的龙涎花子因此以"阅古"为名。《百宝总珍集》所云"今时"，而以顾文荐"庆元韩平原制阅古堂香"之语相印证，那么便当指宁宗朝的庆元年间。元戚辅之《佩楚斋客谈》谓"浩然斋有古龙涎香，自复古、睿思、东阁、琼英、胜古、清观、清燕、阅古以下，凡数十品"，浩然斋，周密之居也。顾文荐列举的内家香数品，浩然斋中几乎都有收藏。周密的外祖父章良能曾入相，岳丈是杨和王的曾孙，周密晚年依内弟杨大受而久居杭州，写作《癸辛杂识》的癸辛街便是杨和王的瞰碧园一隅，由此可知浩然斋内家香品的收藏或多得自父祖姻戚，《癸辛杂识·后集》中即已明白说道"大臣之家平日必与禁苑通，往往有赐与"，"余妻舍有两朝赐物甚多，亦皆龙凤之物"。《武林旧事》所举端阳赐物中的"龙涎佩带"，想必也

5 内家香　常州武进村前乡南宋五号墓出土　　　　　　　　　　内家香背面的龙纹

是浩然斋藏品的来源之一。居于香品之首的"复古"，原是光尧亦即宋高宗所合之香"中兴复古"。前引出土香佩的武进村前乡南宋墓群，原系两组六座，发掘者推测墓主是官至副相的毗陵公薛极或其亲属❶。同是出自五号墓的另一枚香饼，四点五厘米见方，正面模印"中兴复古"四个字，"中"字的空处一个规整的小圆孔，当是用作穿线佩系，背面一左一右微微隆起蟠屈向上、身姿相对的两条龙[图5]。香饼与《负暄杂录》中说到的"中兴复古"相合，自然不是凑巧，此物出自禁苑当无疑义，那么可以确认它是龙涎香品之一的"内家香"。"中兴复古"、"中兴恢复"，原是南渡后"行在"君臣的情结，在臣，见于诗篇和章奏；在君，也时或纠结于内心，实则却是史论所谓"高宗之朝，有恢复之臣而无恢复之君；孝宗之朝，有恢复之君，而无恢复之臣"（《钱塘遗事》卷二），直到宋亡也没有这样的历史机遇。三朝内家香品以"中兴复古"为饰，未知制为佩带是否也有"佩弦"、"佩韦"之类的惕厉之意，但无论如何，它总是香史中一件难得的濡染若干历史风云的实证。村前乡五号宋墓的女主人若果然是薛极亲眷，那么此枚佩

---

❶ 陈晶等《江苏武进村前南宋墓清理纪要》，页 257，图版八:6，《考古》一九八六年第三期。

带为宫廷赏赐之物也就顺理成章。珍重随葬，其中必有故事，只是无从唤起伊人于幽冥而叩问因缘，而香史中这样一件难得的实证，是格外令人珍视了。

出自广州的龙涎香品太著名，被人争相仿制乃情理之常，虽然素馨茉莉并不是到处可以栽培得茂盛而足以成为制香的原料，《扪虱新话》卷十五"近日浙中好事家亦时有茉莉素馨，皆闽商转海而至，然非土地所宜，终亦不盛"是也。《百宝总珍集》卷八"龙涎香"条："广州心字香子细看验，亦有假者。"这里说的是临安市肆情景。《夷坚志·丁》卷九"许道寿"一则曰："许道寿者，本建康道士，后还为民，居临安太庙前，以鬻香为业，仿广州造龙涎诸香，虽沉、麝、笺、檀，亦大半作伪。"此正可与《百宝总珍集》所述互证。

不过出自临安的龙涎香品或曰龙涎花子，即如前面举出的东阁云头、中兴复古，却是另外的创造，且同样为人所珍。可与前引诸说互观者尚有宋亡之初八人分题的《天香·宛委山房拟赋龙涎香》八阕。此中本来别有寄托，但故国之思的悲慨以咏物出之，上半阕的赋笔为龙涎写照，仍多有摹写的真切。如李彭老所作："捣麝成尘，薰薇注露，风酝百和花气。品重云头，叶翻蕉样，共说内家新制。波浮海沫，谁唤觉、鲛人春睡。清润俱饶片脑，芬馞半是沉水。"❶云头，东阁云头也，因此说它"内家新制"。配方仍是沉水、龙脑、麝香、蔷薇水或蔷薇水的代用品，——"薰薇注露"，原可泛指蒸花。同题他人之作中的"红薇染露"❷，"蕤英嫩压拖水"❸，也都是同样的意思。可知所谓"龙涎"，其实只是一个好名字，词人固借它抒感，而南宋时候的平常日用中，它多半是指合香中的一种，不过为人珍爱的一品好香而已，与龙涎真

❶《全宋词》，册四，页 2972。

❷ 周密，《全宋词》，册五，页 3287。

❸ 唐艺孙，《全宋词》，册五，页 3424。

品自然是无干，即与出自广州的心字龙涎亦非一事。曾丰《除日送龙涎香与宋评事二首》之一："除夕风霜节，家人锦绮筵。舌头馀凤髓，鼻观欠龙涎。玉饼聊分饷，金炉试一燃。更将国香匹，何似海南烟。"❹李昂英《渔家傲》："重著夹罗犹怯冷。隔帘拜祝团圆镜。取片龙涎安古鼎。香阁静，横窗写出梅花影。"❺所云龙涎，皆指龙涎香饼。

　　当然最好的一例是杨万里《烧香七言》，咏"古龙涎"而涉及宋代香事中诸多的琐细微末，且好更在于用诗语揭出它的香韵三昧。

　　"琢瓷作鼎碧于水，削银为叶轻如纸。不文不武火力均，闭阁下帘风不起。诗人自炷古龙涎，但令有香不见烟。素馨忽开抹利拆，低处龙麝和沉檀。平生饱识山林味，不奈此香殊妩媚。呼儿急取烝木犀，却作书生真富贵。"❻

　　"琢瓷作鼎碧于水"，即青瓷制就仿古样式的小香炉。"削银为叶轻如纸"，则用作隔火的银叶。"不文不武火力均"，便是半埋香炭于灰中，放翁诗"香岫火深生细蔼"❼，陈深《西江月·制香》"银叶初温火缓，金猊静袅烟微"❽，都是它合式的注脚。《陈氏香谱》卷一"焚香"条："焚香必于深房曲室，矮卓置炉与人膝平，火上设银叶，或云母制如盘形，以之衬香，香不及火，自然舒慢无烟燥气。"此所以曰"闭阁下帘风不起"也，放翁也因此写出他的名句"重帘不卷留香久，古砚微凹聚墨多。"❾《楞严经》卷七："香炉纯烧沉水，无令见火。"此可以算作"但令有香不见烟"的出典，不过这本来也是焚香而品其韵的要领。"素馨忽开抹利拆，低处龙麝和沉檀"，若为香韵作谱而成

❹《全宋诗》，册四八，页30232。
❺《全宋词》，册四，页2873。
❻《全宋诗》，册四二，页26181。
❼《题斋壁》，《全宋诗》，册四〇，页24873。
❽《全宋词》，册五，页3532。
❾《书室明暖终日婆娑其间倦则扶杖至小园戏作长句》，《全宋诗》，册四〇，页24882。

其三部。素馨抹利可以是实指，但泛指花香用在"古龙涎"似乎更为合式。总之它是香饼中挥发性最高的成分，因此最先发散且香气是清亮和高扬，说它是高音之部大抵不错，"忽开"二字正是体味得亲切。水沉与白檀香是香饼制作的主要成分，论香气的品质则是含蓄，浅幽，谓之低音可也。麝香龙脑，定香与聚香也，调和高低而成就香气的馀韵悠长，"低处"云云，确是品香的真知。"呼儿急取焫木犀"，《墨庄漫录》卷八"木犀花"条："近人采花蕊以薰蒸诸香，殊有典刑，山僧以花半开香正浓时就枝头采撷取之，以女真树子俗呼冬青者，捣裂其汁，微用拌其花，入有油磁瓶中，以厚纸幂之。至无花时于密室中取至盘中，其香裛裛中人如秋开时。"即此"焫木犀"也，朱翌诗《王令收桂花蜜渍垎地瘵三月启之如新》，所谓"虚堂习新观，博山为频启。初从鼻端参，忽置秋色里"❶，亦与此同。

末了，再略说合香。

合香的使用，宋代已是贯穿于人们的日常生活，从皇室贵胄到仕宦乡绅乃至市民，皆以此为尚，不同只在于使用的数量与品质，不必说，合香的制作与买卖自然也是兴盛的。《清明上河图》中即绘出道口上一个门前展着招子的香铺，招子上大书"刘家上色沉檀拣香"。不过士人却是更喜欢依照香方手自调制各式合香，甚或自创香方相互馈赠，如此生活趣味也成为两宋诗词中的常见话题。然而关于合香的制作，似不见于两宋画笔。我所知道唯一的画品，是日本佐伯文库旧藏宋拓画帖《华严经入法界品善财参问变相经》中的两幅。其一，为第十八幅藤根国普门城参问普眼长者，其一，为第二十七幅广大国参问鬻香长者。鬻香长者之幅〔图6·1〕，画图下半部分是矮墙里的一个庭院，院子里点缀芭蕉湖石和添助意趣的一只狸奴。鬻香长者坐在敞轩

---

❶《全宋诗》，册三三，页20811。

里，翘头案上放着香木山子一座，净瓶一个，又是一个莲花座的香炉，一个瓜棱水盂，水盂里插一柄小勺。矮墙应有门通向另一个院落，便是绘于上方的香料加工制为香饼香丸的一个作坊，而分为左右两个操作间。左边一间，坐在矩形木床里一个大型碾槽，木床的两边近端处各穿出一根木柱，柱顶架一块横板，横板中间垂下木杠与碾轴相连，木杠靠近碾子的地方又穿一个两端有把手的木柄，碾槽两边各坐一人，以木杠与顶端横板的接合点为轴心，两人推拉木柄，碾子便如钟摆一般在碾槽里滚动，以是粉碎香料。《天工开物》卷下《丹青》第十四

6·1　广大国参问鬻香长者
日本佐伯文库旧藏宋拓画帖

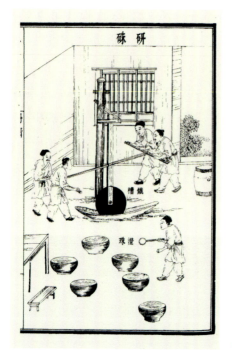

6·2 《天工开物》中的研硃图

所绘巨铁碾槽中粉碎朱砂矿石的情景（图6·2），与此相类。右边一间，
是合香的细加工，即《变相经》鬻香长者告言"我善别知一切诸香，
亦知调合一切香法"，或简称"调香"。依宋洪刍《香谱》卷下《香之
法》一节所述，各种配方的合香多要有细锉、捣末、筛罗、入药白槌
研之类的工序。如"延安郡公蕊香法"一款："玄参半斤，净洗去尘土，
于银器中以水煮令熟，控干，切入铫中，慢火炒，令微烟出。甘松四两，
择去杂草尘土，方秤定，细锉之。白檀香，锉。麝香，颗者，俟别药
成末方入研。的乳香细研同麝香入。上三味，各二钱。右并新好者，
杵罗为末，炼蜜和匀，丸如鸡头大。每药末一两，使熟蜜一两，未丸前，
再入杵臼百馀下，油单密封，贮瓷器中。"《变相经》中工匠坐在杌子
上对着臼持杵力捣，便类如香末未团成香丸之前，"再入杵臼百馀下"

的情景。身旁地下横着的似即锉刀一柄。此幅经文颂曰"鬻香长者方术好"，便仿佛香铺主人口吻。

　　参问普眼长者之幅，用了城墙一偏、城楼一角和挑担、负物者各一来表现经文所云普门城，中心画面是坐在插屏前面的普眼长者，长者右手托一个瓜棱香盒，以合香法为喻开示善财童子。身旁的栅足翘头案上放着香炉一、香木山子一、执壶一，又一个打开盖子的瓜棱香盒。案前两人各捧一个香木山子。厅堂之侧是"普眼城中合众香"的场景，推药碾者前方放着一个小壶，其中一个里面插了一柄勺(图7)。

7　藤根国普门城参问普眼长者

日本佐伯文库旧藏宋拓画帖

据此情景，可推知是制作香丸、香珠一类的软香，依宋人《陈氏香谱》，制作软香须以香末调入苏合油，再以冷水和成团，然后去水，复添入金颜香、龙脑之类以水和成团，再去水，入臼用杵捣三五千下，如此反复数番，即所谓"广寒夜捣玄霜细"，"斗合一团娇"，而成"梅不似，兰不似"、"滞人花气"的软香一丸。图中药碾前边的两个小壶，或即盛油盛水之器。按照香方，制作软香的金颜香是先要碾为细末的，图中推碾者所事，大约是这一类工序。经文末后颂曰："普眼长者合众香，才沾馥郁顿清凉。虽非沉水并龙麝，引得诸天叹异常。"沉水，即沉香；龙指龙涎；麝指麝香。此三味是宋代合香的基本用料，当然也都有代用品而可风味差似，颂语"虽非"云云，便是这一番意思。

总之，宋人艳称的"龙涎香品"或曰"古龙涎"，其实乃水沉为本，杂以脑麝香花而制成的合香。合香之法原随佛教东传而来，至于两宋，其法已完全本土化。本草学的发展此际达到一个高潮，园艺学的发达也可谓空前。芍药、牡丹、梅、菊、兰等各有专谱，传统植物的研究自不待言，对许多外来植物也早有了很确切的认识。博物，多识，格物的空气里，"更将花谱通香谱"，乃是必然，这本来也是宋代合香的重要特色之一。借用诚斋《木犀二绝句》中语来为之品题，则"东风染得千红紫，曾有西风半点香"也，如果把这"西风半点"比作西来的树脂香料，那么它原是合香中的点睛之笔，而"东风染得千红紫"则使得中西合璧的合香香韵格外悠长。

〔初刊于《文史知识》二〇〇四年第一期〕

琉璃瓶与蔷薇水

5

北宋张耒有一首《琉璃瓶歌赠晁二》：

"火维荒茫地轴倾，下有积水潜鲲鲸。鳌身翻澜山为崩，金乌下啄狞龙腾。狂须奇鬣万族朋，巨神日月双手擎。夸娥愁思乌戢翎，老鱼战死风雨腥。长彗下扫千里惊，浅洲一席块为城。蛮儿夷女奇卜缨，大舶映天日百程，怒帆吼风战飞鹏。舟中之人怪眉睛，兽肌鸟舌髻翘撑。万金明珠络如绳，白衣夜明非缟缯。以有易无百货倾，室中开橐光出楹。非石非玉色绀青，昆吾宝铁雕春冰。表里洞彻中虚明，宛然而深是为瓶。補陀真人一铢衣，攀膝燕坐花雨飞。兜罗宝手亲挈携，杨枝取露救渴饥。海师跪请颡有胝，番禺宝市无光辉。流传人间入吾手，包以百袭吴绵厚，择人而归今子授。烂然光辉子文章，清明无垢君肺肠。比君之德君勿忘，与君同升白玉堂。"❶

文潜诗本来以简淡平易为特色，间或有清隽疏秀者，也不脱质朴。但此诗却风格特异，光怪陆离倒好像李长吉。大约这一件琉璃瓶的确来历不凡，持之以赠同门晁补之，又更多一点儿感情色彩。不过细绎诗意，缤纷的文字之下，依然是写实。比如起首数句虽然一片险怪奇异，但描述的却是一个真实的故事，即造物在海陆之交建起一座城，于是有"蛮儿夷女"生长于斯，遂大舶扬帆，载百货，至番禺，为商贾。"補陀"即普陀，"兜罗"，兜罗绵也，此形容持瓶之手，设想琉

---

❶《全宋诗》，册二〇，页13034。

璃瓶曾是观音手中的杨枝瓶。"昆吾宝铁"指刀,"雕春冰"形容琉璃瓶以刻花为装饰;"包以百袭"云云,见其薄也,"非石非玉色绀青","表里洞彻中虚明",则其质莹澈而微泛天青。虽然古诗文说到"琉璃"处未必皆指玻璃,但这一首诗中的琉璃为玻璃,却无疑问。据诗中的形容,它是一件来自大食国的伊斯兰玻璃瓶。

阿拉伯世界在两宋时期与中国交往甚密,由史籍所见,可知大食商人的势力乃居蕃商之首。交通之路线,则与此前经由西北的陆路即所谓"丝绸之路"不同,此际多改道南部海路。因西北之路先后为辽、西夏、金所阻,商贸不易,而东南沿海地区则长期以来相对平稳。蔡條《铁围山丛谈》卷五:"国朝西北有二敌,南有交趾,故九夷八蛮,罕所通道。太宗时,灵武受围,因诏西域若大食诸使,是后可由海道来。""灵武受围",指太宗时西夏数攻灵州;灵州后属西夏,时在宋真宗咸平五年。文潜诗"大舶"云云,"番禺"云云,均为实录。辽宋墓葬与寺塔地宫都曾发现过伊斯兰玻璃器,其中也有数量不算太少的玻璃瓶[2]。北宋太平兴国二年封藏的河北定州静志寺塔基地宫出土一件高颈折肩磨花玻璃瓶,高九点八厘米,淡蓝透明,平底,折肩,瓶颈与腹与底均以磨花的手法装饰几何花纹[3](图1·1)。它与发现于印尼井里汶沉船中的玻璃瓶几乎相同[4](图1·2),沉船的时代约当五代至宋初。安徽无为中学内北宋塔基地宫也出土同此式样的一件(图1·3),同出有景祐三年(一〇三六)写经。三例皆为伊斯兰玻璃瓶中常见的样式(图1·4)。佛教遗址之外,又有出自西安市东郊的高颈折肩方琉璃

---

❷ 安家瑶《中国的早期玻璃器皿》,页 412 ~ 447,《考古学报》一九八四年第四期。本篇所述玻璃器制作工艺与成分均据此文。

❸ 安家瑶《中国的早期玻璃器皿》:"刻花和磨花实际上是相同的玻璃冷加工方法,只不过刻花用直径较小的砂轮,形成的图案线条较细深,磨花用的砂轮直径较大,多形成平面、凹面。"页 421。

❹ 此系赴印尼考察所见。

1·1 高颈折肩玻璃瓶
河北定州静志寺塔
地宫出土

1·2 高颈折肩琉璃瓶
印尼井里汶沉船
遗物

1·3 高颈折肩玻璃瓶
安徽无为中学北宋
塔基出土

1·4 伊斯兰玻璃瓶
（七至十世纪）
拉巴哈出土

5 高颈折肩方琉璃瓶
西安市东郊出土

6·1 细颈盘口玻璃瓶
天津蓟县独乐寺塔塔基出土

6·2 伊斯兰玻璃瓶
拉巴哈出土

瓶，是不多见的唐代之例（图5）。

　　样式之另一种，有天津蓟县（今蓟州区）独乐寺塔基出土之例，高二十四点六厘米，折肩，平底，细高颈，平口外翻，瓶颈与肩磨刻几何花纹。经化学检测，知道它属钠钙玻璃，与一般伊斯兰玻璃的成分相似，其式样也与同时代的伊斯兰玻璃瓶一致（图6·1、2）。塔内同出有辽清宁四

116

7·1　细颈盘口玻璃瓶
辽陈国公主墓出土

7·2　细颈盘口玻璃瓶
南京北宋长干寺塔基地宫出土

7·3　细颈盘口玻璃瓶
浙江瑞安慧光塔出土

年纪年的舍利函。他如内蒙古奈曼旗辽陈国公主墓 ^(图7·1)，又南京北宋大中祥符四年长干寺塔 ^(图7·2)、浙江瑞安北宋慧光塔 ❶ ^(图7·3)，均出土了形制近似的伊斯兰玻璃瓶，都是年代比较明确的实物。总之，张耒诗所咏大食琉璃瓶，在唐五代辽宋遗物中是可以得到确切印证的，千年以前曾令"番禺宝市无光辉"的琉璃瓶，果然玲珑晶莹。

　　中土的玻璃制作虽起始很早，但同瓷器等相比，却始终称不上发达，玻璃器在生活中便不是很常见，舶来品自然更不易得，诗所谓"择人而归"，是不轻相赠与也，也可见其珍罕。玻璃瓶常见于佛事，多用来珍重置放佛舍利。不过此类很少见诸吟咏。唐宋诗歌或提到玻璃瓶用作盛酒，如北宋孔平仲《海南碧琉璃瓶》："手持苍翠玉，终日看无足。秋天常在眼，春水忽盈掬。莹然无尘埃，可以清心曲。有酒自此倾，金樽莫相渎。"❷诗歌也偶言用玻璃瓶来观赏游鱼。五代徐夤《郡侯坐上观琉璃瓶中游鱼》，句有"宝器一泓银汉水，锦鳞才动即先知。

❶ 瓶高九厘米。按慧光塔兴建于北宋景祐元年（一〇三四），成于庆历三年（一〇四三）。浙江省博物馆《浙江瑞安北宋慧光塔出土文物》，《文物》一九七三年第一期。

❷《全宋诗》，册一六，页10873。

8·1　杯式玻璃瓶
法门寺地宫出土

8·2　杯式玻璃瓶
河北定州静志寺塔地宫出土

8·3　杯式玻璃瓶
河北定州静志寺塔地宫出土

似涵明月波宁隔，欲上轻冰律未移。雾薄罩来分咫尺，碧绡笼处较毫厘"❶；南宋吴芾则有诗题为"偶得数琉璃瓶置窗几间，因取小鱼漾其中，乃见其浮游自适感而有作"❷。不过此玻璃瓶，很有可能是一种桶形杯。陕西扶风法门寺地宫、河北定州静志寺塔基地宫均出土此式玻璃器 (图8·1～3)。出自静志寺者，为一大一小，小者浅色无纹，大者色碧，有简单的竖线磨纹，而地宫中发现的大中十二年《唐定州静志寺重葬真身记》中则说到，大中二年发旧塔基时所得有"瑠璃瓶二，小白，大碧，两瓶相盛，水色凝结"(图9)，可知两件玻璃杯，当日乃称作瓶。在出自宋人之手的一轴《观音图》中，可以见到与之相近的琉璃瓶 (图10)。"兜罗宝手亲挈携，杨枝取露救渴饥"，琉璃瓶歌本来有着想象的依据。

　　桶形杯式玻璃瓶、高颈折肩玻璃瓶、细颈折肩盘口玻璃瓶，都是七至十世纪伊斯兰玻璃器中的流行式样 (图11)。中土发现的细颈刻花或磨花伊斯兰玻璃瓶，即如前面举出的几例，在它的本土原有专门用途，

❶ 李调元《全五代诗》，页1670，巴蜀书社一九九二年。
❷《全宋诗》，册三五，页21932。

9　《唐定州静志寺重葬真身记》拓片局部

10　宋人《观音图》中的琉璃瓶（摹本）

11　伊斯兰玻璃器　拉巴哈出土

即盛放蔷薇水。出自埃及福斯塔特遗址的一件细颈刻花伊斯兰玻璃瓶，高十八厘米，为九至十世纪之物，此器日人由水常雄著录在所编《世界玻璃美术全集》中 ❸，而在作者的另一本书《香水瓶》里，则明确指出此为蔷薇水瓶 ❹（图12）。又安徽无为中学北宋塔出土的高颈磨花玻璃瓶，也著录在前举《世界玻璃美术全集》中，作者推测其亦为蔷薇水瓶，而由大食输入中国 ❺。河南巩义北宋皇陵的陵前多塑有客使雕

---

❸ 今藏日本早稻田大学，由水常雄《世界ガラス美术全集·1》，图208，求龙堂一九九二年。

❹ 由水常雄《香水瓶》（贺晶等译），页31，图47，上海书店出版社二〇〇四年。

❺《世界ガラス美术全集·4》，图67；又《ガラスと文化 その東西交流》，页163～164。

12　伊斯兰玻璃瓶　埃及福斯塔特遗址出土

13　永昭陵陵前客使像

像，客使手中通常捧着各式贡品。宋仁宗永昭陵陵前一尊客使像手捧
一个高颈圆腹瓶，瓶的式样与定州和无为出土的玻璃瓶几乎完全相同
（图13），如果说这是盛着蔷薇水的琉璃瓶，应没有太多的疑问。

　　蔷薇水与琉璃瓶，同时出现在五代，《册府元龟》卷九七二：周
世宗显德五年九月，"占城国王释利因德漫遣其臣萧诃散等来贡方物，
中有洒衣蔷薇水一十五琉璃瓶，言出自西域，凡鲜华之衣以此水洒之，
则不黦，而复郁烈之香连岁不歇"。至于两宋，文献与诗歌作品中，
蔷薇水与琉璃瓶均屡见不鲜。《宋会要·蕃夷》与《宋史·外国》之
部多有蔷薇水入贡的记载，后者是大食以蔷薇水贡献宋廷的纪录，前

名
物
研
究
十
二
题

120

者所录除来自大食外，尚有占城、注辇国等贡来者❶，诸国皆地处大食与中土往来的海道，与五代时相同，入贡的琉璃瓶和蔷薇水，其产地仍属大食。原本用作盛放蔷薇水的伊斯兰玻璃瓶发现于辽宋遗址，与文献的记载正相符合。

释典称香水为阏伽水，"本尊等现前加被时，即应当稽首作礼奉阏伽水，此即香花之水"（《大毗卢遮那成佛经》），"由献阏伽香水故，行者获得三业清净，洗涤烦恼垢"（《观自在菩萨如意轮念诵仪轨》）❷，是供佛原为香水的一大用途，只是塔基中发现的蔷薇水瓶内中未必都是香水，出自瑞安慧光塔的玻璃瓶出土时里面盛着细珠，是用作舍利容器。其实来自殊方的蔷薇水瓶本身就是珍异之物，自可用来奉佛。

当然蔷薇水原也为世间所爱，它更是女子妆奁具中的尤物。张元幹《浣溪沙·蔷薇水》："月转花枝清影疏。露华浓处滴真珠。天香遗恨罥花须。　　沐出乌云多态度。晕成娥绿费工夫。归时分付与妆梳。"❸只是词中未言蔷薇水置于何器。周必大淳熙元年致刘焞书中提到以"海南蓬莱香十两、蔷薇水一瓶"为赠❹，董嗣杲《蔷薇花》诗云"海外有瓶还贮水，亭前无洞可藏花"❺；而虞俦《广东漕王侨卿寄

❶《宋会要辑稿》云，淳化五年十二月四日，占城国王遣使来贡诸珍物，中有蔷薇水（第八册，页7845），熙宁五年四月五日，大食勿巡国遣使贡琉璃水精器、蔷薇水等（页7855）；又熙宁十年六月七日，注辇国藩王遣使贡诸珍物，中有琉璃器、蔷薇水（页7856）；绍兴二十六年十二月二十五日，三佛齐进奉使到阙朝见，贡物中有琉璃三十九事，蔷薇水一百六十八斤（页7863）；淳熙五年正月六日，三佛齐国进表贡珍物，中有瑠璃一百八十九事，蔷薇水三十九斤（页7867）。三佛齐在今苏门答腊岛东南部，《岭外代答》卷二《外国门上》："三佛齐国，在南海之中，诸蕃水道之要冲也，东自阇婆诸国，西自大食、故临诸国，无不由其境而入中国者。"注辇国为南印度之古国，地在今印度科罗曼德尔海岸。
❷《大正藏》，第三十九卷，页700；第二十卷，页205。
❸《全宋词》，册二，页1085。
❹《文忠集》卷一九〇。
❺《全宋诗》，册六八，页42717。

蔷薇露因用韵》二首则描写最清楚，诗曰："薰炉斗帐自温温，露挹蔷薇岭外村。气韵更如沉水润，风流不带海岚昏。"（其一）"美人晓镜玉粧台，仙掌承来傅粉腮。莹彻琉璃瓶外影，闻香不待蜡封开。"（其二）**❶**蔷薇露，两宋亦或指酒，如杨伯嵒《踏莎行·雪中疏寮借阁帖，更以薇露送之》，此"薇露"，即指"重酿宫醪"**❷**。不过虞诗所云，则"香水"无疑。王侨卿，即王东里，侨卿为其字。漕，路转运使之简称，职掌一路利权。蔷薇水大约曾经有过香满五羊的一时之盛，北宋郭祥正因有诗云"番禺二月尾，落花已无春。唯有蔷薇水，衣襟四时薰"**❸**，颖叔，即蒋之奇；徐积闻蒋颖叔得广帅，曰"广为雄蕃"，"初至，蛮酋必以琉璃瓶注蔷薇水挥洒于太守"**❹**，可见时风。侨卿持赠虞俦的蔷薇露，当来自大食，故"莹彻琉璃瓶外影，闻香不待蜡封开"，《铁围山丛谈》卷五所谓"大食国蔷薇水虽贮琉璃缶中，蜡密封其外，然香犹透彻，闻数十步，洒著人衣袂，经十数日不歇也"**❺**。又《百宝总珍集》卷八"蔷薇水"条，其前歌谣曰："泉客贩到蔷薇露，琉璃瓶贮喷鼻香。贵人多作刷头水，修合龙涎分外馨。"下云："此水出南番国，如采于早辰蔷薇花上取之，露水多用葫芦盛贮，到此用琉璃瓶儿盛卖，每瓶直百三十钱。以上更看临时商量何如。福州王承务亦有蔷薇花蒸造假者。殿阁贵人多作刷头水及修合龙涎花子、数珠、背带之属。"辽陈国公主墓所出伊斯兰玻璃瓶，正是蔷薇水瓶的式样，而辽与大食，本也

❶《全宋诗》，册四六，页 28588。

❷《全宋词》，册四，页 2968。

❸《颖叔招饮吴圃》，《全宋诗》，册一三，页 8873。

❹《节孝集》卷三十一。

❺ 刘克庄《宫词》因有旖旎凄楚的拟喻之辞："旧恩恰似蔷薇水，滴在罗衣到死香。"《全宋诗》，册五八，页 36147。

14·1　鸭形玻璃注　辽宁北票北燕冯素弗墓出土　　　　　　14·2　罗马香油瓶

频繁往来 ❻。只是公主墓的玻璃瓶若用作盛放蔷薇水，似乎尺寸稍大。正如辽宁北票冯素弗墓出土的鸭形玻璃注〔图14·1〕，其成分为钠钙玻璃，乃无模自由吹制成型，与罗马玻璃制品很是一致〔图14·2〕，研究者因把它归入罗马玻璃器 ❼。而罗马用作盛香油的玻璃瓶正有如此样式，惟冯素弗墓所出者长二十多厘米 ❽，是否也作同样的用途，尚不好判定。

　　蔷薇水的中土之旅，以融入时人的生活而又增添了新的故事。由虞诗中的第一首，可知调香也是蔷薇水的功用之一。宋陈敬《香谱》所列香方，便屡屡言及蔷薇水。如"李王花浸沉"："沉香不拘多少，剉碎，取有香花蒸，荼蘼、木犀、橘花或橘叶，亦可福建茉莉花之类，带露水摘花一盌，以瓷盒盛之，纸盖入甑蒸食顷，取出，去花留汁，汁浸沉香，日中暴干，如是者三，以沉香透润为度。或云皆不若蔷薇水浸之最妙。"这里所说的蒸花取汁，其汁，便是香水。来自海外的蔷薇水究竟数量有限，于是有了很多代用品，"李王花浸沉"的用茉莉，即代用之方 ❾。杨万里《和仲良分送柚花沉三首》"薰然真腊水沉

---

❻　马文宽《辽墓辽塔出土的伊斯兰玻璃——兼谈辽与伊斯兰世界的关系》，页738～741，《考古》一九九四年第八期。

❼　《中国的早期玻璃器皿》，页417。

❽　《香水瓶》中举出形制完全相同的一件罗马香油瓶，长仅五点八厘米（页24，图三七）。

❾　此法宋代大概很流行，《全芳备祖》前集卷十七"蔷薇"条引《香录》云："蔷薇，红色，大食国花露也。五代时藩使蒲诃散以十五瓶效贡，厥后罕有至者。今则采茉莉为之，然其水多伪。试之，当用琉璃瓶盛之，翻摇数四，其泡周上下为真。"

片，烝以洞庭春雪花"，"锯沉百叠糁琼英，一日三薰更九烝"❶，与陈氏《香谱》所述正是一事，只不过茉莉换作柚花。杨氏又有《和张功父送黄蔷薇并酒之韵》一诗，句有"海外蔷薇水，中州未得方。旋偷金掌露，浅染玉罗裳"❷。此虽比喻之辞以咏黄蔷薇，但"海外蔷薇水，中州未得方"，却是实情，《铁围山丛谈》卷五亦称"旧说蔷薇水乃外国采蔷薇花上露水，殆不然。实用白金为甑，采蔷薇花蒸气成水，则屡采屡蒸，积而为香，此所以不败。但异域蔷薇花气馨烈非常"，"至五羊效外国造香，则不能得蔷薇，第取素馨、茉莉花为之，亦足袭人鼻观，但视大食国真蔷薇水，犹奴尔"。不过中土的制香之法，实已包含了制作"香水"的蒸馏技术，陈氏《香谱》中的"李王花浸沉"是其例，而宋张世南《游宦纪闻》卷五中更有一则很是详细的纪录："永嘉之柑为天下冠，有一种名'朱栾'，花比柑橘，其香绝胜。以笺香或降真香作片，锡为小甑，实花一重，香骨一重，常使花多于香，窍甑之旁，以泄汗液，以器贮之。毕，则彻甑去花，以液渍香。明日再蒸，凡三四易，花暴干，置磁器中密封，其香最佳。"❸此虽言制香，但其中提到的蒸花取液的蒸馏术，与大食国蔷薇水的制法，似无不同，大约如蔡絛所说，只是以作为原料的香花有异，而其香终不及。

元代仍有西来的琉璃瓶和蔷薇水，且不时传送着中西交流的消息。吴莱《娄约禅师玻璨瓶子歌秋晚寄一公》"玻璨瓶子西国来，颜色绀碧量容栳"❹。又于伯渊〔仙吕〕《点绛唇》"胭脂蜡红腻锦犀盒，蔷薇露

---

❶《全宋诗》，册四二，页 26075。

❷《全宋诗》，册四二，页 26393。

❸ 古人制作香水也用着同样的方法，明《墨娥小录》卷一二"取百花香水"："采百花头，满甑装之，上以盆合盖，周回络以竹筒半破，就取蒸下倒流香水贮用，为之花香，此乃广南真法，极妙。"宋人则是把蒸馏香水与熏制香料和为一事。

❹《渊颖集》卷四。

滴注玻璃瓮。端详了艳质，出落着春工”[5]，则妆具中物；张昱《次林叔大都事韵四首》“无端收得番罗帕，彻夜蔷薇露水香”[6]，依然舶来品也。不过新疆若羌瓦石峡宋元时期玻璃作坊遗址出土的几件高颈凹底玻璃瓶，淡绿色，半透明，高十七厘米[7]，所取式样仍与大食蔷薇水瓶近似，恐怕也以盛放香水为宜。而此际新疆地区或亦能制作瓶装的蔷薇水，其影响当直接来自中亚，丝路的重新开通，本提供了这样的条件。

明代亦然。陈诚通使哈烈，在《西域番国志》中记其所见云：“予于丁酉夏四月初复至哈烈，值蔷薇盛开，富家巨室植皆塞道。花色鲜红，香气甚重，采置几席，其香稍衰，则收拾甑垆甑间，如作烧酒之制。蒸出花汁，滴下成水，以瓷瓯贮之，故可多得。以浥酒酱（浆），以洒衣服，香气经久不散，故凡和香品，得此最为奇妙也。”《西域番国志》成书于永乐年间。哈烈，即今阿富汗西部之赫拉特。明代又或称蔷薇水为古剌水，《天水冰山录》有“洪熙年古澜水二罐，宣德年古澜水二罐”，古剌水或古澜水都是蔷薇水的波斯文对音。关于古剌水，马坚先生曾有专文论及，见郭沫若《读随园诗话札记》之《附录》[8]。明张凤翼《窃符记》第二齣：（末扮内官捧瓶上）“颜恩奉如姬命，送蔷薇露与夫人”；（旦起立接科）“冰洁，似仙掌露华莹澈，泻金盆不羡，兰膏飞沫。清冽，这鼻观氤氲，胜百和炉中香夜爇”[9]。这一瓶蔷薇露出自宫中，

[5] 王文才《元曲纪事》，页133，人民文学出版社一九八五年。

[6] 顾嗣立《元诗选·初集》，下册，页2082，中华书局一九八七年。

[7] 新疆维吾尔自治区文物事业管理局等《新疆文物古迹大观》，图四三，新疆摄影出版社一九九九年。

[8] 郭沫若《读随园诗话札记·附录》，作家出版社一九六二年。按高志忠《明清宫词与宫廷文化研究》（方志出版社二〇一四年）将“古剌水、花露水”列入“日常饮用品”一项，引述关于古剌水的记载之后云：“以上文献通认其为一种香水，但是否可以饮用，有疑问，尚待考察。”未免失查。

[9]《张凤翼戏曲集》，页247，中华书局一九九四年。

似暗示其非寻常之物；明蒋之翘《天启宫词》亦有"蔷薇露噀熨宵衣"之句 ❶，两事均在明末。蔷薇水的郁烈之香，依然不绝如缕。

至于清，"蔷薇水"之名反而鲜见，而多以古剌水为称，如清唐宇昭《拟故宫词四十首》之一："香汤百种早澄清，任取金盆渐次倾。闻得内家刚浴起，一杯古剌水先呈。" ❷其时自制的各种香水大约已有不少，而蔷薇仍是原料中的上选。李渔《闲情偶寄》卷三"薰陶"条："富贵之家，则需花露。花露者，摘取花瓣入甑，酝酿而成者也。蔷薇最上，群花次之。然用不须多，每于盥浴之后，挹取数匙入掌，拭体拍面而匀之。此香此味，妙在似花非花，是露非露，有其芬芳，而无其气息，是以为佳，不似他种香气，或速或沉，是兰是桂，一嗅即知者也。"

顺便说到，清代又有一种蒸花为露且同样以"花露"为名者，乃口服之饮料 ❸。顾禄《桐桥倚棹录》卷十"市廛"类"花露"条所谓"花露以沙甑蒸者为贵，吴市多以锡甑，虎丘仰苏楼、静月轩多释氏制卖，驰名四远，开瓶香冽，为当世所艳称。其所卖诸露，治肝胃气，则有玫瑰花露；疏肝牙痛，早桂花露；痢疾香肌，茉莉花露；祛惊豁炎，野蔷薇露"云云，苏州织造李煦恭进康熙的果酒诸物中有"桂花露（计一箱）、玫瑰露（计一箱）、蔷薇露（计一箱）" ❹，自然都是这一类"花露"，《红楼梦》第六十回中惹动无数纷纭的"玫瑰露"，正是此物。盛放它的容器，是"一个五寸来高的小玻璃瓶"。

〔初刊于《文物天地》二〇〇二年第六期〕

❶《明宫词》，页49，北京古籍出版社一九八七年。

❷《明宫词》，页69。

❸ 或引元吕诚《赋戴露樱桃》"不妨更渍蔷薇水，润我谈玄舌本干"，而认为"元代的蔷薇水已经拿来入口了"。然而细绎全诗之意，此所谓"蔷薇水"，实为拟喻之辞也。

❹ 故宫博物院明清档案部《李煦奏摺》，页3，中华书局一九七六年。

6

两宋茶事

一　两宋之煎茶

　　煎茶与点茶，均是两宋时代的饮茶方式，前者是将细研作末的茶投入滚水中煎煮，后者则预将茶末调膏于盏中，然后用滚水冲点❶。站在宋人的立场，自然要说煎茶是古风，由南唐入宋的徐铉在咏茶之作里已经申明"任道时新物，须依古法煎"❷，今人考察两宋茶事，也认为点茶早是这一时代普遍的习俗。与陆羽《茶经》讲述煎茶法不同，宋人茶书，如蔡襄《茶录》、宋徽宗《大观茶论》，所述均为点茶法，曰两宋点茶盛行，诚然。然而与此同时，传统的煎茶之习却并未少衰，检点付诸吟咏的茶事，这是一个清楚不过的事实，绘画作品、出土器物，也可以成为它的佐证。而辨名、辨物之外，更要说明的是，煎茶以它所蕴涵的古意特为士人所重，这实在是两宋茶事中不应忽略的一个重要细节。

（一）煎茶用器：风炉与铫子

　　《萧翼赚兰亭图》，是绘画中的名品，旧题唐阎立本作，今多认为出自宋人之手。所见有辽宁省博物馆藏一幅，台北故宫博物院藏一幅。两图所绘煎茶情景，笔致细微，难得尤在细节的刻画。如辽宁省博物

---

❶ 关于点茶法与煎茶法，详论见孙机《中国茶文化与日本茶道》，载《中国圣火》，辽宁教育出版社一九九六年。

❷《和门下殷侍郎新茶二十韵》，《全宋诗》，册一，页106。

1 《萧翼赚兰亭图》中的煎茶
（摹本）
据台北故宫博物院藏本

馆所藏之幅，图中绘一"具列"，长方形的四足小矮床，上陈圆形器皿
一，带托的茶盏一，具列的编竹之迹宛然可见（本书页11，图7）。藏台
北故宫博物院之幅，具列上面摆放的则是茶碾一，荷叶盖罐一，茶托
一，器为竹编，也表现得很清楚〔图1〕。具列之称，见于陆羽《茶经》，
卷中"四之器"："具列，或作床，或作架，或纯木、纯竹而制之，或
木或竹，黄黑可扃而漆者，长三尺，阔二尺，高六寸。具列者，悉
敛诸器物，悉以陈列也。"❸不过具列之名，在唐宋诗文中很少见，常
见的是茶床。唐张籍《和陆司业习静寄所知》"山间登竹阁，僧到出
茶床"❹；宋王珪《宫词》"撮角茶床金钉校"❺；宋徽宗《宣和宫词》
"司珍新奏玉茶床"❻；又宋陈骙《南宋馆阁续录》卷六《故实》"临幸
赐宴"条，录其仪注有："次看盏人稍前，谢上殿，两拜，次进御茶
床。""酒席毕，作乐讫，举御茶床。"唐诗所云茶床，即《茶经》所

---

❸ 本文所引《茶经》，均据百川学海本，个别字句参酌他本校改。
❹《全唐诗》，册一二，页 4317。
❺《全宋诗》，册九，页 5997。
❻《全宋诗》，册二六，页 17047。

谓"具列"，而宋人著作中的茶床却并非陈列茶具所专用，凡看食、看菜、匙箸、盐楪醋罇，亦皆以茶床为陈列之具，见《梦粱录》卷三"皇帝初九日圣节"条。不过出自禁中者，制作更为讲究，故"玉"也，"金钉校"也。论其形制，则与《萧翼赚兰亭》中的具列或无太大不同，即也是下有四足之案 ❶。

两幅《萧翼赚兰亭》皆绘有风炉和风炉上面的铫子。煎茶者面前一具矮案，案上一个风炉，炉旁置盂，内里一柄水勺。此为辽宁省博物馆藏品所绘。长案上面的盂，便是《茶经》中举出的"熟盂"，用作出水和入水。《茶经》卷下"五之煮"："第二沸出水一瓢"，"有顷，势若奔涛溅沫，以所出水止之，而育其华也"；白居易《谢李六郎中寄新蜀茶》"汤添勺水煎鱼眼，末下刀圭搅麹尘" ❷，正是煎茶时的情景。

风炉与铫子，为煎茶所用之器。《茶经》卷中"四之器"："风炉以铜铁铸之，如古鼎形"，"凡三足"，"其饰，以连葩垂蔓、曲水方文之类。其炉，或锻铁为之，或运泥为之。其灰承，作三足铁柈枱之"。煎茶的容器，《茶经》曰鍑，云"洪州以瓷"，"莱州以石"，又或以铁，以银。河北曲阳县文物保管所藏五代白釉茶炉与茶鍑，通高八点一厘米，炉与鍑是粘连在一起的，茶鍑原有一对环耳，已残，此当为明器 (图2)。河南巩义市天玺尚城唐墓出土绿釉煎茶俑，风炉上坐着茶鍑 (图3)，是很明确的煎茶情景。

入宋，茶鍑渐不流行，诗词中习见的是"铫"与"铛"，又或"鼎"、"石鼎"、"折脚鼎"、"折脚铛"。北宋吴则礼《周介然所惠石铫取淮水瀹茶》句云"吾人老怀丘壑清，洗君石铫盱眙城。要煎淮水作蟹眼，饭饱睡魔聊一醒" ❸。当然最有名的一首是苏轼《次韵周穜惠石铫》：

---

❶ 参见本书页 14 所引张师正《倦游杂录》"茶床谜"条"。

❷《全唐诗》，册一三，页 4893。

❸《全宋诗》，册二一，页 14298。

2　白釉茶炉与茶镁　河北曲阳县文物保管所藏　　　3　绿釉煎茶俑　河南巩义市天玺尚城唐墓出土

"铜腥铁涩不宜泉，爱此苍然深且宽。蟹眼翻波汤已作，龙头拒火柄犹寒。姜新盐少茶初熟，水渍云蒸藓未干。自古函牛多折足，要知无脚是轻安。"❹释玄应《一切经音义》卷十四"须铫"条释铫云："余招反，《广雅》：銷谓之铫。《说文》：温器也。似鬲，上有镮，山东行此音。又徒吊反，今江南行此音。铫形似鎗而无脚，上加踞龙为襻也。"两宋诗词所云"铫"，音和义，均取后者，东坡诗便已形容得亲切。所谓"鎗"，即铛。铛与铫，皆有长柄，柄上或饰龙头。而铫有短流，铛多无；铛有三足，铫则否。诗词或曰折脚铛，是铫也，"要知无脚是轻安"，"折脚铛中味最长"❺，皆其例。当然铫子并不仅仅用于煎茶，但若煎茶，它却是上选。至于出现在煎茶情景中的"鼎"，则是铛或铫的雅称，陆游《效蜀人煎茶戏作长句》"正须山石龙头鼎，一试风

---

❹ 王文诰辑注《苏轼诗集》（孔凡礼点校），册四，页 1275，中华书局一九九二年。

❺ 释德洪《秋夕示超然》，《全宋诗》，册二三，页 15231。

炉蟹眼汤"❶，是也。

　　出自西安雁塔区月登阁村唐杜华墓的一件龙柄石铛，短柄，有流，下设三足^(图4·1)，似可视作铛向銚子过渡的一例，墓葬年代为贞元十四年（七九八）。河北曲阳涧磁村出土唐代白釉风炉与銚子的模型^(图4·2)。出自浙江临安晚唐钱宽夫妇合葬墓的银銚子，高两厘米，口径四点七厘米，当非实用器，其短流之偏的口沿上横了一个端口已残的空心短宽柄，空心内原初似应再接一段木柄❷^(图4·3)。此式銚子也为辽代所用^(图4·4)。宋代实物有河北钜鹿故城出土北宋石銚^(图5·1)。上海博物馆藏宋佚名《莲社图卷》所绘煎茶场景，坐在莲花风炉上边的是一个龙头柄銚子^(图5·2)，正是诗人所云"龙头鼎"。不过此时也还有一种无柄的銚子，却是在銚子上作出三股交合的提梁，即如台北故宫博物院所藏一件北宋定窑瓷銚^(图6·1)，又出自四川德阳孝泉镇清真寺宋代银器窖藏的一件所谓"银匜形器"❸^(图6·2)。陕西蓝田吕氏家族墓地出土一件石銚^(图6·3)，外撇的口沿下方有三个花瓣式细耳，短流之侧为一对，另一个在与短流相对处。比照前举有提梁的銚子，可知石銚的三个系耳自是用来穿系提梁。又故宫博物院藏旧题刘松年作《卢仝烹茶图》风炉上面也绘出形制相同的銚子^(图7)。自是作者以当代经验绘制前朝故事。

　　与銚子类似的煎茶之器尚有急须。北宋黄裳《龙凤茶寄照觉禅师》句云"有物吞食月轮尽，凤骧龙骧紫光隐"；"寄向仙庐引飞瀑，一簇蝇声急须腹"，其句下自注曰："急须，东南之茶器。"又其《谢人惠

❶《全宋诗》，册四〇，页24889。

❷ 器出水邱氏（应为水丘氏）墓中，见浙江省文物考古研究所等《晚唐钱宽夫妇墓》，页79，彩版五四：2，文物出版社二〇一二年。按报告称它为"小匜"。

❸ 沈仲常《四川德阳出土的宋代银器简介》，页9，图七，《文物》一九六一年第十一期。与它同出的尚有银盏托和银茶盏（页8图三银盏托上所坐银杯与盏托并非一副，盏托上的银盏应是同页图一左边的一件斗笠盏）。

4·1　龙柄石铛　西安雁塔区月登阁村唐杜华墓出土

4·2　白釉风炉与铫子模型　河北曲阳涧磁村出土

5·1　石铫　河北钜鹿故城出土

4·3　银铫子　浙江临安钱宽夫妇墓出土

4·4　银铫子　内蒙古巴林左旗盘羊沟辽墓出土

5·2　《莲社图卷》局部　上海博物馆藏

6·1　定窑瓷铫

6·2　銀铫子　四川德阳孝泉镇清真寺宋代银器窖藏

6·3　石铫　陕西蓝田吕氏家族墓地出土

7　《卢仝烹茶图》局部　故宫博物院藏

茶器并茶》句有"遽命长须烹且煎，一簇蝇声急须吐"❶，亦此。急须，即短流而一侧有横直柄的壶，此在唐代即已出现于南方，长沙窑产品中便很常见❷（图8）。作为煎茶用具，"急须"之器与名也传往日本❸（图9）。不过不论中土还是东瀛，它的流行范围都不算很广。

至于风炉，则有"汤炉"、"茶炉"、"茶灶"之称，也多见宋人吟咏。

---

❶《全宋诗》，册一六，页 11017、11019。

❷ 不过唐代急须其时未必俱用作煎茶，长沙窑窑址所出急须，其柄上亦有作"注子"二字者。

❸ 今通行之辞典或释作煎茶器，或释作陶制小茶壶，前者应是它的古义。

8 蓝绿釉横柄壶（急须）
长沙窑挖泥洞遗址出土

9 日本之急须

陆游"公闲计有客，煎茶置风炉"　**❹**。释永颐《茶炉》诗："炼泥合瓦本无功，火煗常留宿炭红。有客适从云外至，小瓶添水作松风。"**❺**洪适《汤炉》："蟹眼候松风，云腴挟霜月。炉下岂常炎，灰飞即烟灭。"**❻**又梅尧臣《茶灶》："山寺碧溪头，幽人绿岩畔。夜火竹声干，春瓯茗花乱。

---

❹《寄酬曾学士学宛陵先生体比得书云所寓广教僧舍有陆子泉每对之辄奉怀》，《全宋诗》，
　 册三九，页 24253。

❺《全宋诗》，册五七，页 35992。

❻《全宋诗》，册三七，页 23428。

10 《白莲社图卷》局部
辽宁省博物馆藏

兹无雅趣兼，薪桂烦燃爨。"❶所咏皆风炉。石铫与风炉本煎茶所必须，诗词因此常常二者并举。如黄庭坚《奉同六舅尚书咏茶碾煎烹》"风炉小鼎不须催，鱼眼长随蟹眼来"❷；陆游《冬晴与子坦子聿游湖上》"会挈风炉并石鼎，桃枝竹里试茶杯"❸；张伦《诉衷情·咏闲》"闲中一盏建溪茶。香嫩雨前芽。砖炉最宜石铫，装点野人家"❹。

两宋绘画中，用作煎茶的风炉与铫子常常是用于点缀风雅的配景。两幅《萧翼赚兰亭》之外，前举上海博物馆藏南宋《莲社图卷》，又辽宁省博物馆藏张激《白莲社图卷》❺（图10）、美国纳尔逊·阿特金斯艺术博物馆藏《西园雅集图》、台北故宫博物院藏宋《人物图》（见本书页23，图14），画中与风炉配套的煎茶之器，都是铫子。山西洪洞广胜寺明应王殿北壁元代壁画中尚可以看到它的沿用（图11）。

宋《人物图》中的莲花托座风炉，虽至今未见完整的实物，但是

❶《全宋诗》，册五，页2716。

❷《全宋诗》，册一七，页11566。

❸《全宋诗》，册四〇，页25052。

❹《全宋词》，册三，页1420。

❺ 张激，又名达淳，李公麟甥，北宋大观年间知庐陵县事，善绘画。

11　广胜寺明应王殿北壁元代壁画

12　莲花托座　　五代冯晖墓出土

上承风炉、下接底座的一件莲花托座，在时属五代的冯晖墓中已经出现。器为泥质灰黑陶，高十七、口径四十四、底径二十一厘米，器底中央一个直径十厘米的圆孔 **❻**（图12）。铜铫在辽、金的出土器物中则多有发现，如北京西便门外一处辽代寺院遗址 **❼**、辽上京道长春州州治遗址 **❽**、吉林市郊金代窖藏 **❾**，诸物中被称作"匜"与"带流勺"的铜器，实即铫子。河北宣化下八里辽金壁画墓三号墓出土一件陶炉，侈口，直腹，宽平沿，五蹄足，腹间开有圆孔和条形孔，器高十五、口径十四点七厘米。此炉，应即风炉。同出又有瓷茶托，又一件陶"匜"，平底，长柄，一侧有小流，高六点六、口径十二点三厘米。此"匜"，

---

❻ 咸阳市文物考古研究所《五代冯晖墓》，图版77、78，重庆出版社二〇〇一年。按此墓曾多次被盗。

❼ 北京市文物工作队《北京西便门外发现铜器》，页170，图一：4、5，《考古》一九六三年第三期。

❽ 何明《记塔虎城出土的辽金文物》，页46，图三：2，《文物》一九八二年第七期。

❾ 吉林市博物馆《吉林市郊发现的金代窖藏文物》，页63，图四：10，《文物》一九八二年第七期。

13　风炉（下）和铫子（上）
河北宣化下八里辽墓出土

14　《货郎图》中的茶筅（摹本）

便是与风炉配套之铫 ❶（图13）。二者也都是明器。

（二）点茶用器：燎炉、汤瓶、茶筅

风炉与铫子用于煎茶，至于点茶，却是用汤瓶，而不用铫子，马廷鸾"砖炉石铫竹方床，何必银瓶为泻汤" ❷，"石铫"、"银瓶"对举，前者指煎茶，后者谓点茶，是茶器不同，而烹茶之法迥异。故宫博物院藏李嵩《货郎图》，货郎担子里正有一组茶具：一摞盏托，一摞茶盏，一把长流汤瓶，一柄点茶所用茶筅 ❸（图14）。陕西历史博物馆藏一

❶ 河北省文物考古研究所《宣化辽墓》，图版七六：6；图版七九：4（报告称"匜"），文物出版社二〇〇一年。

❷《谢龙山惠拄杖并求石铫四首》，《全宋诗》，册六六，页41269。

❸ 其时茶筅的需求量必是不小，以至于可以专卖茶筅为生计，如洪迈《夷坚三志·壬卷》卷四《湖北稜睁鬼》一则，曰福州一士，"士之父以货茶筅为生"。

16　山西汾阳东龙观宋金墓壁画

方北宋砖雕，画面浮雕方桌旁边分立的两名侍女，其一手持盏托，上
边坐着茶盏，其一一手举着点茶用的汤瓶，一手持茶筅，正是点茶情
景（图15）。山西汾阳东龙观宋金墓壁画（图16）、日本京都大德寺藏南宋
《五百罗汉图·吃茶》一幅中也都有同样的场景（图17）。

17 《五百罗汉图·吃茶》 日本京都大德寺藏　　18 茶镣担子 江阴青阳镇里泾坝宋墓出土石椁

汤瓶煎水，一般也不取风炉，而多半用方形的"燎炉"，亦称"方炉"。宋王安中有《睿谟殿曲宴诗》❶，详记宣和元年的一次宫中之宴❷。诗前之长序胪举盛况，其中说道，"户牖屏柱，茶床燎炉，皆五色琉璃，缀以夜光火齐，照曜璀璨"。茶床与茶床之用，已见前引诗文，这里以燎炉与之并举，可知同为烹茶之器。又南宋赵蕃《海监院惠二物戏答》"打粥泛邵州饼，候汤点上封茶。软语方炉活火，清游断岸飞花"❸，亦此。点茶之汤瓶与方炉的组合，也每见于宋代图像，如故宫博物院藏《春游晚归图》，如江苏江阴青阳镇里泾坝宋墓石椁浮雕中的茶镣担子❹（图18）。

与煎茶多用于二三知己的小聚与清谈不同，点茶多用于宴会，包

---

❶ 《全宋诗》，册二五，页15972。

❷ 王明清《挥麈后录》卷四："徽宗宣和七年十二月二十一日，就睿谟殿张灯预赏元宵，曲宴近臣，命左丞王安中、中书侍郎冯熙载为诗以进。"而冯诗中明明咏道"宣和初载元冬尾，瑞白才消尘不起"，则事当在宣和元年（冯诗见《全宋诗》，册二五，页16183）。刘永翔《清波杂志校注》于此已考证甚详（页248，中华书局一九九四年）。

❸ 《全宋诗》，册四九，页30760。

❹ 翁雪花等《江苏江阴市青阳镇里泾坝宋墓》，页93，图四（说明文字称作"食盒"者，即方炉），《考古》二〇〇八年第三期。

19 《文会图》(摹本)

20 《春宴图》局部
故宫博物院藏

括家宴，也包括多人的雅集。两种情景，在宋代绘画中一一表现分明。
验之以宋徽宗《文会图》[图19]，旧题唐人、实为宋代作品的《春宴图》
[图20]，又辽宁省博物馆与故宫博物院各有收藏的南宋《会昌九老图》
[图21·1、2]，又山西陵川县附城镇玉泉村金墓壁画[图22]，俱可证大型

141

21·1 《会昌九老图》局部　辽宁省博物馆藏

21·2 《会昌九老图》局部
故宫博物院藏

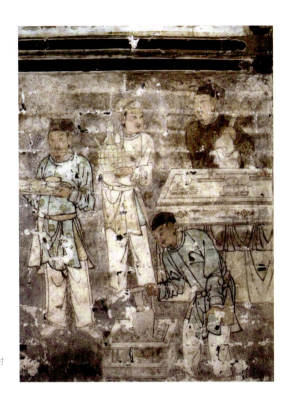

22 奉茶进酒图
山西陵川县附城镇玉泉村
金墓壁画

聚会所用皆为上置候汤点茶之汤瓶的"方炉",亦即王安中诗序中说
到的"燎炉"❶。

（三）煎茶与点茶的意蕴之别

作为时尚的点茶,高潮在于"点",当然要诸美并具——茶品,
水品,茶器,技巧——点的"结果"才可以有风气所推重的精好,而

❶ 著名的四方北宋妇女画像砖（中国国家博物馆藏）,其中的"烹茶图"所表现的也是点茶
所用之器,即汤瓶和燎炉（《文物》一九七九年第三期,图版七：2）。至于宋程大昌《演
繁露》卷二"镣炉"条考证镣炉应即燎炉,亦即"今之生麻秸（原注：音身）,盆也",
却是一种直口宽沿、下有蹄足的火盆,即如前举河北宣化辽墓壁画中所见,戴表元《舒
子俊见过》"燎炉薪暖糟床响,随分欢留作好春"（《全宋诗》,册六九,页43707）,应
即此类。

目光所聚，是点的一刻。士人之茶重在意境，煎茶则以它所包含的古意而更为蕴藉。南宋洪咨夔有《作茶行》，颇道出此中意趣："磨斫女娲补天不尽石，磅礴轮囷凝绀碧。臼剡扶桑挂日最上枝，蹩躠勃窣生纹漪。吴罢小君赠我杵，阿香薅砧授我斧。斧开苍璧粲磊磊，杵碎玄玑纷楚楚。出臼入磨光吐吞，危坐只手旋乾坤。碧瑶宫殿几尘堕，蕊珠楼阁妆铅翻。慢流乳泉活火鼎，淅瑟微波开溟涬。花风迸入毛骨香，雪月浸澈须眉影。太一真人走上莲花航，维摩居士惊起狮子床。不交半谈共细啜，山河日月俱清凉。桑苎翁，玉川子，款门未暇相倒屣。予方抱《易》坐虚明，参到洗心玄妙旨。"❶作茶，即碾磨茶，陆游《秋晚杂兴十二首》之五"聊将横浦红丝硙，自作蒙山紫笋茶"，句下自注："乡老旧谓碾磨茶为作茶。"❷洪诗起首说补天馀石斫茶磨，扶桑高枝剡茶臼。"苍璧"，指茶饼。斧分茶饼，然后用茶臼粗研，再入茶磨细碾，直要它细如仙宫之尘，丽姝之粉 ❸。"慢流乳泉活火鼎，淅瑟微波开溟涬"，煎茶也，鼎指煎茶之器。"不交半谈共细啜，山河日月俱清凉"，真正是茶事的至境，于是得与茶贤接通声气，——陆羽、卢仝在茶诗中几乎是不可或缺之典，煎茶自然更须用它来揭明要义，依傍这古典的记忆而持守茶事之清，而把茶事引向独立于流俗之外的意境，结末的所谓"虚明"因此可以指实景，也可以指心境。此或近于玄思，但

---

❶《全宋诗》，册五五，页 34580。

❷《全宋诗》，册四一，页 25524。按洪咨夔乃於潜（今杭州临安区於潜镇）人，则陆游之所谓"乡"，当不局限于山阴一地。

❸ 无论点茶还是煎茶，皆要把茶碾得细。曾几《李相公饷建溪新茗奉寄》句云"碾处曾看眉上白"，其下自注："茶家云碾茶须令碾者眉白乃已。"（《全宋诗》，册二九，页 18571）前引黄裳《龙凤茶寄照觉禅师》句有"颐指长须运金碾，未白眉毛且须转"，即此。又黄庭坚与人书云："末阳茶硙，穷日可得二两许，未能足得瓶子，且寄两小囊，可碾罗毕，更熟碾数百，点得自浮花泛乳，可喜也"（《山谷简尺》卷下）。至于苏轼的"井好能凿冰，茶甘不上眉"（《道者院池上作》，《全宋诗》，册一四，页 9380），则是反其意而用之。

宋人本来是把玄思融入日常，茶事也不外如此。

煎茶与点茶，是烹茶方法的古今之别，其中当然也还有着茶品之别，亦即常品与佳品之别。宋王观国《学林》卷八"茶诗"条云："茶之佳品，其色白，若碧绿色者，乃常品也。茶之佳品，芽蘖微细，不可多得，若取数多者，皆常品也。茶之佳品，皆点啜之，其煎啜之者，皆常品也。""齐己茶诗曰：'角开香满室，炉动绿凝铛。'丁谓茶诗曰：'末细烹还好，铛新味更全。'此皆煎茶啜之也。煎茶啜之者，非佳品矣。"此说虽然不很完全，但用来概括一般情景，大致不错。不过付诸吟咏的两宋茶事，煎茶与点茶之间，隐隐然又有着清与俗之别。陈与义《玉楼春·青镇僧舍作》"呼儿汲水添茶鼎。甘胜吴山山下井。一瓯清露一炉云，偏觉平生今日永"❹；林景熙《答周以农》"一灯细语煮茶香，云影霏霏满石床"❺；黄庚《对客》"诗写梅花月，茶煎谷雨春"❻；陆游《雪后煎茶》："雪液清甘涨井泉，自携茶灶就烹煎。一毫无复关心事，不枉人间住百年。"❼如此之例，两宋诗词中不胜枚举。煎茶之意古，所用之器古，因总以它不同于时尚的古雅而与诗情相依。与燎炉相比，风炉自然轻巧得多，当有携带之便，且与燎炉用炭不同，风炉通常用薪，则拾取不难，何况更饶山野之趣，诗所以曰"藤杖有时缘石磴，风炉随处置茶杯"❽；而所谓"岩边启茶钥，溪畔涤茶器。小灶松火然，深铛雪花沸。瓯中尽馀绿，物外有深意"❾，更是煎茶独有的雅韵。陆游《跋程正伯所藏山谷帖》："此卷不应携在长安逆旅中，亦非贵人席帽金络马传呼入省时所观。程子他日幅巾筇杖，渡青衣江，

---

❹《全宋词》，册二，页 1069。

❺《全宋诗》，册六九，页 43477。

❻《全宋诗》，册六九，页 43567。

❼《全宋诗》，册四一，页 25652。

❽ 陆游《开东园路北至山脚因治路傍隙地杂植花草六首》，《全宋诗》，册四〇，页 25099。

❾ 张伯玉《后庵试茶》，《全宋诗》，册七，页 4727。

相羊唤鱼潭、瑞草桥清泉翠樾之间，与山中人共小巢龙鹤菜饭，扫石置风炉，煮蒙顶紫笋，然后出此卷共读，乃称尔。"❶既云"扫石置风炉"，自然是煎茶，展卷赏帖，也要如此经营才好。

在煎茶与点茶之别中特寓微意，则有苏轼的名作《试院煎茶》："蟹眼已过鱼眼生，飕飕欲作松风鸣。蒙茸出磨细珠落，眩转绕瓯飞雪轻。银瓶泻汤夸第二，未识古人煎水意。君不见昔时李生好客手自煎，贵从活火发新泉。又不见今时潞公煎茶学西蜀，定州花瓷琢红玉。我今贫病常苦饥，分无玉碗捧蛾眉。且学公家作茗饮，砖炉石铫行相随。不用撑肠拄腹文字五千卷，但愿一瓯常及睡足日高时。""银瓶泻汤夸第二"，此前数句皆言点茶；"未识古人煎水意"，以下俱言煎茶。苏辙《和子瞻煎茶》"相传煎茶只煎水，茶性仍存偏有味"❷，是其意。邹浩《次韵仲孺见督烹小团》"方欲事烹煎，姜盐以为使"，自注："蜀人煎茶之法如此。"❸所谓西蜀煎茶法，便是茶汤中佐以姜盐，前引苏诗句有"姜新盐少茶初熟"，亦可证❹，它在宋代原是作为古法而常常用于煎茶❺。李生句，

---

❶《陆游集》，册五，页2291，中华书局一九七六年。

❷《全宋诗》，册一五，页9872。

❸《全宋诗》，册二一，页13936。

❹ 姜盐煎茶，黄庭坚有《煎茶赋》述其事甚详，此篇也很为宋人所喜，曾入选于吕祖谦编《宋文鉴》，见其编卷七。南宋林正大也有括其意而咏之，见《全宋词》，册四，页2458。又黄庭坚与人书云"蒸牙一合，虽是分宁茶，味不甚佳，但可用姜盐煎，以领关、张尔"（《山谷简尺》卷下）。是姜、盐、茶可作结义弟兄，但用于茶之"味不甚佳"者。不过按照东坡的说法，却又是姜可盐不可，——苏轼《书薛能茶诗》："唐人煎茶用姜，故薛能诗云'盐损添常戒，姜宜着更夸'。据此，则又有用盐者矣。近世有用此二物者，辄大笑之。然茶之中等者，用姜煎信佳也，盐则不可。"

❺ 如南宋虞俦《和林正甫碾茶》："肝胆由来自一家，人间何许是真茶。不妨更著姜盐伴，可但丘中咏有麻。"（《全宋诗》，册四六，页28593）末句出《诗·王风·丘中有麻》，此应是借用其中"将其来食"句而表达情意。

则用唐李约煎茶故事 ❻。诗作于熙宁五年，东坡在杭州监试。是时甫用王安石议，改取士之法，东坡有《监试呈诸试官》诗述其事，且于其中微存讽意，《试院煎茶》则暗用当日茶事中的古今之别再度风之 ❼，"且学公家作茗饮，砖炉石铫行相随"，实在是借煎茶而表现了一种姿态的。

茶事进入绘画，煎茶与点茶也各自形成图式，乃至成为表现文人风度的艺术语汇。辽宁省博物馆藏元人《子方扁舟傲睨图》，扁舟一叶，子方（陆文圭）坐鹿皮荐，背倚懒架，肘下是书帙裹着的卷轴，身边设一张琴，栅足案上一函书，一炉香，一副托盏，花瓠里一蓬花，舟子操楫，童子煎茶，煎茶所用依然是莲花托座风炉[图23]。宋虞俦《赠孙尉姑苏紫石铫孙有诗次韵》"书生调度清且苦，臭味不同谁与论" ❽；《子方扁舟傲睨图》元张翥题诗"傲兀扁舟云水滨，笔床茶灶日随身。底须别觅君家号，又是江湖一散人"，宋元时代不同流俗的煎茶之韵中，原来是"傲睨"。

饮茶当然不自陆羽始，但自陆羽和陆羽的《茶经》出，茶便有了标格，或曰品味。《茶经》强调的是茶之清与洁，与之相应的，是从采摘、制作直至饮，一应器具的清与洁。不过《茶经》最有意味的文字，却在卷下"九之略"：

"其造具，若方春禁火之时，于野寺山园，丛手而掇，乃蒸乃舂，

---

❻ 赵璘《因话录》："(李) 约天性惟嗜茶，能自煎，谓人曰：茶须缓火炙，活火煎。活火，谓炭火之[有]焰者也。客至，不限瓯数，竟日执持茶器不倦。曾奉使行至陕州硖石县东，爱渠水清流，旬日忘发。"

❼ 王文诰辑注《苏轼诗集》页 371，《试院煎茶》注引翁方纲云："是时甫用王安石议，改取士之法，罢诗赋、帖经、墨义，专以策，限定千言。故先生呈诸试官诗云'聊欲废书眠，秋涛春午枕'，正与此篇末句意同。'未识古人煎水意，且学公家作茗饮'，亦皆此意。""呈诸试官诗"，即《监试呈诸试官》，同书，页 366。按两诗所咏为一事，但'聊欲废书眠，秋涛春午枕'，与此篇末句之意却并不相同。前者意为且吃茶去，后者则以烹茶法的不同而拟喻寄意。

❽《全宋诗》，册四六，页 28470。

23　《子方扁舟傲睨图》　辽宁省博物馆藏

乃复以火干之，则又棨、朴、焙、贯、朋、穿、育等七事皆废。其煮器，若松间石上可坐，则具列废。用槁薪鼎枥之属，则风炉、灰承、炭挝、火筴、交床等废。若瞰泉临涧，则水方、涤方、漉水囊废。若五人已下，茶可末（或作味）而精者，则罗废。若援藟跻岩，引絙入洞，于山口炙而末之，或纸包合贮，则碾、拂末等废。既瓢、碗、筴、札、熟盂、醢篹悉以一筥盛之，则都篮废。但城邑之中，王公之门，二十四器阙一，则茶废矣。"

既入高门，则茶之清，舍精细、济楚之待遇外，不能保存。而若依松傍岩，瞰泉临涧，二三知己品茗于朗月清风之间，则人与事，双清并，其器其具，其一应之微细，皆可不论。可以说，此方为茶之三昧，也不妨说，《茶经》凡不可略者，皆是为俗饮说法，惟此之可略，方是陆子心中饮茶之至境，此便最与诗人会心，其影响至宋而愈显。《茶录》与《大观茶论》固然是雅，然而以"九之略"为衡，则依然是俗。"欲知花乳清泠味，须是眠云跂石人" ❶，宋人深会此意。风炉石鼎，茶烟轻轻，其器古朴，其韵疏清；煎茶，保存的正是如此意境。当然这并不意味着时有雅饮之一派，凡茶必煎，又有俗饮之一派，凡茶必点。二者在日常生活中，本是既并行，又交叉。而饮茶方式的选择，既与茶品、时地、饮茶之人相关，在某种情况下，也与意境之追求相关。从另一面说，此又与诗人、画家以胸襟气度及创作背景之异而选择不同的话题相关。南宋张栻云："予谓建茶如台阁胜士，草茶之佳者如山泽高人，各有风致，未易疵也。" ❷持此以喻点茶与煎茶之别，也正合宜。

结论如是，不妨仍以煎茶之意叩诸宋人，其或应声而答："不置

❶ 刘禹锡《西山兰若试茶歌》，《全唐诗》卷三五六，页 4000。
❷《定叟弟频寄黄蘗仰山新芽尝口占小诗适灾患亡聊久不得遣寄今日方能写此》，句云"不入贡包供玉食，只应山泽擅高名"，其下自注"坡公贬草茶，未为确论"云云。《全宋诗》，册四五，页 27934。

一杯酒，惟煎两碗茶。须知高意别，同此对梅花。"❶

二 分茶与斗茶

（一）分茶

对于分茶的解释，有几种不同意见。一九五八年版《宋诗选注》释陆游《临安春雨初霁》，以为"分"就是宋徽宗《大观茶论》所谓"鉴辨"。蒋礼鸿《"分茶"小记》对此发表了不同看法，认为分茶有二解，其一，为酒菜店或面食店；其一，指用沸水（汤）冲（注）茶，使茶乳幻变成图形或字迹❷。许政扬《宋元小说戏曲语释》"分茶"条中也提出详细意见，结论是："分茶"就是烹茶、煎茶❸。一九八二年版《宋诗选注》摒弃旧释，曰："'分茶'是宋代流行的一种'茶道'，诗文笔记里常常说起，如王明清《挥麈馀话》卷一载蔡京《延福宫曲宴记》，杨万里《诚斋集》卷二《澹庵座上观显上人分茶》；宋徽宗《大观茶论》也有描写，黄遵宪《日本国志·物产志》自注说日本'点茶'即'同宋人之法'：'碾茶为末，注之以汤，以筅击拂'云云，可以参观。"此外，今人《剑南诗稿校注》卷十二《疏山东堂昼眠》下释分茶曰："分茶，宋人泡茶之一种方法，即以开水注入茶碗之技术。杨诚斋《澹庵座上观显上人分茶》云云，可想像其情况"❹。又，今人《陈

---

❶ 邹浩《同长卿梅下饮茶》，《全宋诗》，册二一，页 14058。
❷ 《蒋礼鸿文集》，册四，页 393～395，浙江教育出版社二〇〇一年。
❸ 《许政扬文存》，页 30～33，中华书局一九八四年。
❹ 钱仲联《剑南诗稿校注》，页 964，上海古籍出版社一九八五年。

与义集校笺》在《和周绍祖分茶》诗下，引证亦详，末云："分茶一辞，宋人无释，各种茶谱亦不载"，"据各家所咏或记载，盖以茶匙（茶谱云：茶匙要重，击拂有力）取茶（汤）注盏中，为分茶也。简斋此诗云'小杓勿辞满'，当即以茶匙击拂之意"❺。

诸家之释，以一九八二年版《宋诗选注》为近实。不过，若求详实与确切，则仍嫌不足。此为其书体例所限，不烦苛求。

分茶之意究竟如何，须从唐宋饮茶法以及其间发生的变化说起。

唐宋时代的饮茶，乃茶末与茶汤同饮，饮后不留馀滓。至于烹茶法，元明以前，则可大别为二：其一煎茶，其一点茶。如前所述，煎茶盛行于唐，陆羽《茶经》载其法最详；两宋则盛行点茶，蔡襄《茶录》、宋徽宗《大观茶论》，乃点茶法经典❻。煎茶与点茶，皆须煎汤亦即煎水。前者煎汤于茶铫，后者煎汤于汤瓶。汤至火候恰好之际，若煎茶，则将细碾且细罗之后的茶末投入滚汤。若点茶，此前便须炙盏，《茶录》所谓"凡欲点茶，先须熁盏令热，冷则茶不浮"。嗣后以小勺舀取茶末，在盏中调作膏状，于时以汤瓶冲点，边冲点边以竹制的茶筅或银制的茶匙在盏中回环搅动，即所谓"击拂"。点茶需要技巧，又以因击拂之法不同盏面泛起之乳花不同而有各种名目，自第一汤至第七汤而各有不同❼。

点茶尤重盏面浮起之乳花。王明清《挥麈馀话》卷一录蔡京《保和殿曲燕》云："赐茶全真殿，上亲御击注汤，出乳花盈面。"又引其《延福宫曲宴记》云："上命近侍取茶具，亲手注汤击拂，少顷，白乳浮盏面，如疏星淡月，顾诸臣曰：'此自布茶。'""上"，徽宗也，"疏

❺ 白敦仁《陈与义集校笺》，页136，上海古籍出版社一九九○年。

❻ 以下引《大观茶论》，均据《说郛》宛委山堂本。

❼《大观茶论·点》。以"七"为数，应即由卢仝《走笔谢孟谏议惠新茶》而来。"七碗"在两宋茶诗中也常常用作茶的代称。

星淡月"云云，即见于他的《大观茶论》❶，王安中《临江仙·和梁才甫茶词》"延和行对台臣。宫瓯浮雪乳花匀"❷，亦咏其事。只是烹茶重乳花，却不自点茶始，陆羽《茶经》讲述煎茶法时已叙述得详细。《茶经》卷下"五之煮"：

"第二沸出水一瓢，以竹笑环激汤心，则量末当中心而下。有顷，势若奔涛溅沫，以所出水止之，而育其华也。凡酌，置诸碗，令沫饽均。沫饽，汤之华也。华之薄者曰沫，厚者曰饽，细轻者曰花，如枣花漂漂然于环池之上，又如回潭曲渚青萍之始生，又如晴天爽朗有浮云鳞然。其沫者如绿钱浮于水湄，又如菊英堕于镡俎之中。饽者，以滓煮之，及沸，则重华累沫皤皤然若积雪耳。《荈赋》所谓'焕如积雪，烨若春'有之❸。"

又同书"七之事"引《桐君录》云："茗有饽，饮之宜人。"

不过唐代之煎茶，乃茶在釜中煎好，然后分酌入盏，陆羽虽云"凡酌，置诸盌，令沫饽均"，然而分酌之际，总难免稍坏乳花。两宋之点茶，则无此虞。北宋张扩《均茶》所以云："密云惊散阿香雷，坐客分尝雪一杯。可是陈平长割肉，全胜管仲自分财"❹。乳花在两宋且颇多俗名与雅称，曰云，曰云脚❺，曰花，曰乳花、玉花、琼花、雪

---

❶《大观茶论·点》云注汤时，"搅动茶膏，渐加击拂，手轻筅重，指绕腕旋，上下透彻，如酵蘖之起面，疏星皎月，灿然而生"。

❷《全宋词》，册二，页751。

❸《艺文类聚》卷八十二，杜育《荈赋》："惟兹初成，沫沉华浮，焕如积雪，晔如春敷。"

❹《全宋诗》，册二四，页16092。

❺ 向子谭《浣溪沙》"茗碗分云微醉后，纹楸斜倚髻鬟偏"，《全宋词》，册二，页975。梅尧臣《宋著作寄凤茶》"云脚俗所珍，鸟觜夸仍众"，《全宋诗》，册五，页2788；又《谢人惠茶》"以酪为奴名价重，将云比脚味甘回"，同前，册五，2980；陈东《茶》（一作《索友人春茶》）"偏爱君家碧（一作白）玉盘，建溪云脚未尝干。书生自恨无金换，聊以诗章乞数团"，同前，册二九，页18749。

瓯花，或仍依《茶经》称枣花❻。而此际所重，又不仅在于乳花，更在乳花泛盏之久，此即谓之"咬盏"。《大观茶论》："乳雾汹涌，溢盏而起，周回凝而不动，谓之咬盏。"梅尧臣《次韵和再拜》句有"烹新斗硬要咬盏，不同饮酒争画蛇。从揉至碾用尽力，只取胜负相笑呀"❼。所谓"次韵"，乃次欧阳修韵，原唱《尝新茶呈圣俞》句云"停匙侧盏试水路，拭目向空看乳花"❽。又释德洪《空印以新茶见饷》"要看雪乳急停箸，旋碾玉尘深注汤"❾、《无学点茶乞诗》"盏深扣之看浮乳，点茶三昧须饶汝"❿；刘才邵《方景南出示馆中诸公唱和分茶诗次韵》"欲知奇品冠坤珍，须观乳面啮瓯唇。汤深不散方验真，侧瓶飞瀑垂岩绅"⓫，等等，皆其例。

咬盏与否，茶品之优劣是其要⓬，其次则在于击拂，郭祥正"急手轻调北苑茶，未收云雾乳成花"⓭，是也。击拂之器为茶匙或茶筅。毛滂《谢人分寄密云大小团》"旧闻作匙用黄金，击拂要须金有力"⓮。《大观茶论》有专条说茶筅，两宋诗词也有专咏茶筅之作，如韩驹《谢人寄茶筅子》，而以元谢宗可《咏物诗》中的《茶筅》最为传神："此君一节莹无瑕，夜听松声漱玉华。万缕引风归蟹眼，半瓶飞雪起龙牙。

---

❻ 林逋《尝茶次寄越僧灵皎》"瓶悬金粉师应有，箸点琼花我自珍"，《全宋诗》，册二，页 1225；葛胜仲《谢太守惠茶》"破看鲜馥欺瑶草，煮验漂浮漾枣花"，同前，册二四，页 15662。

❼ 《全宋诗》，册五，页 3262。

❽ 《全宋诗》，册六，页 3646。

❾ 《全宋诗》，册二三，页 15244。

❿ 《全宋诗》，册二三，15167。

⓫ 《全宋诗》，册二九，页 18846。

⓬ 苏轼《西江月·茶词》"汤发云腴酽白，盏浮花乳轻圆"，《全宋词》，页 284；傅幹注"云腴、花乳，茶之佳品如此"，《宋傅幹〈注坡词〉》卷二，北京图书馆出版社二○○一年。

⓭ 《城东延福禅院避暑五首》，《全宋诗》，册一三，页 8982。

⓮ 《全宋诗》，册二一，页 14095。

香凝翠发云生脚，湿满苍髯浪卷花。到手纤毫皆尽力，多应不负玉川家。"❶虽咏茶筅，而点茶之要在其中。"香凝翠发云生脚，湿满苍髯浪卷花"，实为击拂要领，所谓纤毫尽力，便是意在使盏面起乳花。《大观茶论》"筅疏劲如剑脊，则击拂虽过而浮沫不生"，二者所言角度不同，其意一也。

点茶如此，分茶如何？其实所谓"分茶"，除蒋礼鸿《"分茶"小记》所揭第一义外，两宋通常皆指点茶，或曰分茶即点茶之别称。王安中《进和御制芸馆二诗》"风好知从宫扇动，茶香宜入御瓯分"❷；虞俦《和孙尉登空翠堂鼓琴酌茗有怀冷令二首》"巧分茗碗消磨睡，静拂琴徽断送愁"❸；晁补之《和答曾敬之秘书见招能赋堂烹茶二首》"一碗分来百越春"❹；华岳《赠楞伽老瑛上人》"拂床展卷呈诗稿，炙盏分茶当酒杯"❺；又吴文英《望江南·茶》"玉纤分处露花香"❻，王千秋《风流子》"卷茵停舞，侧火分茶。笑盈盈，溅汤温翠碗，折印启湘纱。玉笋缓摇，云头初起，竹龙停战，雨脚微斜"❼，由诗词中的形容，可知其"分"与"分茶"，皆指点茶。不过偶然也有专指，这时所谓"分茶"，便是点茶法中特有的一种技巧，对此，诗也描写分明。仅举诸家称引较多的两例。

——陆放翁《临安春雨初霁》："世味年来薄似纱，谁令骑马客京华。小楼一夜听春雨，深巷明朝卖杏花。矮纸斜行闲作草，晴窗细乳戏分茶。素衣莫起风尘叹，犹及清明可到家。"

❶ 顾嗣立《元诗选·戊集》，中册，页1501，中华书局一九八七年。
❷《全宋诗》，册二四，页15978。
❸《全宋诗》，册四六，页28496。
❹《全宋诗》，册一九，页12871。
❺《全宋诗》，册五五，页34408。
❻《全宋词》，册四，页2897。
❼《全宋词》，册三，页1466。

24　兔毫盏　陕西蓝田北宋吕氏家族墓地五号墓出土

诗之"分茶",点茶也。放翁《疏山东堂昼眠》"吾儿解原梦,为我转云团",句下自注云:"是日约子分茶。"约,名子约,放翁第五子。"转云团",点茶之击拂也。而细乳分茶,放翁诗中原不止一见,如"觉来隐几日初午,碾就壑源分细乳"❽,如"墨试小螺看斗砚,茶分细乳玩毫杯"❾。毫杯,兔毫盏也,以其色深而衬得乳花分明,特为宋人所爱(图24)。项安世"自瀹霜毫爱乳花"❿,适可与陆诗对观。可知此诗之"玩"与彼诗之"戏",意同。不过北宋韩驹有诗题作《六月二十一日子文待制见访热甚追忆馆中纳凉故事漫成一首》,诗云:"汉阁西头千步廊,与君长夏对胡床。阴阴桧色连宫草,寂寂棋声度苑墙。细乳分茶纹簟冷,明珠擘荔小荷香。身今老病投炎瘴,最忆冰盘贮蔗浆。"⓫陆诗或即脱胎于韩作。

　　——诚斋《澹庵坐上观显上人分茶》:"分茶何似煎茶好,煎茶不似分茶巧。蒸水老禅弄泉手,隆兴元春新玉爪。二者相遭兔瓯面,怪怪奇奇真善幻。纷如擘絮行太空,影落寒江能万变。银瓶首下仍尻高,注汤作字势嫖姚。不须更师屋漏法,只问此瓶当响答。紫薇山人乌角

❽《全宋诗》,册三九,页24520。

❾《全宋诗》,册四〇,页25081。

❿《以琴高鱼茶芽送范蜀州》,《全宋诗》,册四四,页27415。霜毫,同兔毫。

⓫《全宋诗》,册二五,页16630。

巾，唤我起看清风生。京尘满袖思一洗，病眼生花得再明。汉鼎难调要公理，策勋茗碗非公事。不如回施与寒儒，归续茶经传衲子。"❶

杨诗之前，记述如此之艺者，有托名陶穀的《清异录》❷，其《茗荈》之部"生成盏"条："馔茶而幻出物象于汤面者，茶匠通神之艺也。沙门福全生于金乡，长于茶海，能注汤幻茶成一句诗，并点四瓯，成一绝句，泛乎汤表。"又同部"茶百戏"："茶至唐始盛。近世有下汤运匕，别施妙诀，使汤纹水脉成物象者，禽兽虫鱼花草之属纤巧如画；但须臾即就散灭。此茶之变也，时人谓之'茶百戏'。"杨诗所谓"屋漏法"，亦见于《清异录》，即"漏影春"条所记。此乃点茶法运用至妙之戏。不过戏成而"须臾即就散灭"，陈棣诗所以曰"急景岂容留石火，馀香何处认空花"❸。或曰"茶叶溶质在水中扩散成花草图案，是由于饮茶者在茶溶解过程中以羹匙类食器搅动所致"❹，不过这里的"饮茶者"当易作"点茶者"，"食器"当易作"茶器"。至于烹茶之际盏面乳花蒙茸，茶的加工方法是重要因素之一。放翁《入蜀记》，记其经镇江，"赴蔡守饭于丹阳楼"，"蔡自点茶颇工，而茶殊下。同坐熊教授，建宁人，云：'建茶旧杂以米粉，复更以薯蓣，两年来，又更以楮芽，与茶味颇相入，且多乳，惟过梅则无复气味矣。非精识者，未易察也'"❺。此言之最切。《大观茶论》说点茶，曰"量茶受汤，调如融胶"，茶而能够"调如融胶"，即因经过加工的茶饼，

❶《全宋诗》，册四二，页26085。
❷《清异录》非出陶穀之手，陈振孙《直斋书录解题》、王国维《庚辛之间读书记》皆论之，余嘉锡《四库提要辨证》撮录各家之说，而以王说为是，见卷十九《子部》九。
❸《次韵王有之主簿》，《全宋诗》，册三五，页22032。
❹ 戴念祖《中国科学技术史·物理学卷》，页439，科学出版社二〇〇一年。
❺《陆游集》，册五，页2412，中华书局一九七六年。又祝穆《方舆胜览》卷六十八述巴州风物，土产一项"米膏饼"曰："《广雅》云：荆巴间采茶作饼，既成，以米膏出之。欲煮饼，先炙令色变，捣末瓷器中，以汤浇覆之，用葱姜芼之。"

其中掺入米粉、薯蓣、楮芽之类。

点茶之别称，尚有泼茶与试茶。孔平仲《会食》"泼茶旋煎汤，就火自烘盏"**❻**；王庭珪《次韵刘英臣早春见过二绝句》"客来清坐不饮酒，旋破龙团泼乳花"**❼**，又廖刚《次韵卢骏给事试茶》"蟹眼翻云连色起，兔毫扶雪带香浮"**❽**；卢襄《玉虹亭试茶》"试遣茶瓯作花乳，从教两腋起清风"**❾**；陆游《试茶》"苍爪初惊鹰脱韝，得汤已见玉花浮"**❿**，皆其例。而所谓"烹茶"，则是总称，煎茶抑或点茶，皆可谓之烹茶。

（二）斗茶 **⓫**

两宋茶事，今人通常推斗茶为第一，且以为此是宋代风气。其实不然。

若考斗茶之源，可溯至唐代。白居易《夜闻贾常州崔湖州茶山境会想羡欢宴因寄此诗》："遥闻境会茶山夜，珠翠歌钟俱绕身。盘下中分两州界，灯前合作一家春。青娥递舞应争妙，紫笋齐尝各斗新。自叹花时北窗下，蒲黄酒对病眠人。"**⓬**茶山即湖州顾渚山，其地出茶名紫笋，常州义兴所产为阳羡，唐代均列作贡品，而两地邻壤相接，每

---

❻《全宋诗》，册一六，页 10845。

❼《全宋诗》，册二五，页 16843。

❽《全宋诗》，册二三，页 15409。

❾《全宋诗》，册二四，页 16220。

❿《全宋诗》，册三九，页 24385。

⓫ 刘昭瑞《宋代的"斗茶"艺术》，对斗茶的方式以及所用之器作了比较详细的梳理，不过其中的若干意见似有可商；至于以卢骏元诗"清风两腋为渠生"为"人们操茶筅击拂茶汤时，肘臂张合，似有清风自腋下生"（页 320，《文史》第三十二辑，中华书局一九九〇年），则误也。

⓬《全唐诗》，册一三，页 5027。

25 · 1　顾渚山唐德宗兴元甲子（七八四）湖州刺史袁高题刻

25 · 2　顾渚山唐宣宗大中五年（八五一）湖州刺史杜牧题刻

造茶时，两州刺史亲至其处 ❶（图 25·1、2），因有如此之隆重。"紫笋齐尝各斗新"，便是品第高下的试茶情景，可知斗茶风气正始于贡新，当

---

❶ 今长兴顾渚山西顾山最高堂存三方唐代题刻：唐德宗兴元甲子（七八四）袁高（"奉诏修茶贡讫，至□山最高堂，赋茶山诗"云云）、贞元八年（七九二）于頔（"遵奉诏命谒顾渚茶院，修贡毕，登西顾山最高堂"云云）、宣宗大中五年（八五一）杜牧（"奉贡讫事，以季春中休来□"云云）。

然它与宋代的斗茶并不相同。

两宋斗茶，述之最详且最早者，为范仲淹《和章岷从事斗茶歌》。章岷，建州浦城人，《全宋诗》收其作六首，然《斗茶歌》原唱不见 ❷，不过北苑的斗茶情景，从和诗中仍能觑得真切。诗曰：

"年年春自东南来，建溪先暖冰微开。溪边奇茗冠天下，武夷仙人从古栽。新雷昨夜发何处，家家嬉笑穿云去。露牙（一作芽）错落一番荣，缀玉含珠散嘉树。终朝采掇未盈襜，唯求精粹不敢贪。研膏焙乳有雅制，方中圭兮圆中蟾。北苑将期献天子，林下雄豪先斗美。鼎磨云外首山铜，瓶携江上中泠水。黄金碾畔绿尘飞，紫玉瓯心雪涛起。斗茶味兮轻醍醐，斗茶香兮薄兰芷。其间品第胡能欺，十目视而十手指。胜若登仙不可攀，输同降将无穷耻。于嗟天产石上英，论功不愧阶前蓂。众人之浊我可清，千日之醉我可醒。屈原试与招魂魄，刘伶却得闻雷霆。卢仝歌不歌，陆羽须作经。森然万象中，焉知无茶星。商山丈人休茹芝，首阳先生休采薇。长安酒价减千万，成都药市无光辉。不如仙山一啜好，泠然便欲乘风飞。君莫羡花间女郎只斗草，赢得珠玑满斗归。" ❸

诗不惟记斗茶，凡采茶、焙茶、制茶，一应之茶故事，亦无不"巧欲形容" ❹。"北苑将期献天子，林下雄豪先斗美"，述斗茶缘起很是明白。与范仲淹大抵同时的蔡襄作《茶录》，所述正与之相合。其《后序》云："臣皇祐中修起居注，奏事仁宗皇帝，屡承天问以建安贡茶并所以试茶之状。臣谓论茶虽禁中语，无事于密，造《茶录》二篇上进。"

---

❷ 明董斯张《吴兴备志》卷五："岷，浦城人，举进士，与范仲淹同赋《斗茶歌》，岷诗先就，仲淹览之曰：此诗真可压倒元、白。"

❸ 《全芳备祖》卷二十八《后集·药部》。

❹ 《苕溪渔隐丛话后集》卷十一批评此诗"排比故实，巧欲形容，宛成有韵之文"。诗以赋笔载录一时之事，形容尽致，实别有令人可喜处。

君谟名笔"思咏帖"亦即致冯当世书，也曾议及闽中茶事："唐侯言，王白今岁为游闽所胜，大可怪也。"唐侯即唐询，时为福建路转运使；王、游二氏皆建溪壑源产白叶茶之园户。此亦贡新之前以斗试而品第高下之证。不过北苑之斗试，以蔡襄作《茶录》而传入宫廷，至徽宗朝，更于稀和贵中取其精和巧，因成一种极为精致的宫廷茶戏。

斗茶无他法，点茶而已。蔡襄《茶录·点茶》："茶少汤多，则云脚散；汤少茶多，则粥面聚（建人谓之云脚、粥面）。钞茶一钱匕，先注汤，调令极匀，又添注之，环回击拂。汤上盏，可四分则止，视其面色鲜白、著盏无水痕为绝佳。建安斗试以水痕先者为负，耐久者为胜，故较胜负之说，曰相去一水、两水。"是有云脚、无水痕，为斗茶之要，林希逸咏庐山新茗"云脚似浮庐瀑雪，水痕堪斗建溪春"❶，可为"云脚"、"水痕"之释。所谓"粥面"，如前所述，建人制茶饼，每在其中添加富含淀粉之物，点作茶汤，便略如粥之内凝，时人因常常把茶称作"茗粥"。如"橘柚耀金苞，枪旗资茗粥"❷；"更恨老年难得睡，因君茗粥恨无涯"❸；"不辞浓似粥，少待细于尘"❹，等等。梅尧臣《陈蹇叔郎中出闽漕别送新茶李圣俞郎中出手分似》"细泻谷帘珠颗露，打成寒食杏花饧"❺，则更为形象，苏轼诗"闽俗竞传夸，丰腴面如粥"❻，亦可与之同观。至于"一水、两水"，语出民间，源

---

❶ 《用珍字韵谢吴帅分惠乃弟山泉所寄庐山新茗一首》，《全宋诗》，册五九，页37250。希逸闽人，故以庐山茶比之建溪茗。

❷ 郏亶《太仓隆福寺创观音院以诗百韵寄妙观大师且呈乡中诸亲旧》，《全宋诗》，册一五，页9768。

❸ 晁说之《高二承宣以长句饷新茶辄次韵为谢》，《全宋诗》，册二一，页13815。

❹ 曾几《尝建茗二首》，《全宋诗》，册二九，页18541。

❺ 《全宋诗》，册四二，页26323。按此诗又见册三八陈仲谔名下，题作《送新茶李圣俞郎中》（页24214）。仲谔，即杨诗题中之陈蹇叔，此诗当属杨。

❻ 苏轼《寄周安孺茶》，《全宋诗》，册一四，页9328。

自建人的制茶工序 ❼，斗试之时，遂借来评定胜负之差。此语很是新奇，宋人咏茶诗词便总喜欢用来作茶故事。如王珪《和公仪饮茶》"云叠乱花争一水，凤团双影贡先春" ❽；曾巩《塞碐翁寄新茶二首》"贡时天上双龙去，斗处人间一水争" ❾；李处权《谢养源惠茶兼陪士特清啜》"灵芽动是连城价，妙手才争一水功" ❿；又苏轼《行香子·茶词》"斗赢一水，功敌千锺" ⓫。

徽宗时宫廷斗茶，实即比试点茶技巧，茶品佳好，水品亦然，自是前提。斗茶所较，仍是盏面乳花 ⓬，"咬盏"与否，便是斗茶的胜负规则。徽宗《宣和宫词》："上春精择建溪芽，携向芸窗力斗茶。点处未容分品格，捧瓯相近比琼花。" ⓭道士张继先《恒甫以新茶战胜因咏

---

❼ 宋赵汝励《北苑别录》"研茶"条："研茶之具，以柯为杵，以瓦为盆。分团酌水，亦皆有数，上而胜雪、白茶，以十六水，下而拣芽之水六，小龙凤四，大龙凤二，其馀皆以十二焉。自十二水以上，日研一团，自六水而下，日研三团至七团。"其后"纲次"条详列纲目，且一一标明水次、火次，如"细色第三纲"："白茶：水次，十六水，七宿火"，"御苑玉芽：小芽，十二水，八宿火"。等等。旧按引《建安志》云："水取其多，则研夫力胜而色白"（《丛书集成初编》本）。可知水次乃表明加工的程度，即水次多而工愈细，故特标明，以别品级。

❽《全宋诗》，册九，页 5982。"云叠乱花争一水"，句下自注："闽中斗茶争一水。"

❾《全宋诗》，册八，页 5600。

❿《全宋诗》，册三二，页 20422。

⓫《全宋词》，册一，页 302。

⓬ 至于盏面乳花的生成及持续时间之久暂，诸多相关因素，本有其科学道理。福建农业大学以蒸青不发酵茶为标本，分别从乳花形成及稳定、点茶之器出水口径大小与乳花量的关系、茶叶不同粉碎度对乳花盈盏的影响等项，作了研究与试验，大致归纳为以下几点：一、茶皂素的起泡作用；二、蛋白质的稳泡作用；三、能阻止液膜中茶汤流动的水溶性果胶；四、能增强液膜机械强度的高分子网状结构物质；五、能稳定乳花的憎水性固体粉末（按此条不确。点茶或斗茶，事先虽须将茶饼细研为末，但入盏之后则当加水调作膏状，因此入水点击之后，不可能再有"憎水性固体粉末"，且"聚集在汤花表面"）。此外的有关因素，尚有茶汤的浓度、水的硬度与水温以及点击的冲击力。池宗宪《浮花泛绿乱于盏——宋代斗茶汤色释疑（下）》，页 22～23，《历史文物》（台北）二○○二年第四期。

⓭《全宋诗》，册二六，页 17048。

歌之》："人言青白胜黄白，子有新芽赛旧芽。龙舌急收金鼎火，羽衣争认雪瓯花。蓬瀛高驾应须发，分武微芳不足夸。更重主公能事者，蔡君须入陆生家。"❶可见斗茶之一般。"捧瓯相近比琼花"，"羽衣争认雪瓯花"，以乳花较胜负也。斗茶且专有其品，北宋宋子安《东溪试茶录》"茶名"条："一曰白叶茶，民间大重，出于近岁，园焙时有之"，"芽叶如纸，民间以为茶瑞，取其第一者为斗茶，而气味殊薄，非食茶之比"。又建安黄儒《品茶要录》："茶之精绝者曰斗，曰亚斗"，"茶芽，斗品虽最上，园户或止一株，盖天材间有特异，非能皆然也"；"其造，一火曰斗，二火曰亚斗，不过十数铐而已。"所产既少，品又极珍，自然名重价高。梅尧臣《王仲仪寄斗茶》"白乳叶家春，铢两值钱万"❷，并非夸饰之辞。叶家，建溪壑源茶户，斗茶出其园中也，曾巩《方推官寄新茶》"壑源诸叶品尤新"❸，亦此。

斗茶既如此名贵，其时便又常以之作为极品茶的别称，斗茶已经衰歇的时候，尤其如此。陆游《晨雨》"青蒻云腴开斗茗，翠罂玉液取寒泉"❹；范成大《题张氏新亭》"烦将炼火炊香饭，更引长泉煮斗茶"❺，是其例。

斗茶的风习，始于宋初，徽宗朝为盛，南渡以后，即已衰歇，此与建窑烧制御用兔毫盏的时间也大致相当❻，因此它范围其实很小，

❶《全宋诗》，册二〇，页13519。诗之"羽衣"，指道士。

❷《全宋诗》，册五，页2905。

❸《全宋诗》，册八，页5599。

❹《全宋诗》，册三九，页24349。

❺《全宋诗》，册四一，页25777。又南宋袁说友《斗茶》："截玉夸私斗，烹泉测嫩汤。稍堪肤寸舌，一洗苋藜肠。千枕消魔障，春芽敌剑铓。年年较新品，身老玉瓯尝。"（册四八，页29914）所咏亦为茶，"私斗"，应指建安外焙所产之斗茶。说友，建安人。

❻顾文璧《建窑"供御"、"进盏"的年代问题》，《南京博物院集刊》第六集（一九八三年）。

26·1　**鹧鸪斑盏**　陕西蓝田北宋吕氏
家族墓地吕省山墓出土

26·2　**油滴盏**　陕西蓝田北宋吕氏
家族墓地吕义山墓出土

时间也不很长，且士人鲜以此相尚。明人王世贞云"斗茶中贵好"**❼**，正是见得明白。斗茶盛日，诗人于此本多有微辞。苏轼《荔枝叹》是其著例**❽**。又吴则礼《同李汉臣赋陈道人茶匕诗》"即今世上称绝伦，只数钱塘陈道人。宣和日试龙焙香，独以胜韵媚君王"**❾**；晁冲之《陆元钧（宰）寄日注茶》"君家季疵真祸首，毁论徒劳世仍重。争新斗试夸击拂，风俗移人可深痛"**❿**，等等，虽非专为斗茶而发，却亦有激于当时。晁诗拉来陆羽，只是要借《毁茶论》的题目，"风俗移人可深痛"，则痛切之辞也。

　　此外，茶具的使用和爱赏，也可以提供重要的佐证。两宋茶盏，"兔毫"、"鹧鸪"、"油滴"（图26·1、2），自是精者，且为斗茶所必须，但与之并行的青瓷、白瓷、青白瓷盏，其精好并不在黑釉盏之下，付

---

❼《弇州四部稿》卷二十九《再从诸公饮陈常侍别墅》。

❽ 其诗有云："君不见武夷溪边粟粒芽，前丁后蔡相笼加。（自注：大小龙茶始于丁晋公，而成于蔡君谟。欧阳永叔闻君谟进小龙团，惊叹曰：君谟士人也，何至作此事！）争新买宠各出意，今年斗品充官茶。吾君所乏岂此物，致养口体何陋耶。"《全宋诗》，册一四，页9516。按永叔之叹中的"士人"二字，尤当重读。

❾《全宋诗》，册二一，页14295。

❿《全宋诗》，册二一，页13868。

27　龙泉窑青瓷盏　四川遂宁金鱼村南宋窖藏

诸吟咏者，数量也多。刘挚《煎茶》"双龙碾圆饼，一枪磨新芽。石
鼎沸蟹眼，玉瓯泛乳花"❶；谢逸《武陵春·茶》"捧碗纤纤春笋瘦，
乳雾泛冰瓷"❷；王庭珪《好事近·茶》"黄金碾入碧花瓯，瓯翻素涛
色"❸，俱为北宋诗人眼中的青瓷盏。《茶经》卷中"四之器"称越瓷
类玉、类冰；徐夤《贡馀秘色茶盏》句有"巧剜明月染春水，轻旋薄
冰盛绿云"❹，青瓷盏在宋人笔下因总有冰玉之美称。玉瓯乳花，乳雾
冰瓷，花瓯素涛，便都是可以唤起诗情的茶事之清韵。今天能够见到
的实物，也果然如同诗人之赞〔图27〕。活跃于茶事中的更有定窑花瓷盏。
北宋诗僧释德洪《郭祐之太尉试新龙团索诗》："政和官焙雨前贡，苍
璧密云盘小凤"，"我有僧中富贵缘，此会风流真法供。定花磁盂何足
道，分尝但欠纤纤捧"❺，这里说的"定花磁盂"，则是定窑白瓷盏。
他的另一首诗《孜迁善石菖蒲》，句有"戏将红玉旋螺石，共置雪色

❶《全宋诗》，册一二，页 7922。

❷《全宋词》，册二，页 648。

❸《全宋词》，册二，页 823。

❹《全五代诗》，页 1656。

❺《全宋诗》，册二三，页 15102。

28　定窑"官"字款盏托
　　　河北定州静志寺塔地宫出土

29　银釦定窑斗笠盏
　　　江苏江阴夏港北宋墓出土

花磁瓯"❻，是所谓"花"，乃指暗花。花瓷如雪，是宋金时期人们对
定窑产品习用的评价。金刘祁《归潜志》卷八记其父某日与诸公会
饮，"坐中有定磁酒瓯，因为联句，先子首唱曰：'定州花磁瓯，颜
色天下白'，诸公称之"，也是一例。河北定州静志寺塔基出土定窑
"官"字款盏托 (图28)。江苏江阴夏港约当北宋末年的一座墓葬出土银
釦定窑白瓷盏一件，盏内壁满饰双凤穿花，盏心桃花一朵❼(图29)。同
出尚有三件漆盏托和一对高六点五、口径六点七厘米的漆盖罐。此罐

❻《全宋诗》，册二三，页15088。
❼ 高振卫等《江苏江阴夏港宋墓清理简报》，页62，《文物》二〇〇一年第六期。《简报》推
　测墓主人很可能属于江阴望族葛氏家族。

应即用作盛放茶饼。苏轼《寄周安孺茶》"髹筒净无染，箬笼匀且复"❶，可证。前引日本京都大德寺藏《五百罗汉图·吃茶》之幅，桌角上放着一个打开盖子的黑漆盖罐，即是此物。出自夏港宋墓的这一组茶具并无黑盏，或许是偶然，但至少可以说明，无论黑茶盏还是白茶盏，北宋时期均为人所钟爱，因特用作随葬。

景德镇青白瓷亦即后世称作影青的茶盏，也为宋人喜爱。北宋彭汝砺《答赵温甫见谢茶瓯韵》："我昔曾涉昌江滨，故人指我观陶钧。庞眉老匠矜捷手，为我百转雕舆轮。镌剗刻画走风雨，须臾万态增鲜新。盘龙飞凤满日月，细花密叶生瑶珉。轻浮儿女爱奇崛，舟浮辇运倾金银。我盂不野亦不文，浑然美璞含天真。光沉未入世人爱，德洁诚为天下珍。揭来东江欲学古，喜听英杰参吾伦。谨持清白与子共，敢因泥土邀仁恩。空言见复非所欲，再拜谢子之殷勤。"❷昌江，乃流贯浮梁之水，诗人"观陶钧"处，便是景德镇。彭氏则饶州鄱阳人，家乡风物，自然描写真切，以青白谐清白，取意也雅。上海博物馆藏一件北宋影青莲花纹盏，敞口，小圈足，胎薄质润，釉色青中透白，碗心以流畅的刻花装饰莲叶与盛开的莲花[图30]。诗人所谓"镌剗刻画走风雨，须臾万态增鲜新"，"细花密叶生瑶珉"，"浑然美璞含天真"，恰似为实物写真。

景德镇青白釉茶盏，北宋已很流行，彭诗"舟浮辇运倾金银"，当为实录。李廌《杨元忠和叶秘校腊茶诗相率借赋》"须藉水帘泉胜乳，也容双井白过磁"，其下自注："江南双井用鄱阳白薄盏点鲜为上。"❸双井，茶也，出洪州双井，亦两宋名品。取白薄盏，点双井茶，两粹相映，可谓双美，而这里所说，正是北宋情景。景德镇湖田窑遗址出

---

❶《苏轼诗集》，册四，页1164。

❷《全宋诗》，册一六，页10451。

❸《全宋诗》，册二〇，页13628。

31　景德镇窑青白釉托盏一副
镇江南郊水泥制杆厂北宋墓出土

30　影青莲花纹盏　上海博物馆藏

土过印有"茶"字的青白釉碗 ❹，镇江市南郊水泥制杆厂北宋墓出土
景德镇青白釉托盏一副，盏镶银釦（图31）。合肥北宋马绍庭夫妻合葬墓
出土一件青白釉斗笠盏，盏壁薄如纸，积釉处青翠如玉，盏心釉下刻
缠枝团花，圈足底部则墨书一"甘"字 ❺。同墓所出又有兔毫盏、鎏
金铜盏托、鎏金铜渣斗，又锡盒一对。锡盒大小与前举夏港宋墓所出
漆盖罐相仿。周辉《清波杂志》卷四"茶器"条云："茶宜锡"，"若
以锡为合，适用而不侈"。可知锡盒也是用作储茶。这一组用作随葬
的茶具，黑、白盏共存，与前举夏港宋墓之例同看，可知即便北宋，

❹ 刘新园等《景德镇湖田窑考察纪要》，页 43，《文物》一九八〇年第十一期。

❺ 合肥市文物管理处《合肥北宋马绍庭夫妻合葬墓》，页 29，图五：5，《文物》一九九一年
　第三期。宋人言茶，每以"甘滑"为形容，如蔡襄《即惠山煮茶》"鲜香箸下云，甘滑杯
　中露"（《全宋诗》，册七，页 4767）；郭祥正《招孜祐二长老尝茶》"石泉助甘滑"（《全
　宋诗》，册一三，页 8922）；黄裳《谢人惠茶器并茶》"每思北苑甘与滑"（《全宋诗》，
　册一六，11019），等等。此墓所出青白釉斗笠盏下书一"甘"字，大约也有这样的含义。
　当然此"甘"字还可以有其他的解释。

32·1 银釦黑釉天目盏
江西婺源石田村汪赓妻程宝睦墓出土

32·2 银釦青白瓷斗笠盏
江西婺源石田村汪赓妻程宝睦墓出土

茶事中也并不是黑盏独尊。南宋就更是如此。江西婺源石田村汪赓妻程宝睦墓出土茶盏中有银釦黑釉天目盏，也有银釦青白瓷斗笠盏（图32·1、2），墓葬年代为嘉定四年。

　　顺便不妨稍稍提及金银茶盏的使用，虽然实例不多，却有比较特殊的一件，即与前举银铫同出的四川德阳孝泉镇清真寺窖藏中的"凤穴"银盏。银盏内壁满饰錾刻精细的穿花凤凰一对，内底心打出錾了水波纹的一个浅凹，水波中间一个小小的牌记，上有"凤穴"二字（图33）。"凤穴"固有杜诗之典，即所谓"一毛生凤穴"，与此同时又不免教人想到宋代北苑御用珍品中的"凤团"，那么这里的设计意匠，大约即在于暗喻点珍稀之凤团必要如此考究的茶盏才是佳配，或者反过来说，茶盏之秀逸，原是为了"引凤"，以使茶器与茶臻于双美。而内蒙古巴彦淖尔市临河区高油房西夏城址出土金盏托一副，茶盏内壁錾折枝蜀葵、折枝牡丹和一把莲，内底心双钩的圆框内錾刻团凤，或者竟也是相似的设计构思（图34·1、2）。点茶舍瓷盏而代之以金银之器，固未必适宜，却不妨以此来彰显粹美与珍重。以当日流行的团凤纹妆点茶盏，适与"凤团"暗合，自又别添意趣。

作为斗茶之要的建溪官焙，斗茶盛日不必说多成贡品，此后也大抵如是，除朝廷分赐大臣及得赐者持以分赠友朋之外，并不是寻常可

34·1　金茶盏　内蒙古巴彦淖尔市
临河区高油房西夏城址出土

33　"凤穴"银盏
四川德阳孝泉镇清真寺宋代窖藏

34·2　金盏托　内蒙古巴彦淖尔市临
河区高油房西夏城址出土

得。而传统的草茶，如顾渚、日注、双井、蒙顶等，本来为世人所爱，顾渚、日注且久在岁贡❶。日注等草茶亦以白为上❷，并且饮茶也重乳花，如前所述，唐代已是如此，如崔珏《美人尝茶行》"银瓶贮泉水一掬，松雨声来乳花熟"❸，等等。宋人所咏则更多，梅尧臣谢人遗双井茶及茶具句云"鹰爪断之中有光，碾成雪色浮乳花"❹；苏辙《宋城宰韩秉文惠日铸茶》"磨转春雷飞白雪，瓯倾锡水散凝酥"❺；孔平仲《送郭明叔任分宁》"梅山晚翠屏当户，茶井春芽雪满瓯"❻，后者之春芽，指双井，分宁所出也❼。杨万里谢人惠茶云"瓷瓶蜡纸印丹砂，日铸春风出使家"，"松梢鼓吹汤翻鼎，瓯面云烟乳作花"❽；又《以六一泉煮双井茶》，句云"鹰爪新茶蟹眼汤，松风鸣雪兔毫霜"❾，末一例亦如陆游《闲中》之句"活眼砚凹宜墨色，长毫瓯小聚茶香"❿，是南宋时期兔毫、鹧鸪等黑茶盏的使用，实与白茶盏相同，而与斗茶并没有必然的联系。

附带论及今人讲斗茶而征引最多的《斗茶记》。文不很长，不妨照录如下：

---

❶ 陆游《过武连县北柳池安国院煮泉试日铸顾渚茶院有二泉皆甘寒传云唐僖宗幸蜀在道不豫至此饮泉而愈赐国灵泉云三首》之三句下自注："日铸贮以小瓶，蜡纸丹印封之，顾渚贮以红蓝缣囊，皆有岁贡。"《全宋诗》，册三九，页 24315。

❷ 叶适《寄黄文叔谢送真日铸》诗自注云"日铸世以香为贵，亦尚白"，《全宋诗》，册五〇，页 31209。

❸《全唐诗》，册一八，页 6857。

❹《晏成绩太祝遗双井茶五品茶具四枚近诗六十篇因以为谢》，《全宋诗》，册五，页 3153。

❺《全宋诗》，册一五，页 9935。按《方舆胜览》卷六《浙东路绍兴府》：日铸茶，在会稽东南五十里有日铸岭，其地产茶。欧阳公尝曰：两浙产茶，日铸第一。

❻《全宋诗》，册一六，页 10894。

❼《方舆胜览》卷十九《江西路隆兴府》：双井，在分宁县西二十里。黄山谷所居之南溪有二井，土人汲以造茶，为草茶之第一。

❽《谢岳大用提举郎中寄茶果药物三首》，《全宋诗》，册四二，页 26340。

❾ 同上，页 26339。

❿《全宋诗》，册四〇，页 24877。

"政和二年三月壬戌，二三君子相与斗茶于寄傲斋。予为取龙塘水烹之，而第其品。以某为上，某次之，某闽人其所赍，宜尤高，而又次之。然大较皆精绝。盖尝以为天下 之物有宜得而不得，不宜得而得之者。富贵有力之人或有所不能致，而贫贱穷厄流离迁徙之中或偶然获焉。所谓'尺有所短，寸有所长'，良不虚也。唐相李卫公好饮惠山泉，置驿传送，不远数千里，而近世欧阳少师作《龙茶录序》，称嘉祐七年亲享明堂，致斋之夕，始以小团分赐二府，人给一饼，不敢碾试，至今藏之。时熙宁元年也。吾闻茶不问团铤，要之贵新；水不问江井，要之贵活。千里致水，真伪固不可知，就令识真，已非活水。自嘉祐七年壬寅至熙宁元年戊申，首尾七年，更阅三朝，而赐茶犹在，此岂复有茶也哉。今吾提瓶走龙塘无数十步，此水宜茶，昔人以为不减清远峡。而海道趋建安不数日可至，故每岁新茶不过三月至矣。罪戾之馀，上宽不诛，得与诸公从容谈笑于此，汲泉煮茗，取一时之适，虽在田野，孰与烹数千里之泉，浇七年之赐茗也哉。此非吾君之力欤。夫耕凿食息，终日蒙福而不知为之者，直愚民耳，岂吾辈谓耶。是宜有所纪述，以无忘在上者之泽云。"

此是唐庚贬谪惠州时作，见《眉山文集》卷二。同卷有《寄傲斋记》，云："吾谪居惠州，扫一室于所居之南，号寄傲斋。""寄傲"，原从陶渊明《归去来分辞》取意。此文却是借茶事以浇胸中块垒。其时斗茶本有专指，品茶，则鲜以"斗茶"为称。《斗茶记》，品茶也，"斗茶"二字却是特地借来，意在非之。因此它并不是斗茶之别派，而是为天下士人饮茶说法，所谓"为世外淡泊之好，以此高韵辅精理者"**❶**也，正如同陆羽《茶经》中的"九之略"。

❶ 苏轼《书黄道辅〈品茶要录〉后》，《苏轼文集》，册五，页2067，中华书局一九八六年。语本论黄著，但移之以评《斗茶记》，也很恰当。

如前所述，对饮茶清雅之韵的追求，陆羽已开其端，两宋则蔚成茶诗中的胜境。"潋潋药泉来石窦，霏霏茶蔼出松梢"，"阁掩茶烟晚，廊回雪溜清" **❶**，林和靖的清辞丽句始终润泽着茶诗中的一脉清气。"置邮纵可走千里，不如一掬清且鲜。人生适意在所便，物各有产尽随天" **❷**，《斗茶记》的同调在两宋茶诗中不胜枚举。若谓茶诗与茶事中特有诗人之境，则"淡如秋水净，浓比夏云奇" **❸**，适可移来为之品题。此一时代酿就的气韵与风致，绵延至明更成大观，饮茶方式改变，而士人所爱的茶之清韵依然。至于宫廷斗茶，虽然曾有着无所不在的精微妙致，然而相去饮茶的秋水夏云之韵，却何止"一水、两水"。衰歇既速，它便只是成为茶故事，而终于与茶无关了。

三　关于茶角：兼及宋代邮递二三事

宋初隐逸诗人林逋有《夏日寺居和酬叶次公》一首，诗云："午日猛如焚，清凉爱寺轩。鹤毛横藓阵，蚁穴入莎根。社信题茶角，楼衣笕酒痕。中餐不劳问，笋菊净盘尊。"又南宋徐照《谢徐玑惠茶》："建山惟上赏，采撷极艰辛。不拟分奇品，遥将寄野人。角开秋月满，香入井泉新。静室无来客，碑黏陆羽真。" **❹** 徐诗说到的茶是建茶，出建州北苑，自北宋太平兴国二年起为御茶园，官焙所出，专为供御，

❶《湖山小隐二首》，《全宋诗》，册二，页 1208；《寄思齐上人》，页 1201。

❷ 蒲寿宬《登北山真武观试泉》，《全宋诗》，册六八，页 42761。

❸ 王谌《题诗僧亚愚眉白集》，《全宋诗》，册六二，页 38812。

❹《全宋诗》，册五〇，页 31361。

即诗之所谓"上赏"。"角开秋月满",乃从五代齐己《咏茶十二韵》"角开香满室"化出。林诗的"社信题茶角",或注云:"茶角,茶帖子。即封装茶饼之纸帖。"❺而《汉语大词典》"角"条义项之一云:"贮茶器。"书证即引齐己诗与林逋诗。然则所谓"贮茶器"因何呼之为"角",并且名称里又包含了怎样的意义呢,此中牵扯的头绪似乎不止一端。

角之古义有很多,唐宋时代,角又有捆束、包裹之义,蒋礼鸿《敦煌变文字义通释》"角束"条,又艾俊川《水饺与茶角》一文对它在这一意义上的使用均考校甚详❻,艾文并指出"角的包裹之义通行了很长时间,也形成很多词汇","茶角"便是其中之一。"角开秋月满"之"角",则茶角也。

"角"也是宋代邮递制度中最为常见的用语,即"递角"之"角"。《夷坚乙志》卷十四"赵清宪"条:"赵清宪丞相(挺之)侍父官北京时,病利,逾月而死,沐浴更衣,将就木,忽有京师递角至,发之,无文书,但得侯家利药一帖,以为神助,即扶口灌之,少顷复苏。遽遣人入京,扣奏邸吏,盖其家一子苦泄利,买药欲服,误以入邮筒中也。"此"北京",指大名府。"利",痢疾。前曰"递角",后曰"邮筒",在这里递角与邮筒是通用的。刘挚《九日病起寄文莹》"春城别去已秋穷,犹喜音书继递筒"❼;韩驹《送子飞弟归荆南》"一年两附书,皮筒到家少"❽,诗之"递筒"、"皮筒",均是递角。吕陶《净德集》卷五《乞别给致仕状》中说到,"缘都进奏院自正月二十八日以后至

❺ 沈幼征校注《林和靖诗集》,页 28,浙江古籍出版社一九八六年。
❻ 《敦煌变文字义通释》(第四次增订本),页 278～280,上海古籍出版社一九八八年;《南方都市报》,二〇一四年三月十八日。
❼ 《全宋诗》,册一二,页 7986。
❽ 《全宋诗》,册二五,页 16586。

二月二十五日发来马递皮角计十七件，并已先次到州，惟是臣致仕敕牒未到。臣屡差人自本州以去至凤翔府沿路根究，前件今正月二十七日达字号递角委是未见"，想必它是"在路沉失"，因请别给一件。这里的皮角与递角，也是同义。又李纲《梁谿集》卷一一八《与秦相公第九书别副》"昨日因金字牌递角回于申省状，皮筒内尝附手简"，此则递角与皮筒为一物之证。所谓"金字牌递角"，乃是加急紧要文书。李心传《建炎以来朝野杂记·乙集》卷九"金字牌"条："近岁邮置之最速者，莫若金字牌递，凡赦书及军机要务则用之，仍自内侍省遣拨，自行在至成都率十八日而至，盖日行四百馀里。"即此。

递筒或曰邮筒，多用筒来封装。筒有皮筒，也有竹筒、漆木筒❶。筒表则有系，又有封头❷。此外，封装邮件所用尚有木匣。《宋会要·方域一一》，淳熙八年七月四日，刑部侍郎贾逵言："乞自今刑寺驳勘取会狱案文字，令进奏院置绿匣，排列字号、月日、地里，当官发放，所至铺分即时抽摘单传，承受官司亦令遵依条限，具所会并施行，因依实书到发日时，用元发匣回报。"❸而邮筒其实也常常作为邮件的一个通称。《墨客挥犀》卷八："杜德，俗呼为杜麻胡，送铺中卒也。附邮筒物至重者，他卒莫当之，德即荷而去，曾不倦怠。"此"邮筒"，应即泛指邮件，故有分量极重者，杜德力大，任劳，因每每可以"荷而去"。

---

❶《宋会要·方域一一》载绍兴六年吕祉言，"沿路斥堠铺递角壅并，皮筒、竹筒并封角文字，每番多至三五十件，少者亦不下十数件"。徐松《宋会要辑稿》，册八，页7503，中华书局一九五七年。

❷《宋会要·方域一〇》载，入递的"应字号奏状一筒"，"递角撮系松慢，封头磨擦破损"。同上，页7499。

❸《宋会要辑稿》，册八，页7514。又《宋文鉴》卷七十一载陈瓘《台州羁管谢表》："政和元年六月五日，准通州牒，编修政典局牒：奉旨取索臣所撰《尊尧集》，请速为检取，封角付差去人。""今匣内黄帕文字等，并题作臣瓘谨封，伏望本局特为进入，于御前开拆。"这一种封角的木匣便也可以称作递角。

36·1　通封

36·2　通

35　实封朱记

公文的传递，有实封与通封之别，亦即机密与非机密之别❹。通封在封皮上贴以内件的提要，实封则依常式封缄之外，尚须更用纸折角重封，然后在封皮上写明内件的编号，而不揭明内容❺，前引吕陶《状》，所谓"达字号递角"，即此。存世有宋代的"实封朱记"印，尺寸比通常的印信大了很多❻（图35）。又"通封"印以及省略为"通"者也有不少遗存，与"实封"印不同，此均为反书❼（图36·1、2）。实封

❹《宋会要·职官二》，英宗治平三年李柬之等上言，曰"有外处臣僚言时政得失利害者，往往只作通封，致有传布于外，缘素无明白约束。乞今后中外臣僚投进文字，但干机密及言时政得失利害并体量官员等事，并须遍捺，用全张小纸斜侧折角实封"。《宋会要辑稿》，册三，页2385。按《汉语大词典》"通封"条释义曰"严密封缄"，不确。

❺《宋会要·方域一一》载乾道九年十月十九日枢密言："诸路州军应申奏朝廷机密切要文字，其文引内既有排定字号，又于文引内开说事目入递，致承受开拆之处多传播漏露，深属不便。"因有诏"兵部遍牒诸路州军，将申奏人递密要切文字并实封于皮筒内，外及文引止排字号，不得显露事目。如有违戾，取旨重作施行"。《宋会要辑稿》，册八，页7513。

❻孙慰祖《唐宋元私印押记集存》，页163，上海书店出版社二〇〇一年。

❼《唐宋元私印押记集存》，页162。按"通"字著录者原未曾识认，因疑它是"通"字，遂驰书求教于曹锦炎先生，承答复如下：页162所录印文，"通封"五，"通"一，"从宋代流行之九叠篆构形上看，均无甚问题。因宋人篆书（尤其是九叠篆印文）省简甚多，不合六书者亦多，反而难识也。'通'字的'辶'已简化，'甬'只是上部增添了'回'（饰笔）。此种印文奇怪的是均为反书。而另一方面一般印文的字序均为自右而左，反之很少，'通封'印却均是自左而右，但若将印文面反之作正书，则字序和其他就一致了"。

在传递过程中不允许拆阅，因不免有人希求快速与妥帖而把常程文字乃至私书也作成实封的形式，军书丛集之际，在用于递送探报文字的斥堠便造成积压，以致当朝要为此发布禁令❶。

前引刘挚诗"犹喜音书继递筒"，韩驹诗"一年两附书，皮筒到家少"，诗中说到的"书"，均是私书，臣僚家书，宋初特有诏允许附递。《宋会要·职官二》：太宗雍熙二年十月，有诏："自今的亲实封家书，许令附递，自余亲识只令通封附去"❷。又王栐《燕翼诒谋录》卷五记宋仁宗时事云："景祐三年五月，诏中外臣僚许以家书附递。明告中外，下进奏院依应施行。盖臣子远宦，熟（孰）无坟墓宗族亲戚之念，其能专人驰书，必达官贵人而后可。此制一颁，则小官下位受赐者多。今所在士大夫私书多入递者，循旧制也。"所谓家书以及私书的"入递"，此递，均指官递。

私书属常行文字之类，而也有重封之式，即封皮之上再另外加封。私书的封皮也有标志，存世宋代印章中多有此类，其中以"谨封"最为常见，而它在当时正属于通用的一种❸〔图37·1～3〕。他如"平安家书"、"平安家信"〔图38·1、2〕，"望风怀想"、"千里共明月"、"鱼雁往来"、"云

---

❶《宋会要·方域一〇》载宣和二年梁忻奏云，自京至淮南往来递角，"急脚递所传文字名色冗并，角数浩瀚，铺兵唯知承送，难为区别"，"兼实封文字不能窥测，积习滋久，寝以成弊，究其本源，往往多是因公及私，欲其速达，更不契勘条令即入急递前去"。《宋会要辑稿》，册八，页7491。又前引建炎六年吕祉言递角在斥堠积压之状，下并云"日数既多，类皆积压，作一番传送。盖缘诸处申发文字利于速到，往往将常行文字或书问之类入斥堠"，因"乞朝廷详酌，除探报文字许入斥堠，外处并常行不系探报文字不得入斥堠"。同上，页7503。

❷《宋会要辑稿》，册三，页2393。

❸ 见司马光《书仪》。两宋书启格式元代也多沿用，"谨封"式，亦见（德山毛利家藏）《新编事文类要启札青钱·前集》卷八"启剳封皮诸式"，古典研究会一九六三年（影印本）。按此为元泰定元年刊本。相应的实例见李逸友《黑城出土文书》，图版三一：2，科学出版社一九九一年。

37 · 1　谨封

37 · 2　顿首谨封

37 · 3　常宅谨封

38 · 1　平安家书

38 · 2　平安家信

39 · 1　鱼雁往来

39 · 2　云间千里雁，足下一行书

39 · 3　鸿雁归时好寄书

39 · 4　中有尺素

间千里雁，足下一行书"、"鸿雁归时好寄书"、"中有尺素"（图39·1～4），
等等。梅尧臣"丹砂篆印发题封"❹，陆游"庭中下乾鹊，门外传远书。
小印红屈蟠，两端黄蜡涂"❺，都是对书信形式的描绘。家书中，所谓"小

❹《依韵和睢阳杜相公答蔡君谟新体飞草书》，《全宋诗》，册五，页 3086。
❺《寄酬曾学士学宛陵先生体比得书云所寓广教僧舍有陆子泉每对之辄奉怀》，《全宋诗》，
　　册三九，页 24253。

40　信物同至

41·1
徐铉《私诚帖》
局部

41·2
苏轼《覆盆子帖》
局部

印"似以"平安家书"为常用。司马光《书仪》卷一"上祖父母父母"题下列书札范文，又封皮文字格式，又重封文字格式。其重封格式为："平安家书附上，某州某县某官。"下并注云："凡人得家书，喜惧相半，故平安字不可缺，使见之则喜。后家书重封准此。"后，即指此项以下条列的各式家书。

公文与私书之外，递角也包括物的传递。而遣书馈物，便是唐宋时期习称之"书信"。皮日休《鲁望以轮钩相示缅怀高致因作三篇》，其二云"明朝有物充君信，櫂酒三瓶寄夜航"❶；宋黄伯思《东观馀论·法帖刊误上》"帝王书"条曰：魏晋南北朝以还，所谓"信"者，皆谓使人也，"今之流俗遂以遣书馈物为信，故谓之书信"❷。传近年宜兴郊区南宋墓出土的一组木印，中有"信物同至"一枚（图40）。徐铉与人书云："今有信物并书都作一角封讫，全托新都监何舍人附去转拜托稳便者。"苏轼与人书云："季常先生一书并信物一小角请送达。"（图41·1，2）此两例均是转托便人递送，

---

❶《全唐诗》册一八，页7080。

❷《宋本东观馀论》，页32，中华书局一九八八年影印本。

178

一離日久思憶尤深耐爍水以阻隔
期空深瞻慕之至季夏極熱〻〻
尊體起居萬福即日二娘子蒙恩
小審別後
尊體何似伏惟順時倍加
保重思情祝望二娘子自離彼處至今年
閏三月七日平善与
天使司空一行到東京目下並得安樂不用憂
心今則等菡炎毒更望
阿孃彼中骨肉各得將息懃為茶飯好
將息莫憂二娘子在此今寄紅錦一角子是團
錦与阿妹充信素紫羅裹肚一條亦与阿姊白綾
半疋与阿孃充信比欲剩寄物色恐為不達未
敢寄附莫怪微少今因行次謹奉狀
起居不備女二娘子狀 拜上
阿孃 六月廿日
通問來厥家珠奴甥計得安樂今寄團巢紅
錦兩角小鏡子一个与外甥權取充信

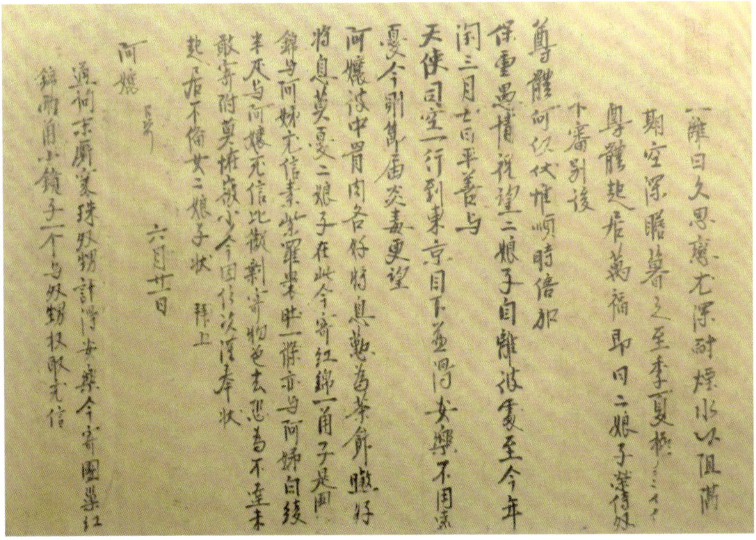

42 二娘子家书 安徽博物院藏

而非交付官递，但作为一般往来的“书信”，二者封缄形式当无不同。另有一例叙述得更为明白，宋王巩《随手杂录》云，苏轼在杭时，“一日中使至，既行，送之望湖楼上”，待诸人散去，中使乃密语子瞻曰：“某出京师，辞官家，官家曰：‘辞了娘娘了来。’某辞太后殿，复到官家处，引某至一柜子旁，出此一角，密语曰：‘赐与苏轼，不得令人知。’”中使“遂出所赐，乃茶一斤，封题皆御笔”[3]。

遣书馈物，即所谓“书信”以角为称，并非始自宋代。安徽省博物馆藏一件唐懿宗咸通七年的“二娘子家书”，书中说道：“今寄红锦一角子，是团锦，与阿姊充信。”又附言云：“今寄团巢（窠）红锦两角，小镜子一个，与外甥权取充信。”[4]（图42）前引五代齐己《咏茶十二韵》“角

❸《说郛》宛委山堂本弓五十。

❹ 此原系清末翰林许承尧从敦煌唐人写经裙纸上揭下。《艺苑掇英》第五十六期，页30，上海人民美术出版社一九九六年。

开香满室"，此角也是来自邮递，因为前面先已说道"封题从泽国"。

检点两宋诗词以及各类官私文书，可以发现当时人际交往中互相馈赠的诸般物品，以茶为最。至为名贵者，自然是北苑龙凤团茶，此外则顾渚、日注、双井、蒙顶，等等。茶的馈赠虽很经常，但却并不平常，此间传递的感情多很郑重，因此也常常是一种特别的温暖。而赠与者和接受者以及二者之间往往有着地位、遭际、环境等等的不同，这里自然多存故事。同为永嘉四灵的徐玑有《赠徐照》一首，句云"诗情都为饮茶多"，似乎也可以用来普赠宋人。

且举与茶角有关的例子。叶梦得《石林燕语》卷八："熙宁中，贾青为福建转运使，又取小团之精者为'密云龙'，以二十饼为斤而双袋，谓之'双角团茶'。大小团皆用绯，通以为赐也。'密云龙'独用黄，盖专以奉玉食。"此节记事显示出"袋"与"角"是同义词，即二十饼为一斤的密云龙，十饼一袋成一双，而冠以"双角"之名，那么是意在显示其中的递送过程。

如前所说，递角或皮筒，或竹筒，或木筒，又或漆木匣，形制与大小均无一定，茶在付邮时也每分作几裹，如此，所谓"茶一角"，其数量并不确定。苏轼《与佛印禅师》："赐茶五角，聊以将意。"❶《答宝月大师》："黄州无一物可充信，建茶一角子，勿讶尘浼。"❷黄庭坚与人书云："双井一角，漫将远意。"❸又："茶三角漫送，可便碾，犹得新味。"❹宋金通好之际，茶是很重要的一项礼品，而也常常以角为单位。金人辑录的宋金往来国书中宋人的礼单载有"兴国茶场拣芽小

---

❶《东坡全集》卷八十三。

❷《东坡全集》卷八十一。

❸《山谷集·山谷简尺》卷上。

❹《山谷集·山谷简尺》卷下。

龙团一大角",又"建国鼓源夸茶二千夸(共二百角,每角十夸)"❺。小龙团乃团茶,夸茶即铐茶。夸茶形方而小,北宋晁冲之《简江子之求茶》"政和密云不作团,小夸寸许苍龙蟠"❻,所云即此。礼单之前项未言"大角"中究竟实以小龙团多少饼,后者则明确记载了每一角的数量。稍微详细一点的又有《新编居家必用事类全集·己集》"诸品茶"条:拣茶"以四十饼为角,小龙凤以二十饼为角,大龙凤以八饼为角,每角圈以箬叶,束以红缕(缕),包以红纸,缄以旧绫,惟拣芽俱以黄焉"。这里说到龙凤团茶的缄封方法,多见于宋人诗作。所谓"玉斧裁云片,形如阿井胶。春谿斗新色,寒箨见重包"❼;"虬臂左回分绝格,蒻衣十袭护新香"❽;"舣舟初出建溪春,红笺品题苞蒻叶"❾,又毛滂《谢人分寄密云大小团》"黄绫袋子天上来,本是闽山早春色"❿,等等,可知所咏均为封装建茶的茶角。

再看开篇所引林逋诗"社信题茶角,楼衣笀酒痕"。"题",封题也,"红笺品题"也,"茶角"二字引出的是友情的传递,"社信"则标明时间,那么该是友人寄来春茶,而封题犹在,而可慰幽怀也。"酒痕"句见孤清,"茶角"句则孤清而不孤独也,正如其《深居六首》之二的"花月病怀看酒谱,云萝幽信寄茶经"。

总之,宋代邮递制度中的"角"简单说就是一封邮件,不过以它形式的多样以及包含的丰富内容而引出各种故事,比如为文人所艳称

❺ 金少英等《大金吊伐录校补》,页156,中华书局二〇〇一年。

❻ 《全宋诗》,册二一,页13877。

❼ 梅尧臣《刘成伯遗建州小片的乳茶十枚因以为答》,《全宋诗》,册五,页2815。

❽ 李昭玘《子常生日无以为寿偶得团茶一饼因书拙诗一首藕之以献》,《全宋诗》,册二二,页14642。按"虬臂"云云,指茶,虬龙是团茶上面的图案,沈辽《德相惠新茶复次前韵奉谢》"其上为虬龙,蜿蜒奋鳞鬣"(《全宋诗》,册一二,页8304),亦此。

❾ 葛胜仲《试建溪新茶次元述韵》,《全宋诗》,册二四,页15622。

❿ 《全宋诗》,册二一,页14096。

的"诗筒",也是由此而来。所谓"裹角笺花密,封题篆字斜"❶,相互递送作为宋代茶事之一而特别予人一个寄顿诗思、寄寓亲情和友情的创作空间,则茶角虽细务,却因此而有包容也。

〔一、二两节初刊于《文学遗产》二○○三年第二期,题作《两宋茶诗与茶事》;第三节初刊于《中国典籍与文化》第四期(二○○六年)〕

名 物 研 究 十 二 题

---

❶ 苏轼《送茶》。按此诗《全宋诗》失收,见李更等《分门类纂唐宋时贤千家诗选校正》卷八,人民文学出版社二○○二年。

罚觥与劝盏

7

一　先秦："觥，罚爵也"

　　不论古今，酒宴通常总是分作两个时段，第一时段为尽礼，第二时段为尽欢，——这里姑且把前者称作"礼饮"；后者称作"乐饮"。在以礼制贯穿社会生活的先秦时代，礼饮阶段的各种仪节规定得很是繁琐，且失礼则有罚，不过是用了很温和的方式，便是以大器饮失礼者酒，此罚酒之器，即名作"觥"。

　　觥之本字为觵。《说文·角部》："觵，兕牛角可以饮者也。从角，黄声。"与爵、觯等相比，兕牛角制作的觥是先秦酒杯之大者。爵容一升，角容四升，觵则有五升、七升之说❶。先秦之礼，某种情况下是以小为尊。《礼记·礼器》中说到，"有以小为贵者：宗庙之祭，贵者献以爵"，"卑者举角"；郑注："凡觞，一升曰爵，……四升曰角。"又《礼记·少仪》讲述卑者陪侍尊者投壶的礼节，其中一项是"不角"，并云"客亦如之"。郑注："角，谓觥，罚爵也。于尊长与客，如献酬之爵。"孔颖达疏："'不角'者，罚爵用角，诗云'酌彼兕觥'是也。饮尊者及客，则不敢用角，但用如常献酬之爵也。"这里的意思是说，罚酒本当用兕觥亦即角，但如果是卑者投壶取胜，向尊长者进罚酒，或是主人取胜，向客人进罚酒，则不敢用角，而是用爵，因为在酒器中，爵属尊而角属卑。角杯即以容酒多并且通常为卑者所持

---

❶ 桂馥《说文解字义证》"觵"条下俱有征引。

而或用作罚酒之器。《诗·周南·卷耳》郑笺："觥，罚爵也。……旅醻必有醉而失礼者，罚之亦所以为乐。"

所谓"旅醻"，醻亦作酬。燕饮，主人进宾客之酒，谓之献；宾客还敬主人之酒，谓之酢；主人先自饮，然后劝宾客饮之酒，谓之酬。《仪礼·乡饮酒礼》郑注："酬，劝酒也。"献、酢、酬，此三项程序合起来，称作"一献"。一献之后，有旅酬，即宾客之间的劝酒，乃以长幼为序，依次相酬。《小雅·小弁》"君子信谗，如或醻之"，郑笺："醻，旅醻也。如'醻之'者，谓受而行之。""受而行之"，即旅酬中的仪节。《仪礼·乡饮酒礼》说旅酬，郑注"旅，序也，于是介酬众宾，众宾又以次序相酬"，即众宾以年齿排列，长者在前；立司正，由司正唱受酬者之名；宾之第一人受介酬。"介"，即助宾客行礼者；此第一人受酬后，饮酒毕，即转换身分为酬者，由第二人受酬；第二人受酬后，转为酬者，由第三人受酬，如是递相酬饮，好像"接力"一般 ❷。

旅酬影响于后世者有二。一为举杯饮酒须尽，即今之所谓"干杯"。行旅酬之礼的时候，乃必须如此，否则受酬者饮毕而转换身分成为酬者，若馀沥在杯，便无法传与下一人亦即受酬者。后世虽然相酬不用同一器，但上古礼节中所包含的敬意却依然长久保存下来 ❸。二为依次尽杯，即一人饮毕，再及一人，席间不论坐客如何，均须依次而饮，

❷ 钱玄《三礼通论》，页 547，南京师范大学出版社一九九六年。
❸ 如《游仙窟》中的一个情节："酒巡到下官，饮乃不尽。五嫂曰：'胡为不尽？'下官答曰：'性饮不多，恐为颠沛。'五嫂骂曰：'何由叵耐！女婿是妇家狗，打杀无文，终须倾使尽，莫漫造众诸！'"是饮酒不尽为失礼也。

1·1　兕觥　山西石楼桃花者村出土

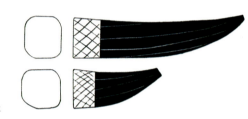

1·2　木犀角（摹本）
长沙马王堆西汉墓出土

此即唐人所谓"巡饮"、"依巡"❶。周遍一次，是为一巡。

　　作为饮酒器而又常用作"罚爵"之觥，依古注，它是用犀角制成，若易他材，其状也应如角。存世的先秦青铜器中，山西石楼桃花者村出土的一件商代器可认作兕觥（图1·1），器高十九、通长四十四厘米，长身弧曲上扬，其造型与长沙马王堆汉墓出土的木犀角差相一致❷（图1·2），体量之巨则迥异于其他酒器。可据以推知先秦用作罚爵的觥形制与此器相去不远。

---

❶ 白居易《花楼望雪命宴赋诗》"素壁联题分韵句，红炉巡饮暖寒杯"；王建《送李评事使蜀》"劝酒不依巡，明朝万里人"。按酒注出现之前，宴席上的盛酒之器为酒樽，樽里置勺，用来向杯中酌酒。而席坐时代，举宴则人各一案席坐堂中，因此酌酒须有专人执勺依次而斟，此即所谓"行酒"。作为风雅韵事的"曲水流觞"实在也还是由"行酒"而催生，——它打破依次为巡的常规，别以酒杯止处为饮酒之序，曹丕《与吴质书》云，"每至觞酌流行，丝竹并奏，酒酣耳热，仰而赋诗"，即以流指觞而行指酌也。见周一良《魏晋南北朝史札记·行香与行酒》，页465～466，中华书局一九八五年。
❷ 孙机《文物丛谈·古文物中所见之犀牛》，页283，文物出版社一九九一年。

二　唐：“罚筹长竖纛，觥盏样如舠”

　　两汉时代尚存先秦遗风，由《后汉书》卷二十九《郅恽传》所记十月飨会故事可见东汉风俗。所谓“司正举觥”，唐李贤注：“觥，罚爵也，以角为之。”下文说到太守云“敬奉觥”，贤注：“遂受罚也。”唐代以觥为罚盏，原是接续先秦两汉以来的传统，但一个很大的不同，在于以当日酒令的发达而把“礼饮”的罚失礼易作“乐饮”的罚违令，即一面沿用了觥原有的“罚爵”之义，一面用各种酒令把“罚之亦所以为乐”变作酒席筵中最有兴味的游戏❸。

　　唐代“觥”的式样依然多从“角”的意象而来，却并不拘泥于时人认识中的先秦礼器，而是多方借鉴，不拘一格创造新样，比如式样别致的酒船❹。

---

❸ 行令饮酒的有趣，与曲水流觞相似，即它也是打破原有的“依巡”饮酒的常规，而别以酒令为饮酒之序。花蕊夫人《宫词》：“昭仪侍宴足精神，玉烛抽看记饮巡。倚赖识书为录事，灯前时复错瞒人。”所谓“玉烛”，江苏丹徒丁卯桥金银器窖藏所出“论语玉烛”，即此之属。它把《论语》词句按照字面之意编排为筹令，饮与不饮、劝与被劝、饮多饮少，均依筹令所规定的“饮、劝、处、放”四种情况而行事，于是平常的依次而饮变成了不平常的依令而饮，即全凭着“玉烛抽看”而“饮巡”。也因此侍宴之际，可以依凭聪慧乖巧而以律录事的身分“错”宣筹令，——躲过“大器”饮酒之厄，该是“时复错瞒”的一番良苦用心。

❹ 唐人《大业拾遗记》中有关于行酒船故事，船为八尺长的小舸子，上有两尺来高的木人，一个擎酒杯立在船头，旁边另有一个捧酒钵，又有两个中央荡桨，一个撑船在后。行酒船随岸而行，池边回曲处各坐宾客，船每到坐客的地方便停住，擎酒木人于船头伸手，“客取酒饮讫，还杯，木人受杯，回身向酒钵之人取杓斟酒满杯，船依式自行，每到坐客处，例皆如前法”（《太平广记》卷二二六）。此虽是用了特别的机巧，不过行酒之习如故。而唐人每把劝酒之器称作酒船，与曲水流觞及行酒船故事自然都很有关系。

　　酒船的名称已出现于南北朝，它的近缘似即耳杯，或曰羽觞，而在曲水流觞中，耳杯即已蕴含了船的意象。唐代酒船则又常和觥盏结合。《太平广记》卷二三三"裴弘泰"条云，唐裴均镇襄州，某日举宴，其侄弘泰晚至，均因此不悦，"弘泰谢曰：'都不见客司报宴，非敢慢也，叔父舍罪。请在座银器尽斟酒满之，器随饮以赐弘泰，可乎？'合座壮之。均亦许焉。弘泰次第揭座上小爵，以至觥船，凡饮皆竭。随饮讫，即寘于怀，须臾盈满。筵中有酒海，受一斗以上，其内酒亦满，弘泰以手捧而饮，饮讫，目吏人，将海覆地，以足踏之，卷抱而出"。

　　"座上小爵"，即筵席上容量较小的酒杯。受一斗以上的酒海，通常是盛酒之器。所谓"觥船"，自然是指罚杯。刘禹锡有诗题作《浙西李大夫示述梦四十韵并浙东元相公酬和斐然继声》，句云"罚筹长竖纛，觥盏样如舠"，正好为此"觥船"作注。舠，船也。浙西李大夫，即李德裕。原唱句云"无聊然蜜炬，谁复劝金舠"，李氏自注："余自到此，绝无夜宴；酒器中大者呼为舠，宾僚顾形迹，未曾以此相劝。""顾形迹"者，恐酒醉失态也，因舍酒船不用。那么以酒船为劝，自是不顾形迹，旨在一醉方休。由此可知，酒船特色有二，即相对而言容量为大，又其式如船。所谓"觥船"，不过是在行酒令的时候把酒船命之为"觥"，以为罚盏❶。

---

❶ 行酒令时"觥"的临时命名，还可以举《太平广记》卷二八二的《张生》故事。此记汴州张生与妻阔别而还，趱行至夜，不期走进妻子的梦境，但见"宾客五六人，方宴饮次"，而妻子也在坐中。一长须者持杯劝饮。一酒至白面年少，酒至紫衣者，酒至黑衣胡人，酒至绿衣少年，酒至紫衣胡人，以是依次而饮。酒至某人，长须者即请张妻歌以送酒，酒至张妻，则长须者以歌为之送酒。张妻勉强歌送一回，即不乐从请，于是"长须持一筹箸云：请置觥。有拒请歌者，饮一锺；歌旧词中笑语，准此罚"。酒令既下，张妻不得已，只好歌送至再、至三。"酒至紫衣胡人，复请歌，张妻连唱三四曲，声气不续，沉吟未唱间，长须抛觥云：'不合推辞，乃酌一锺。'张妻涕泣而饮"。"酒至紫衣胡人，复请歌云：'须有艳意'，张妻低头未唱间，长须又抛一觥"，云云。"须有艳意"，即要带出风月的意思来，故张妻颇费沉吟。"涕泣而饮"，是屡歌已难，又何堪大杯罚酒。故事中的"觥"，即专用（转下页）

2　银耳杯　大同市博物馆藏

3·1　银长杯　赤峰敖汉旗李家营子出土

3·2　金花银花鸟纹八曲长杯
　　　日本白鹤美术馆藏

3·3　金花银双鱼纹八曲长杯
　　　维多利亚与阿尔伯特博物馆藏

　　其式象船，可以有不同的表现方法。第一种，南北朝直至隋唐，造型原是来自西域的多曲长杯正是合用的样式。如大同市考古研究所藏一件北魏银耳杯〔图2〕，如赤峰敖汉旗李家营子出土唐代银长杯、日本白鹤美术馆藏金花银花鸟纹八曲长杯、维多利亚与阿尔伯特博物馆藏金花银双鱼纹八曲长杯〔图3·1～3〕。大约最初它进入中土上层社会生活的时候，即因其式如船而"西体中用"成为筵席上专用来行令而饮的酒船，曾几何时，则连"体"也完全中土化，中晚唐金银器中属于

————————

　　（接上页注）作罚酒的酒杯，长须者取出筹箸曰"请置觥"，则他俨然兼立法与执法的律、觥二录事于一身，也因此所置之觥便有了"法律"的效用，在此临时情况下，它也很可能是取用坐中的饮器之一而以"觥"命之。

4·1　四曲花口摩羯戏珠纹金酒船
西安市太乙路出土

4·2　四曲花口荷叶双鱼金花银酒船
陕西耀县背阴村出土

4·3　四曲花口鸿雁游鱼纹金花银酒船
三门峡市第二面粉厂出土

4·4　四曲花口鸿雁衔瑞纹金酒船
出自黑石号沉船

此类的实物数量不少，比如西安市太乙路出土四曲花口摩羯戏珠纹金
酒船、陕西耀县（今铜川市耀州区）背阴村出土四曲花口荷叶双鱼金花
银酒船〔图4·1、2〕、三门峡市第二面粉厂出土四曲花口鸿雁游鱼纹荷叶
式金花银酒船〔图4·3〕，又出自印尼勿里洞黑石号沉船的一件四曲花口
鸿雁衔瑞纹金酒船〔图4·4〕。背阴村酒船高五点二、长十五点五厘米，
内底心饰一枚鎏金荷叶，被风吹卷的叶边向着叶心四合，中间是并头
并尾露着银质本色的双鱼。三门峡酒船形肖一枚风翻荷叶，荷叶翻折
处飞着鎏金衔瑞鸿雁，内底心为一对水中游鱼，高三点五、长十四点
七厘米。中土化的成熟样式，河南伊川鸦岭唐齐国太夫人墓出土双鱼
纹金盏银盘亦即"盘盏一副"，也可以为例〔图5〕。盏为椭圆形四出花
口，近缘錾一周莲瓣纹，盏心复以内向的莲瓣纹框起一泓水波，波浪
间打作一对戏珠游鱼。底有矮圈足，高零点七五厘米，盏高三点三、

5　双鱼纹金盏银盘（盘盏一副）
河南伊川鸦岭唐齐国太夫人墓出土

6·1　青瓷摩竭式酒船
印尼国家博物馆藏

6·2　越窑青瓷摩竭式酒船
杭州吴山广场地铁建设工地出土

6·3　摩竭式酒船
辽宁北票水泉一号辽墓出土

长径十三点八、短径八厘米。盘象风中荷叶，盘缘打作规整而又柔和自然的弯弧以表现风起处叶边的微敛，宽折沿上细錾叶脉，波曲间打作四对并游的双鱼。盘心用凸弦纹框起略呈浅凹的椭圆形托座，其上錾刻毬路纹。托座之外的装饰带做成鱼子地，錾刻相间的四对鸿雁和四朵流云。双鱼、云、雁以及装饰框均鎏金，即唐代所谓"金花银器"。盘高一点九厘米，长径二十点一、短径十四点六厘米。

　　第二种，杯为船形而式样仿生，如摩竭式酒船。目前发现的瓷器之例是五代及辽物❶（图6·1～3）。不过此前尚有一番演变过程，于是又不能不说是西域之器为开放的唐人送来娱戏之便，——来通式角杯与

❶　关于辽宁北票水泉一号辽墓出土摩竭式酒船的考订，见扬之水《奢华之色：宋元明金银器研究》卷三之《再版后叙》，中华书局二〇一二年。

中土原有的兕觥诚可谓天然凑泊，于是先有"拿来"，后有"化之"。来通原有的饮酒方式，是饮者自角端仰承下注之酒，著名的何家村玛瑙兽首杯便是这样一种异域风格 ❶（图7·1），而唐代陶瓷制品中常见的兽首或禽鸟式角杯却已经改变了饮用方式，虽然整个造型依然与来通式酒杯意匠相通（图7·2）。

如前所述，"觥"的来源是先秦之兕觥亦即罚爵，而觥之初义是兕角杯。李贺《河阳歌》句云"今日见银牌，今夜鸣玉晏。牛头高一尺，隔坐应相见。月从东方来，酒从东方转。觥船饮口红，蜜炬千枝烂"，是狎官妓而作长夜之饮也。"牛头"，清王琦注云："酒卮。陆德明《庄子音义》：牺尊；王肃云：刻为牛头。"又注觥船曰："酒觥之大者，故以船名之。"其实这里的"牛头"与"觥船"原是同一物，前句正为后句写形，所谓"高一尺"，乃极言其大。"酒从东方转"，行令而传杯也。"隔坐应相见"，既行令，人自难免饮罚杯，此筵所置之"觥"，则"牛头"也。"觥船饮口红"，"饮"或作"沃"，两义皆可通。饮即餍足，沃则沾唇，是唇吻同沾而微意在焉。而诗中"牛头"式样的酒船，应即来通式角杯，在此长夜之饮中用为罚酒之觥。西安南郊金浮沱村唐代壁画墓墓室北壁东侧壁画中有此形象（图8）。摩竭式酒船便是由这一类造型演变而来。所肖之摩竭，其式样实与唐代金银器中的摩竭纹十分相近，辽宁昭盟喀喇沁旗发现的唐摩竭纹金花银盘 ❷（图9·1）、鄂尔多斯市杭锦旗出土摩竭纹金花银盆，都可以作为比照（图9·2）。因此可以认为，摩竭式酒船的造型设计是来通之形与摩竭之纹的结合而与船的意象融合为一。

---

❶ 孙机《中国圣火·玛瑙兽首杯》，页187，辽宁教育出版社一九九六年。

❷ 喀喇沁旗文化馆《辽宁昭盟喀喇沁旗发现唐代鎏金银器》，页329，图四，《考古》一九七七年第五期。同出有"刘赞进"卧鹿纹金花银盘，刘卒于唐德宗贞元十二年。

7·1 玛瑙兽首杯 西安南郊何家村唐代金银器窖藏

7·2 三彩龙衔瑞草角杯 郑州唐墓出土

8 西安南郊金浮沱村唐代壁画墓墓室壁画

9·1　摩竭纹金花银盘盘心　辽宁昭盟喀喇沁旗出土

9·2　摩竭纹金花银盆　鄂尔多斯市杭锦旗出土

　　此外尚有酒船中形式最为简略的一种，即椭圆造型的长杯（图10·1）。金银器之外，瓷器也有不少，如长沙窑遗址出土绿釉莲花纹长杯（图10·2），浙江临安晚唐钱宽夫妇墓出土白瓷长杯（图10·3），今人通常称此造型者为"海棠杯"，其实当日均为酒船之属。

　　总之，酒船是席间劝酒之器中最常用到的通行样式，它在南北朝

10·1　银酒船　四川广元旺苍唐代银器窖藏

10·2　绿釉莲花纹长杯（酒船）　长沙窑遗址出土

10·3　白瓷长杯（酒船）　浙江临安晚唐钱宽夫妇墓出土

时期已经出现，唐代则发展成熟。以其形制异于平常酒杯，故行酒令的时候往往把酒船命之为"觥"，以为罚盏。裴弘泰故事中的"觥船"，刘禹锡诗所谓"觥盏样如舠"，都是很明确的例子❶。

金银器之外，还有一类酒杯每与宴席所行骰盘令有关，此即螺杯。白居易《代书诗一百韵寄微之》"密坐随欢促，华樽逐胜移。香飘歌袂动，翠落舞钗遗。筹插红螺碗，觥飞白玉卮"；元稹《何满子歌·张湖南座为唐有熊作》"如何有熊一曲终，牙筹记令红螺盏"❷，等等，俱咏其事。《酉阳杂俎》卷十二又言及鹦鹉杯为罚杯，即所谓"海蠡蜿蜒，尾翅皆张。非独为玩好，亦所以为罚"。唐代螺杯实物，有发现于河南偃师杏园唐穆悰墓中的一件，长十三点三厘米，系螺壳一枚从中锯开，然后把周身打磨光洁。出土时，内有五颗石骰子❸（图11），与唐诗所咏正相契合，可据以想见它的用途❹。

那么现在可以得出结论之一，即"觥盏"是唐代酒器中名称特殊的一种，它由先秦时代的兕觥亦即所谓"罚爵"发展而来，不过形制并不固定，长杯、多曲长杯、船形杯亦即各式酒船或是最为常用的一种。此外尚有各种异形盏，比如螺杯。按照上古以来的饮酒习俗，举杯须尽，因此作为罚盏，它或者要容量大，或者要不易饮尽，如此方可添助席间笑乐。

---

❶ 刘禹锡又有《抛毬乐》二首，其一："五彩绣团圆，登君瑇瑁筵。最宜红烛下，偏称落花前。上客如先起，应须赠一船。"瞿蜕园《刘禹锡集笺证》："唐人所谓《抛毬乐》，盖燕饮时以之侑酒之游戏。""此诗所谓'五彩绣团圆'，疑即后世之绣毬也。绣毬殆即以代花枝，故云'偏称落花前'，又云'却忆未开时'。'上客如先起，应须赠一船'，则谓罚逃酒之客也。"见该书页866，上海古籍出版社一九八九年。

❷ 张湖南即张正甫（《旧唐书》卷一六二有传），元和八年由苏州刺史迁湖南观察使。此诗作于元和九年，时稹在江陵士曹任上。

❸ 墓葬年代为宣宗大中元年。中国社会科学院考古研究所《偃师杏园唐墓》，图版四二：5，科学出版社二〇〇一年。

❹ 或曰墓主人年纪不大（按墓志称"生一纪而终"，一纪，十二年），故疑其当非酒筵行令之器。按隋李静训墓墓主人乃虚龄九岁的女孩，随葬品中不乏酒器，则此疑可释。

11 螺杯与骰子
河南偃师杏园唐墓出土

三 宋元："美人争劝梨花盏"

宋元酒器的一般样式，与唐代相比，没有太大的不同。但"觥"
的名与实却有了变化。由《碎金》所列酒器之目，可知"觥"仍是宋
元酒器的名称之一，然而它在具体使用的时候，含义已与唐代相异，
只不过旧义犹存书面语中而已。宋郑獬作《觥记注》，下列各目均为
历代酒杯，则以"觥"为名，只是把它作为酒杯的雅称。《大宋宣和
遗事·元集》：宣和二年，宴蔡京父子于保和新殿，蔡京记其事云，
"上持大觥酌酒，命妃曰：'可劝太师。'臣因进曰：'礼无不报。'于
是持瓶注酒，授使以进"。所谓"大觥"，在这里只是大杯的意思。泰
定本《事林广记》庚集卷九《绮语门》所列有"大杯"一项，下注绮
语曰："巨觥，大白。"所谓"绮语"，不妨说是雅称，乃用作书面语，
此注即为"觥"之旧义。"大白"，古为罚爵之名。苏轼《西江月·坐
客见和复次韵》"翠袖争浮大白"，宋《傅幹注坡词》即举汉故事以释

义❶。而在实际生活中，觥却很少再以罚杯之名出现于酒宴中，以晏殊《珠玉词》中的相关之句为例，可知北宋初年已是如此❷，虽然酒筵中置罚杯的做法偶尔还会用到❸。

这时候最为引人注目的一类酒具，是列在南宋人编纂的一部日用小百科《碎金》中的"劝杯、劝盏"。也正是在宋代，劝杯之名开始流行。成书约当北宋初年的《清异录》多辑前朝旧事，其用语正好可见观念逐渐演变之微细。如"觥筹狱"条云：荆南节判单天粹，"性耽酒，日延亲朋，强以巨杯，多致狼狈，然人以其德善，亦喜从之。时戏语曰：单家酒筵，乃觥筹狱也。"是巨杯犹罚杯之"觥"，而"觥"系于酒戏之"律"，故以"狱"称之。又"水香劝盏"条记述扈戴惧内故事，说他凡出行均须请假于细君，如行不远，细君则滴水于地，限定水干前归来；若行稍远，则燃香印，掐至某处，以为还家之限。一日宴聚，"方三行酒，戴色欲逃遁，朋友默晓，哗曰：'扈君恐砌水隐形、香印过界耳，是当罚也。吾徒人撰新句一联，劝请酒一盏。'众以为善"。于是轮番以水、香事为意旨撰句劝饮。"戴连饮六七巨觥，吐呕淋漓，既上马，群噪曰：'若夫人怪迟，但道被水香劝盏留住。'"此所谓"巨觥"，罚杯也，却又被以劝盏之名，似即昭示了由"觥"向着"劝盏"的衔接与过渡，且自此延续至明清，而在流行中继续演

❶ 注云："《汉书》：引满举白者，罚爵之名也。饮不尽者，即以此爵罚之。魏文侯尝与大夫饮酒，令曰：不釂者浮以大白。于是公乘不仁举大白以浮君也。"釂，饮酒尽也。

❷ 如《浣溪沙》"整鬟凝思捧觥筹。欲归临别强迟留"；又同调"芰荷香里劝金觥。小词流入管弦声"。又"清歌妙舞，急管繁弦。榴花满酌觥船"（《长生乐》）；"有酒且醉瑶觥。更何妨、檀板新声"（《相思儿令》）；"金鸭香炉起瑞烟。呈妙舞开筵。阳春一曲动朱弦。斟美酒、泛觥船"（《燕归梁》）。又《喜迁莺》"觥船一棹百分空，何处不相逢"此"觥船一棹百分空"是用着杜牧《题禅院》诗中成句（"觥船一棹百分空，十岁青春不负公"），而杜诗原指罚杯，大晏词则只是代指酒杯。

❸ 如王君玉《国老谈苑》卷一记陶毅事云："浙帅开宴，置金锺以为罚爵。毅后因卧病，浙帅使人问其所欲，毅以金锺为请，浙帅以十副赠之。"陶毅系由五代后周入宋。

变。泰定本《事林广记》庚集卷九《绮语门》列有"劝杯"一条，下注它的别名即文雅之"绮语"曰："外杯，礼杯。"所谓"外杯"，似指它是独立于席间一套式样一致的酒杯之外。"礼杯"之称则可以表明劝杯性质。"劝"，大致含义有三：其一，酒席筵上的"礼饮"阶段，为敬酒。其一，"礼饮"之后的"乐饮"，为罚酒。其一，如果"礼饮"与"乐饮"之间尚有"雅饮"，则为侑酒。这时候的劝杯多半是珍好之物，因以传玩的方式而尽侑酒亦即劝酒之意。

劝杯在明清之前并无固定形制，乃因时因地而异，它原是可以即时命名的。至于劝杯与席间一套常制酒杯的不同，则在于或容量殊大，或形制特异，或材质珍奇。换句话说，凡此有特色者，均适合作劝杯之用。进而言之，作为席间完整的一套酒具，饮酒之器中除坐客人各一具的酒杯之外，尚须有专作劝酒且兼玩赏的一件劝杯。而劝杯的这一特点，正体现了它与唐代觥盏相沿与演变的关系。

且列举不同时代的三个例子以明确劝杯使用时候的情形：

（一）《夷坚志·支志》景卷第九"姚宋佐"一则云，乾道八年姚氏登第，"尝赴经略司干官宴席，坐客受劝觥，适当酌主人，姚见酒黑色，而侍妾所执樽又非适所用者，疑为紫苏水，作色而起曰：'客则饮酒，主人则饮水，何哉？'"

（二）《水浒传》第二十四回"王婆贪贿说风情，郓哥不忿闹茶肆"说到武松将有一趟远差，因对哥哥在家里的处境不很放心，于是设了一个小小的家宴，"酒至五巡，武松讨副劝杯，叫土兵筛了一杯酒，拿在手里"，叮咛武大一回，请他满饮了；"再筛第二杯酒，对那妇人说道"，云云。

（三）日人中川忠英《清俗纪闻》卷九"宴会进行之顺序"一项，"酒宴"条："主人在适当时候吩咐取另外之酒杯（按其下小字注云："此杯为以银或锡制之带脚酒杯，或犀角杯"）。此称为爵杯。主人向客人说：

'要奉敬一杯。'向杯中斟满酒后双手捧给客人。客人双手接过说：'敬领。'饮干后，立即斟满酒向主人说：'回敬。'而把杯还给主人，主人双手接过饮干。然后，陪客亦用此杯逐次向贵客敬酒。主人再向陪客敬酒。陪客之间亦互相奉敬、回敬"❶。

例（一）中的所谓"劝觞"，劝杯也。后文曰"樽"，所指原是一物，不过为了修辞的缘故而易以别称。由此三则纪事，可知所谓"劝杯"，通常只是一个酒杯，酒席筵中行礼如仪的时候，主人劝客，客敬主人，所用不易，因此例（一）中"坐客受劝觞"之际，会以"侍妾所执樽又非适所用者"而令人生疑。同样的情形在例（三）中尤其叙述得明白，虽然已经是清代。就其行事而论，正同于前面举出的"旅酬"和"飞盏"。例（二）则说明劝杯是"酒至五巡"所用酒杯之外的别一副，——副，杯与承盘合称一副。

与唐代用作罚酒的觥盏相似，劝杯与席间一套常制酒杯的不同，在于或容量殊大，或形制特异，或材质珍奇。关于容量大，可见如下之例：

（一）魏泰《东轩笔录》卷十五："北番每宴使人，劝酒器不一，其间最大者，剖大瓠之半，范以金，受三升。"

（二）徐兢《宣和奉使高丽图经》卷三十"盘盏"条："每至劝酒，则易别材，第容量差多耳。"

（三）《剑南诗稿》卷六十四中的一首诗，诗题甚长，颇有纪事意味："绍兴中，予初仕为宁德主簿，与同官饮酒，食蛎房甚乐，后五十年有饷此味者，感叹有赋；酒海者，大劝杯，容一升，当时所尚也"，诗有"同寮飞酒海"之句。

---

❶ 方克等译，页406，中华书局二〇〇六年。

例（一）、例（二）为出使见闻，而宴会劝酒均以别器，可见当时的异域同风。例（三）之"飞酒海"，即传盏。——苏轼有词调名"劝金船"，自序"和元素自撰腔命名，亦作'泛金船'"，句云"杯行到手休辞却"，《傅幹注坡词》引韩愈诗："杯行到君莫停手。"行杯传盏，南宋时代与此前之酒宴风俗性质是相近的。所谓"酒海者，大劝杯"，二者可以互证，即席间以容量大的酒器作为劝杯。

关于形制与材质，可见以下几例：

（一）苏轼《减字木兰花·以大琉璃杯劝王仲翁》句云"海南奇宝。铸出团团如栲栳。曾到昆仑。乞得山头玉女盆"。

（二）《大宋宣和遗事·元集》：政和二年蔡京复太师，徽宗召蔡京入内苑赐宴，"其所用宫中女乐，列奏于庭，命皇子名楷的，侍侧劝劳，又出嫔女鼓琴玩舞，劝以琉璃、玛瑙、白玉之杯"。

（三）周密《齐东野语》卷十八"章氏玉杯"条曰，"一日宴聚，公出所藏玉杯侑酒"，云云。

前已说到，"侑酒"即劝酒。一般而言，一席酒筵劝杯只有一件，不过例（二）是天子设宴，因有琉璃、玛瑙、白玉之杯轮番使用的气派。神仙故事仿此。《苕溪渔隐丛话·后集》卷三十八引陆元光《回仙录》云，"吴兴之东林沈东老，能酿十八仙白酒。一日，有客自号回道人，长揖于门曰：知公白酒新熟，远来相访，愿求一醉"。主人知非凡人，于是"出酒器十数于席间曰：闻道人善饮，欲以鼎先为寿，如何？回公曰：饮器中，惟锺鼎为大，屈卮、螺杯次之，而梨花、蕉叶最小。请戒侍人次第速斟，当为公自小至大饮之"。"又约周而复始，常易器满斟于前，笑曰：所谓尊中酒不空也"。回仙，即吕洞宾。"以鼎先为寿"，便是以锺鼎为劝杯之意，这里的锺鼎，应指当日流行的仿古式酒杯。"常易器满斟于前"，即以各式酒杯轮番为劝，正如徽宗赐宴的"劝以琉璃、玛瑙、白玉之杯"。

这里举出的宋人对劝杯的形容，几乎都有实物可证。东坡词所谓"大琉璃杯"者，大玻璃杯也。陕西西安市第一中学出土一件北宋时代的蓝玻璃碗（图12·1），广口，弧腹，系无模吹制成型，高七点二、口径十七点二厘米，尺寸比平常酒杯大得多。又安徽休宁南宋工部侍郎朱晞颜墓出土玉杯（图12·2），安徽来安县相官公社出土金釦玛瑙碗（图12·3），均为酒器中的珍奇。末一例碗身几处自然之纹理，或即为时人所艳称的"蚰蟮红"和"酱斑"❶。这几件自然都可以当得御筵席间的劝杯之任。

回仙故事中的所谓"屈卮"，原是古称，宋元时代所云"卮杯"如果不是用典，那么实指一侧有把手的酒杯，如浙江兰溪灵洞乡宋墓出土金卮（图13·1），如陕西历史博物馆藏鎏金铜菊卮（图13·2）。所谓"梨花"，乃宋代开始流行的各式象生花式盏，欧阳修《玉楼春》"美人争劝梨花盏"❷，即此。流行的还有梅花、莲花、葵花（黄蜀葵）、芙蓉花（图14），等等。前举朱晞颜墓与玉杯同出的又有一件金葵花盏，高四点八、口径十一厘米，器肖黄蜀葵之形，盏口以及花瓣之间又分别用折枝黄蜀葵做出装饰带，盏心鏨刻花中花，中心高耸出花蕊，圈足底缘鏨刻一周毯路纹（图15）。这一类象生花式盏均为"梨花"之属，通常杯腹都不深。

"蕉叶"是唐代已经出现的样式，如纽约大都会博物馆藏一件金花银蕉叶杯，叶脉是鱼子地上的缠枝花，回卷的缠枝间飞着鸟（图16·1）。它在宋代也同"梨花"一样流行。宋庞元英《文昌杂录》："太师潞公西归，开封推官赵君锡作小诗二十篇，纪恩宠以送行，其尤为人传诵

---

❶《百宝总珍集》卷二"玛瑙盏碗"条前冠口诀云："红如锦绣要分明，样好那堪入手轻。更无夹石并绽纹，此物应当中贵人。"下云"凡要玛瑙盏碗器先看样范好，做得薄"；"此物多从北地来，花儿内有粉红花者，谓之蚰蟮红，有紫红花点者，谓之酱斑"。

❷《全宋词》，册一，页136。

12·1　蓝玻璃碗
西安市第一中学出土

12·2　白玉杯
安徽休宁南宋朱晞颜墓出土

12·3　金釦玛瑙碗
安徽来安宋墓出土

13·1　金屈卮　　浙江兰溪市灵洞乡宋墓出土

13·2　鎏金铜菊卮　　陕西历史博物馆藏

14　**金芙蓉花盏**　四川安县文星公社胜利大队出土　　　　15　**金葵花盏**　安徽休宁南宋朱晞颜墓出土

者，如'乐人都用教坊家，席上群公换口夸。内里宣来蕉叶盏，御前赐出缕金花'。"太师潞公，即文彦博。这里说到的蕉叶盏，乃出自禁中，不过它却并非皇家专属。张先《天仙子·观舞》"金蕉并为舞时空"❶；王之道《虞美人·和孔纯老送郑深道守严州》"一尊聊罄金蕉叶"❷；高登《好事近·再和饯别》"尊前相顾惜参商，引十分蕉叶"❸；葛立方《虞美人·泛梅》"璚蕤泛，蕉叶杯宽"❹，或歌舞送酒，或离席珍重相劝，酒筵中蕉叶每每是宠儿。李之仪《次韵雪》"暖归白傅金蕉叶，寒逼温郎玉镜台"❺，一盏蕉叶杯在诗人眼中又由实景而凑成韵语。南京大报恩寺遗址北宋长干寺塔基地宫出土一件银钿水晶蕉叶杯（图16·2），"内里宣来蕉叶盏"，由此可推知其式。词人张孝祥之子张同之墓出土一枚银蕉叶杯（图16·3），短茎作柄，打作精细的蕉叶浅浅弯成弧形以略足"杯"意，而实在容酒有限，相对于前一例的"蕉

---

❶《全宋词》，册一，页73。

❷《全宋词》，册二，页1160。

❸《全宋词》，册二，页1294。

❹《全宋词》，册二，页1341。

❺《全宋诗》，册一七，页11180。

16·1　金花银蕉叶杯
大都会博物馆藏

16·2　银釦水晶蕉叶杯
南京北宋长干寺塔基地宫出土

16·3　银蕉叶杯
南京江浦南宋张同之墓出土

叶杯宽"，此却是《回仙录》中说到的"蕉叶最小"。

　　回仙故事中的螺杯，如前所举，在唐代酒令中已是常常用到，宋元时代它也多入于劝杯之属。北宋胡宿《鹦鹉杯》："介族生螃蚌，杯形肖陇禽。曾经良匠手，见爱主人心。置在金樽侧，来从珠水浔。愿为仁者寿，再拜莫辞深。"元张之翰《谢郑小溪螺杯》诗前小序记螺杯劝酒事云："曩在泉南，诸士夫尝以海螺饮余，取江瑶柱为侑。北

17　螺杯一对　陕西蓝田吕氏家族墓地出土

归十年，无复兹况。后访闽中郑小溪于燕都集贤东院，小溪为余出此杯酌官酿，酒再行，复举杯见赠。虽无江瑶柱，兴自不浅。"前一例"愿为仁者寿，再拜莫辞深"，意即以此杯上寿酒，末句系用唐方干《陪李郎中夜宴》"鹦鹉杯深四散飞"之典。所谓"以螺为杯，亦无甚奇，惟薮穴极弯曲，则可以藏酒"（《清异录》卷下），唐代因合用于觚盏，宋元因合用于劝杯也。螺杯实物，有西安市蓝田县三里镇五里头村北宋吕氏家族墓地出土的一对，原是两个瓜螺，依其自然形状稍加刮磨修整而成光润的圈底杯，高约十厘米，长约十七厘米。下设一对中空的环形座，也是用螺壳切剖而成〔图17〕。

　　上承唐代风尚，宋元诗词及纪事最常提到的劝酒之具仍是酒船。如欧阳修《定风波》"好是金船浮玉浪。相向。十分深送一声歌"；赵长卿《柳梢青》"歌媚惊尘，舞弯低月，满劝金船"❶；又钟嗣成〔南吕·骂玉郎过感皇恩采茶歌〕《四福·寿》"广列华筵，共捧金船。庆

❶《全宋词》，册一，页142；册三，页1818。

18　银鎏金摩竭式酒船
　　广西南丹北宋银器窖藏

生辰，加禄算"❷，等等。如前所述，酒船原是劝酒之器中最常用到的
传统样式，故所谓"酒船"，此际多属用典，但也不乏写实的成分，
因为酒船的制作仍在继续，只是式样与前不同。

　　宋元时代，唐式酒船的几种类型都已经不很流行，多曲长杯之意
匠经过唐代的一番中土化，至此则更融入各种象生花式盏，异域痕迹
几乎无存。前举酒船形制最简者也已不多见。

　　摩竭式酒船，有广西南丹县小场乡附城村虎形山北宋银器窖藏所
出一件银鎏金酒船（图 18）。器高十四点八厘米，长三十四厘米，造型取
象于船而做成摩竭式，船舱、船尾、船篷，借形借势处俱见巧思。制
作方法则是各个部件分别打造成形，然后铆接成型。此就容量来说，
近于一升及一升以上的酒海。窖藏同出尚有装饰主题与风格大体一致
的银鎏金高足盘、高足杯，又银盏等，合以摩竭式酒船，并为酒器一
组。饮酒行令意在劝饮以尽欢，因与唐代觥盏相似，劝杯形制的不同
寻常，有时正是为了不便饮用，以使罚酒成为酒筵中的娱乐。此件酒

────────────

❷ 隋树森《全元散曲》，页 1357，中华书局一九六四年。

19·2　**银船盘盏一副**　湖南澧县澧南乡出土

19·1　**朱碧山银槎杯**　故宫博物院藏

船体量既大又饮用为难，便是体现了劝杯这一方面的特性。

　　至于元代，酒船的设计与制作已近似于玩赏重于实用的工艺品，但也因此它更适宜用作劝酒之器。最有名的例子是朱碧山制银槎杯❶（图 19·1）。此外有湖南澧县澧南乡出土的银船盘盏一副❷（图 19·2）。后者与唐齐国太夫人金盏银盘虽已相去数百年，但二者之间继承和演变的线索依然清晰可见。

　　附带提及宋代一种与酒船类似的玉酒器，它也常作劝杯之用，此即玉东西。玉东西本义原指在宋人看来是古酒器的耳杯与长杯，说

──────────

❶ 清代，它虽已成为争相收藏的珍物，而依然是席间的劝酒之器。朱彝尊《朱碧山银槎歌孙少宰席上赋》"羽觞玉爵讵足算，劝我凿落重三锾"，唐代所谓"凿落"，后世或代指制作精好的金银酒器，这里的凿落亦此意。

❷ 此盘盏一副的设计构思当是来自《太一莲舟图》，相关考证见扬之水《湖南宋元窖藏金银器丛考》，载湖南省博物馆《湖南宋元窖藏金银发现与研究》，页 350 ～ 351，文物出版社二〇〇九年。

20　玉东西杯　故宫博物院藏

见吕大临《考古图》卷八 **❸**。但在两宋诗词中它又往往成为劝杯的别
名，如苏颂《即席献文潞公》"舞奏未终《花十八》，酒行先困玉东
西"；范成大《代儿童作立春贴门诗三首》之二"家人行乐处，双劝
玉东西" **❹**。而宋人的仿古之作也确有"玉东西杯"，见《武林旧事》
卷九 **❺**。依据宋人的认识，可推知其制椭圆，则造型也近于酒船。《中
国古玉器图典》著录故宫藏一件宋代"鹿纹玉洗"[图20]，高六点四厘
米，长径十四点五、短径十点七厘米，杯身装饰鹿衔灵芝，体量之巨
超乎寻常杯盏，或可作为"玉东西杯"的参考样式之一。

　　此外则是各种造型别致的异形杯盏，如瓜杯、桃杯，龟游莲叶杯，
仿古式夹层盏，或一组象生花式盏中式样独特的一件。从需求者或使
用者来说，总希望劝杯造型新异，制作精工，以使"礼饮"可因此表
敬，"乐饮"可因此助兴。那么制作者自然要极尽巧思，不断推出新
样，或仿古以求典重，或由绘画取材以求妍雅，或以时代好尚而变化

❸《考古图》卷八著录庐江李氏藏汉代玉耳杯，注引李氏之说"汉高祖以玉杯为太上皇寿，
　以横长故，后人谓之玉东西"；按云："《淮南子》：'窥面于盘，水则圜；于杯，随。面
　形不变其故，有所圜，有所随者，所自窥之异也。'随，当读椭，狭长也。盖古杯之形皆
　狭长。又闻使房士大夫言，辽主燕用玉杯狭长有舟，其世子亦用之，形制少杀。"
❹ 又周紫芝《南柯子·方钱唐出侍儿，范谢州要予作此词》"画烛催歌板，飞花上舞衣。殷
　勤犹劝玉东西。不道使君肠断、已多时"，《全宋词》，册二，页882；杨泽民《望江南》"寻
　胜去，驱马上南堤。信脚不知人远近，醉眠犹劝玉东西。归帽任冲泥"，同前，册四，页
　3004。
❺《武林旧事》卷九《高宗幸张府节次略·进奉盘合》"宝器"一项有"玉东西杯一"。

旧式以见新意。从中也可以看到，一方面有祝寿风习对祥瑞题材的追求，一方面又有士人推助和引领风雅。

宋元时代流行的劝杯带着由唐代觥盏发展而来的各种痕迹，但含义则不相同。它一方面用于劝酒，一方面更用于传玩——当然这本来也是传统之一，不过宋元以前未成风气。元王旭《兰轩集》卷一《螺杯赋》"有平生之故人，招宴饮而婆娑。出奇器以示予，状非象而非犀（原注：音莎）……擎素手以微重，酌香醪而不颇。……众传玩而称珍，咸叹息以摩挲……"，可见其意。类似的例子实在不胜枚举。因此也可以说，劝杯是古老的行酒方式以另一种形式的延续，而自此之后便总是不断渗透着文人雅士的好尚。

四　明清："各制劝杯"

明代称作劝杯的有高脚杯。高濂《遵生八笺·燕闲清赏笺》"论诸品窑器"列举粤中玻璃窑出品，中有"高脚劝杯"❶。《朱舜水谈绮》卷下"器用"一项举出"长脚杯"，注云："又劝杯。"

以明清流行的高脚杯样式为比照反观金元时代的金银器，可知金元已有这一类型。金代之例，如北京西城区月坛南街出土金錾海石榴花高脚杯（图21·1）。元代的例子，如包头市达茂旗明水墓出土金錾折枝茶花高脚杯、锡林郭勒盟镶黄旗出土金錾出水莲荷高脚杯（图21·2），纹饰的布置与前举金代之例相类而花样不同。此外尚有数量不少的素面

---

❶ 同卷提到的还有饶窑即景德镇窑的"子母鸡劝杯"。

21·1　金錾海石榴花高脚杯
北京西城区月坛南街出土

21·2　金錾出水莲荷高脚杯
内蒙古锡林郭勒盟镶黄旗出土

金杯之例。

　　金元时代金银高脚杯的出现，可以认为是从北方地区开始的，在这时候的酒器系列中，它还应该算作是新样，用来作为筵席中的劝杯自然合宜。明清时代高脚杯有了"劝杯"的专名，自当与它在此前的使用情况相关。不过高脚杯只是劝杯之一种。《遵生八笺·燕闲清赏笺》"论饶器新窑古窑"一项所举成窑佳品有"草虫可口子母鸡劝杯"；"论剔红倭漆雕刻镶嵌器皿"所举倭漆之例，有"尖底劝杯"；"论官哥窑器"则云"各制劝杯"，"各制"，便是形制与样式各不同。《醒世姻缘传》第二回："丫头拿了四碟下酒的小菜，暖了一大壶极热的酒，两只银镶雕漆劝杯，两双牙箸，摆在卧房桌上。晁大舍与珍哥没一些兴头，淡淡的吃了几大杯，也就罢了。"此书所反映的生活约当明末清初。依据小说中的描写，两只劝杯不过是很见精致的酒器，与所谓"礼杯"已不相关。成书于乾隆年间的夏敬渠《野叟曝言》第九十回道"前日羊运又寻了几个艾虎，两双鹦哥，一幅绒绣钟馗，一对雄黄劝杯，去做端午节礼"；成书于嘉庆年间的梦梦先生《红楼圆梦》第十一回云"北府里已送了寿礼树、金枝玉叶万年桃盆景，二幅七宝装的暗八仙挂屏，一柄天然竹根如意，一对通天犀雕寿意的劝杯"，可见清代的各制劝杯虽然仍可算作酒具，但大约已类同珍玩。如前所述，

22 《琉球全图》第六开·文字
故宫博物院藏

兼具实用与审美，原是宋元以来劝杯设计的要义，明清注重巧艺，劝杯的制作因更致力于材质和样式的珍罕与奇巧，而偏向审美一途发展。此际品鉴赏玩之风愈于前，劝杯遂在如此风气之下日渐成为以品鉴为要的清玩，乃至即以"劝杯"特指珍异精巧的各制饮具，而不再是酒筵中敬酒之器的专名。另一方面，直至清代劝酒的习俗依然是传统，某种方式甚至还带着上古"旅酬"之遗风，如前引《清俗纪闻》中的纪事。清代尚为中国藩属国的琉球风俗与此近同，故宫博物院藏清《琉球全图》第六开《器皿图》对页的墨书文字称："食则不相共器，专具以为洁；饮则数人共杯，传饮以为欢。"〔图22〕也可为一证。不过，"礼饮"时候的敬酒之器似已鲜用"劝杯"之名。

〔初刊于《收藏家》二〇〇七年第十二期〕

从孩儿诗到百子图

8

一　孩儿诗与童嬉

　　国人自古以多子为祥，但是中国古代专咏儿童的诗却实在少得可怜，佳作则更寥寥。最早也是最好的一首，当推西晋左思的《娇女诗》，其后是陶渊明的《责子诗》："白发被两鬓，肌肤不复实。虽有五男儿，总不好纸笔。阿舒已二八，懒惰故无匹。阿宣行志学，而不好文术。雍端年十三，不识六与七。通子垂九龄，但觅梨与栗。天运苟如此，且进杯中物。"❶黄庭坚《书陶渊明〈责子诗〉后》："观渊明之诗，想见其人岂弟慈祥戏谑可观也。俗人便谓渊明诸子皆不肖，而渊明愁叹见于诗，可谓痴人前不得说梦也。"❷正是会心人语。

　　唐诗中可以称道的有李商隐《骄儿诗》、卢仝的《寄男抱孙》❸，此外便是路德延的《孩儿诗》五十韵。卢诗虽通篇诫子，而"岂弟慈祥戏谑"，与陶翁正有同致。"添丁郎小小，别吾来久久。脯脯不得吃，兄兄莫揽搜。他日吾归来，家人若弹纠，一百放一下，打汝九十九"，故作叠词效小儿口吻，自是教人会心一粲。末了几句也说得有趣，虽然左思《娇女诗》结末数言"任其孺子意，羞受长者责。瞥闻当与杖，

---

❶ 逯钦立《先秦汉魏晋南北朝诗》，中册，页 1002。"而不好文术"，他本"好"皆作"爱"。

❷ 《山谷集》卷二十六。

❸ 《全唐诗》，册一二，页 4369。又韦庄《下邽感旧》、《途次逢李氏兄弟感旧》两诗追记儿时嬉戏故事，也有传神之笔，如后者句云"晓傍柳阴骑竹马，夜隈灯影弄先生。巡街趁蝶衣裳破，上屋探雏手脚轻"。不过诗以经旧里、逢故人，"追思往事"而多伤感之音（事见《太平广记》卷一七五），实不以咏儿童为主旨。

掩泪俱向壁"❹，先已令人怃然。玉谿生的《骄儿诗》前边都写得好，惟末后数联的缀以感慨，便如胡震亨所说"惜结处迂缠不已，反不如玉川《寄抱孙》篇以一两语谑送为斩截耳"❺。

宋人诗写孩儿写得有趣，可以举出孔平仲的《代小子广孙寄翁翁》，又《常父寄半夏》❻。后者略云："齐州多半夏，采自鹊山阳。累累圆且白，千里远寄将。新妇初解包，诸子喜若狂。皆云已法制，无滑可以尝。大儿强占据，端坐斥四旁。次女出其腋，一攫已半亡。须臾被辛螫，弃馀不复藏。竞以手扪舌，啼噪满中堂。父至笑且惊，呕使啖以姜。中宵方稍定，久此灯烛光……"这里说的半夏，指天南星科植物半夏的块茎，干燥者表面呈白色或淡淡的黄白色，形若圆球或半圆球。《证类本草》说道，"半夏，味辛平，生微寒，熟温，有毒"；"生令人吐，熟令人下。用之汤洗令滑尽"；"生槐里川谷"。"陶隐居云：槐里属扶风，今第一出青州，关中亦有，以肉白者为佳，不厌陈久。用之皆先汤洗十许过，令滑尽，不尔，戟人咽喉。方中有半夏必须生姜者，亦以制其毒故也"（卷十）。苏颂《本草图经》则曰半夏"今在处有之，以齐州者为佳"。可知诗写一包半夏惹出的热闹原是实录，小儿女的懵懂调皮，种种情态刻画入微。只是末了"大钧播万物，不择窳与良"云云，是不忘教训也，不免蛇足。杨万里《闲居初夏午睡起》是人人熟知的名篇："梅子留酸软齿牙，芭蕉分绿与窗纱。日长睡起无情思，闲看儿童捉柳花。"诗人自己很得意一个"捉"字的好❼，明代画家也为它作得好画，如周臣的《闲看儿童捉柳花句意》。不过儿童之戏在这一首诗里毕竟只是配景。南宋赵必象《小亭夜坐即

❹《先秦汉魏晋南北朝诗》，上册，页736。
❺ 冯浩《玉谿生诗集笺注》卷二引，上海古籍出版社一九七九年。
❻《全宋诗》，册一六，页10842、10834。
❼ 周密《浩然斋雅谈》卷中："诚斋亦自语人曰：工夫只在一'捉'字上。"

景》"儿童戏逐月边星"❶，亦然。总之，唐宋诗词中不乏咏及儿童的一二佳句❷，但全篇趁意之作究竟不多。

专为孩儿写照且以一片童心把童嬉写得亲切，惟路德延《孩儿诗》一篇：

"情态任天然，桃红两颊鲜。乍行人共看，初语客多怜。臂膊肥如瓠，肌肤软胜绵。长头才覆额，分角渐垂肩。散诞无尘虑，逍遥占地仙。排衙朱阁上，喝道画堂前。合调歌《杨柳》，齐声踏《采莲》。走堤冲细雨，奔巷趁轻烟。嫩竹乘为马，新蒲掉作鞭。莺雏金镟系，猧子彩丝牵。拥鹤归晴岛，驱鹅入暖泉。杨花争弄雪，榆叶共收钱。锡镜当胸挂，银珠对耳悬。头依苍鹣裹，袖学柘枝揎。酒殢丹砂暖，茶催小玉煎。频邀筹箸插，时乞绣针穿。宝篚擎红豆，妆奁拾翠钿。短袍披案褥，尖帽戴靴毡。展画趋三圣，开屏笑七贤。贮怀青杏小，垂额绿荷圆。惊滴沾罗泪，娇流污锦涎。倦书饶姹姹，憎药巧迁延。弄帐鸾绡映，藏衾凤绮缠。指敲迎使鼓，箸拨赛神弦。帘拂鱼钩动，筝推雁柱偏。棋图添路画，笛管欠声镌。恼客初酣睡，惊僧半入禅。寻蛛穷屋瓦，探雀遍楼椽。抛果忙开口，藏钩乱出拳。夜分围榾柮，朝聚打秋千。折竹装泥燕，添丝放纸鸢。互夸轮水碓，相效放风旋。旗小裁红绢，书幽截碧笺。远铺张鸽网，低控射蝇弦。吉语时时道，谣歌处处传。匿窗肩乍曲，遮路臂相连。斗草当春径，争毬出晚田。柳旁慵独坐，花底困横眠。等鹊潜篱畔，听蛩伏砌边。傍枝拈舞蝶，隈树捉鸣蝉。平岛跨蹻上，层崖逞捷缘。嫩苔车迹小，深雪履

❶ 全诗为："小亭夜坐涤炎蒸，顿觉风清趣已成。数点流萤亭外度，儿童戏逐月边星。"《全宋诗》，册六六，页 41388。

❷ 如僧法振《赵使君生子晬日诗》"见人空解笑，弄物不知名"（尤袤《全唐诗话》卷六"僧法振"条）；如姜夔《鹧鸪天·丁巳上元》"娇儿学作人间字，郁垒神荼写未真"（《全宋词》，册三，页 2172），等等。

痕全。竞指云生岫，齐呼月上天。蚁窠寻径断，蜂穴绕阶填。樵唱回深岭，牛歌下远川。垒柴为屋木，和土作盘筵。险砌高台石，危挑峻塔砖。忽升邻舍树，偷上后池船。项橐称师日，甘罗作相年。明时方在德，劝尔减狂颠。" ❸

　　诗除结末宕开一笔别寓讽意外 ❹，通篇只写孩儿的各式游戏，种种活泼顽皮。"倦书饶娅姹，憎药巧迁延。弄帐鸾绡映，藏衾凤绮缠"，二十字牵出一串小儿无赖故事，这情景并没有怎样的时代隔膜，不费想象也足以令人启颜。"娅姹"此处是象声用法，则其声可闻其状可见。"走堤冲细雨"从《娇女诗》的"贪走风雨中，倏忽数百适"化出，"宝篚擎红豆，妆奁拾翠钿"也有《骄儿诗》的"凝走弄香奁，拔脱金屈戌"在先。香奁即妆奁，屈戌便是合页。"垒柴为屋木，和土作盘筵"，该是古今孩儿共有的爱好，佛经拈此作喻，也有传神的形容 ❺。与《娇女诗》和《骄儿诗》不同，路诗不是为特定的娇女或骄儿写照，而是天下古今孩儿的一幅写生图。它以赋笔铺排出琐细微末，情景的真切则令互不关联的许多故事聚在一处而能够流转生色。"嫩竹乘为马，新蒲掉作鞭"，竹马戏也。"杨花争弄雪"，捉柳花也。

---

❸ 按宋人诗话、笔记等多作《孩儿诗》，《全唐诗》作《小儿诗》（册二一，页8255）。此据《太平广记》卷一七五"路德延"条录文，若干字句据计有功《唐诗纪事》卷六十三"路德延"条酌改。

❹ 《太平广记》卷一七五："路德延，儋州严相之犹子也……天祐中，授左拾遗，会河中节度使朱友谦领镇，辟掌书记。友谦初颇礼待之，然德延性浮薄骄慢，动多忤物，友谦稍懈礼，德延乃作《孩儿诗五十韵》以刺友谦，友谦闻而大怒，有以撚祸，乃因醉沉之黄河。"（事又见《唐诗纪事》卷六十三）不过诗的结末两联实是此类作品中常用的套语，就诗说来本是败笔，却很难说有怎样的讽意。

❺ 《韩非子·外储说左上》"夫婴儿相与戏也，以尘为饭，以涂为羹，以木为戬"；《三国志》卷二十九《魏书·管辂传》引《辂别传》曰，辂年八九岁，"与邻比儿共戏土壤中"。《大智度论》卷九十二："譬如人有一子，喜不净中戏，聚土为谷，以草木为鸟兽，而生爱著，人有夺者，嗔恚啼哭。"《大正藏》，第二十五卷，页707。

藏钩，斗草，放纸鸢，打秋千，节令游戏也。听蚤，捉蝉，曳车，和土，也都是传统的童嬉。弄鸟控弦的孩儿在陕西长安南郊唐韦顼墓石刻线画中可以看到，时代为开元六年^[图1·1]。小儿作歌舞之嬉的情景，见于镇江丁卯桥晚唐金银器窖藏中的一件银鎏金婴戏图小壶^[图1·2]，又敦煌莫高窟第六一窟南壁《法华经·譬喻品》中的火宅之喻，时属五代^[图1·3]。"头依苍鹊裹"与《骄儿诗》"忽复学参军，按声唤苍鹊"同趣，前举婴戏图小壶中适有如此画面^[图1·4]。"垂额绿荷圆"，"猧子彩丝牵"，则是唐代艺术品中常见的孩儿形象。故宫博物院藏一面唐代铜镜，铜镜内区是莲花化生图案，下端当心挺出一茎莲叶，一左一右斜斜秀出两枝盛开的莲花，头顶荷叶帽的两个孩儿手持花枝舞蹈于花心^[图2]。"垂额绿荷圆"仿佛为它写神，"合调歌《杨柳》，齐声踏《采莲》"，诗与图案也在这里拍合得紧。新疆阿斯塔那唐墓出土的屏风画，残件之一是穿着条纹裤的一对小儿，左边一个抱着猧子，长长的牵线从手臂上低垂下来^[图3·1]。西安南郊何家村唐代金银器窖藏中的一件银方盒上也刻着小儿捉飞鸟、趁猧子的图案^[图3·2]。《敦煌变文集·父母恩重经讲经文》"五五相随骑竹马，三三结伴趁猧儿"；"捉蝴蝶，趁猧子，弄土拥泥向街里"❶，正是画笔写真的依据。所谓"猧子"，原是当时的外来货，其故乡在东罗马亦即拜占廷帝国，唐人称作"大秦"或"拂菻"，由猧子传入中土的前前后后❷，可知诗中的"猧子彩丝牵"与抱猧孩儿的屏风画，均为写照当时。作为图像，它也成为经典而长久流传，克利夫兰艺术博物馆藏宋人《仿周文矩宫中图》有小儿戏猧子的情景^[图3·3]，河北邯郸峰峰矿区金代泰和二年崔仙奴墓出土红绿彩抱猧童子^[图3·4]，教人看到这一表现题材的生命力。

---

❶ 王重民等《敦煌变文集》，页684，人民文学出版社一九八四年。

❷ 蔡鸿生《唐代九姓胡与突厥文化》，页211～219，中华书局一九九八年。

1·2 银鎏金婴戏图小壶局部

镇江丁卯桥晚唐金银器窖藏

1·4 银鎏金婴戏图小壶局部

1·3 敦煌莫高窟第六一窟南壁壁画

1·1 唐韦顼墓石刻线画（摹本）

2 莲花童子唐镜 故宫博物院藏

3·1　屏风画局部　新疆阿斯塔那唐墓出土

3·2　银盒　西安南郊何家村唐代金银器窖藏

3·3　《仿周文矩宫中图》局部
　　　克里夫兰艺术博物馆藏

3·4　红绿彩抱猊童子
　　　河北邯郸金代崔仙奴墓出土

4·1 《荷亭婴戏图》局部　波士顿艺术博物馆藏　　　4·2 《百子图》局部　克里夫兰艺术博物馆藏

　　"袖学柘枝搬",而《娇女诗》云"从容好赵舞,延袖象飞翮"也,当然《孩儿诗》的柘枝舞已经带了异域色彩。之后,宋金戏剧的繁荣昌盛,更为同时代的儿童生活带来特别的乐趣,乃至贵为至尊也不例外。宋《道山清话》记宋哲宗事曰:"一日,辅臣帘前论事甚久,上忽顾一小黄门,附耳与语,小黄门者既去,顷之复来,亦附耳而奏,上忽矍然而兴。俄闻御屏后小锣钹之声交作。须臾,上即复出,一黄门抱上御椅子,再端拱而坐,直待奏事毕,乃退。太后亦顾上笑。"哲宗即位时年仅十岁,垂帘之"太皇太后",乃英宗高皇后,为神宗之母。此则纪事真是很有意思,虽然不能确知"御屏后小锣钹之声交作"究竟是怎样的游戏,不过由宋人画笔下的儿童娱戏也可窥其大概,如波士顿艺术博物馆藏《荷亭婴戏图》(图4·1),如克里夫兰艺术博物馆藏《百子图》(图4·2)。击鼓、击钹,"抹土搽灰"❶,戴假面做院本,乃是宋金时代最为流行的儿童游戏。

---

❶ 面上涂抹黑白两色。南戏《张协状元》"何咨搽灰抹土,歌笑满堂中";《错立身》"一意随它去,情愿为路歧,管甚么抹土搽灰"。

5　阿育王施土　犍陀罗石刻　大英博物馆藏

　　"短袍披案褥，尖帽戴靴毡"，摹仿胡人妆扮竟有如此滑稽；"展画趋三圣，开屏笑七贤"，也别存一分可爱，此中且各存故事。三圣，西方三圣也，此概指佛。《贤愚经》卷三《阿输迦施土品》云佛在舍卫国祇树给孤独园，"晨与阿难入城乞食，见群小儿于道中戏，各聚地土，用作宫舍，及作仓藏财宝五谷。有一小儿遥见佛来，见佛光相，敬心内发，欢喜踊跃，生布施心，即取仓中名为谷者，即以手掬，欲用施佛，身小不逮，语一小儿：我登汝上，以谷布施。小儿欢喜，报言可尔。即蹑肩上，以土奉佛。佛即下钵，低头受土"。布施的童子于是得到佛的预言，即将来当做国王，字阿输迦 ❶。《贤愚经》为元魏凉州沙门慧觉等译。此也见于西晋安法钦译《阿育王传》、梁僧伽婆罗译《阿育王经》等等。佛教艺术便多摄取这一节而表现为阿育王施土故事。它在犍陀罗石刻中已是常见的题材，但似乎并无固定的表现形式 (图5)。北魏佛教造像中，有一佛三童子的造型，如云冈昙曜五窟之一第一八窟南壁所刻。面向本尊的一身佛立像右足下三个童子，两

---

❶《大正藏》，第四卷，页 368。按阿输迦即阿育王之别译，意译无忧王。

阿育王施土　北魏卜氏造像塔
局部　甘肃庄浪县李家碾出土

7　石造四面像　日本大阪市立美术馆藏

8　河北邯郸水浴寺石窟
第一窟雕刻

个在下作承托状，一个在上作布施状❷。甘肃庄浪县李家碾出土北魏
卜氏造像塔浮雕中也有如此情节（图6）。今藏日本大阪市立美术馆的一
方北魏石造四面像，其中一面所刻亦其例。画面中三小儿，其一伏在
佛的身边，蹑其肩、蹑其背的两个小儿于是捧土向佛，世尊则微微探
首，稍稍俯就，正是伸手接纳的一刻（图7）。不过三小儿的上方又有一
匍匐者，那么这里大约又结合了定光佛授记故事，而一佛三童子的造
型，北朝时期也是定光佛授记的表现形式❸，如河北邯郸水浴寺石窟
第一窟中的雕刻，时代则为北齐❹（图8）。后世童子礼佛的绘画，此或
其源，当然发展过程中有了不少变化，并且逐渐从原来的佛经故事中

❷ 日人长广敏雄最早把这一组合的图像推定为阿育王施土故事，见《雲岡石窟における二，
　三の因縁像》，页272～274，《中國の佛教美術》，平凡社一九六八年。
❸ 王振国《关于邯郸水浴寺石窟的几个问题》，页67，《中原文物》二〇〇二年第二期。按
　据该文，水浴寺西窟定光佛授记本生故事雕刻有题记刻于右上角："武平五年甲午岁十月
　戊子朔，明威将军陆景妻张元妃，敬造定光佛并三童子。愿三界群生，见前受福，亡者
　托荫花中，俱时值佛。"
❹《中国石窟雕塑全集·6·北方六省》，图版一四七，重庆出版社二〇〇一年。按图版说明
　云："立像的右侧三个裸体顽童，一童四肢爬地，一童踩于其肩，双手捧钵，作乞讨状。"
　误也。

9 敦煌莫高窟第一九七窟壁画　　10 《百子嬉春图》局部　故宫博物院藏　　11 《大字妙法莲华经》引首插

独立出来。敦煌莫高窟第一九七窟时属中唐的壁画中绘有童子礼佛〔图9〕，《骄儿诗》"又复纱灯旁，稽首礼夜佛"，《孩儿诗》"展画趋三圣"，似乎都和它遥相呼应，诗中所咏，当有着艺术与生活的双重来源。出自宋人之手的一幅《百子嬉春图》，中有童子拜观音的场面〔图10〕。垒砖为塔似乎已成宋代小儿经常的游戏，陆游《群儿》诗句云："野行遇群儿，呼笑运甓忙。共为小浮图，嶙峋当道旁。蚬壳以注灯，碗足以焚香。须臾一哄散，无益亦何伤。"❶宋庆元间刻《大字妙法莲华经》引首插图正绘出诗中所咏场景〔图11〕。今藏日本东京国立博物馆的《合欢多子图》绘有童子拜塔，塔中有佛，亦礼佛之意〔图12〕。画有陈洪绶款，而画风实与之不类，但出自明人应该不错。可以说，童子礼佛此际已是婴戏图的表现程式之一，故宫博物院藏陈洪绶《戏婴图》，正是以此为题材，从构图方式中，也可以看到它与前朝绘画的继承关系〔图13〕。童子拜塔又成为明清时代各种工艺品的婴戏图中常常用到的图式，今藏台北故宫博物院的明代雕漆百子图印匣，图中小儿围在塔边嬉戏的场景，自然也是与童子拜塔同出一源的创作构思〔图14〕。

---

❶《全宋诗》，册三九，页 24803。

12 《合欢多子图》局部（摹本） 日本东京国立博物馆藏

14 明雕漆百子图印匣局部 台北故宫博物院藏

13 《戏婴图》 故宫博物院藏

　　"展画"情景在《骄儿诗》里形容得最好，"古锦请裁衣，玉轴亦欲乞"，真的是童稚的淘气和可爱。而出现在传宋人《长春百子图》中的观画，其情状已经很有些成人化 _{（图15）}。它后来也成为明清婴戏图的图式之一，前举雕漆百子图印匣，即有观画的场面。"开屏笑七贤"，七贤，竹林七贤也，此与上联之"三圣"为对，而它本来又是流行的绘画题材。一个"笑"字

15 《长春百子图》局部
台北故宫博物院藏

犹可见出孩子气，只是较之《骄儿诗》的形容已有不及。

　　《孩儿诗》中的节令游戏，多有古老的渊源。梁宗懔《荆楚岁时记》云，寒食，有打毬、秋千之戏；五月五日，"有斗草之戏"；"岁前又为藏彄之戏"。藏彄之彄，亦作钩，此指蜷起来的手。段成式《西阳杂俎·续集》卷四："旧言藏钩起于钩弋，盖依辛氏《三秦记》，云汉武钩弋夫人手拳，时人效之，目为藏钩也。""彄与抠同，众人分曹，手藏物，探取之。""《风土记》曰：藏钩之戏，分二曹以较胜负，若人偶则敌对，若奇则使一人为游附，或属上曹，或属下曹，名为飞鸟。"分曹，即分作两方，一方藏物，一方猜物。藏者以一微物握手中，或传递或佯作传递己方的某人，晋庾阐《藏钩赋》"钩运掌而潜流，手乘虚而密放；示微迹而可嫌，露疑似之情状"❶，正是此刻情形；而猜物的一方则察形观色，判断其物究竟在谁手中。后世也把它称作猜枚，并且又可以成为两个人的游戏，即甲藏乙猜。元姚文奂《竹枝词》："晚凉船过柳洲东，荷花香里偶相逢。剥将莲肉猜拳子，玉手双开各赌空。"❷赌空亦猜枚之别称。《聊斋志异·双灯》记益都魏运旺与双灯夜会，置酒欢饮，"赌藏枚，女子什有九赢，乃笑曰：不如妄约（一作握，意同）枚子，君自猜之，中则胜，否则负。若使妾猜，君当无赢时。"双灯，狐仙也，自然屡猜屡中。作为孩儿之戏，或者以甲藏乙猜丙作"游附"为常。"藏钩乱出拳"，正是小儿态度。此戏之流也格外远长。故宫博物院藏清初嵌螺钿加金银片黑漆箱上面的百子图❸，其中作猜枚之戏的孩儿，仍是"藏钩乱出拳"一个合式的图解。

　　《孩儿诗》中的童嬉多可在汉代寻其源。如竹马戏，见《后汉书》

---

❶《艺文类聚》卷七十四引。
❷ 陈衍《元诗纪事》卷二十四。
❸ 王世襄《中国古代漆器》，图版七五，文物出版社一九八七年。

16·1 敦煌莫高窟第九窟东壁门南侧壁画（摹本）

16·2 磁州窑枕 大都会博物馆藏

卷三十一《郭伋传》❹，又同书卷七十三《陶谦传》。后者注引《吴书》曰："陶谦父，故馀姚长，谦少孤，始以不羁闻于县中，年十四，犹缀帛为幡，乘竹马而戏，邑中儿童皆随之。"唐诗中的写生，则使形象更加鲜明。如李贺《唐歌儿》"竹马梢梢摇绿尾"；李商隐《骄儿诗》"截得青筼笃，骑走恣唐突"；刘禹锡《同乐天和微之深春二十首》之二十"何处深春好，春深稚子家。争骑一竿竹，偷折四邻花"；又杜牧《冬至日寄小侄阿宜诗》"去年学官人，竹马绕四廊。指挥群儿辈，意气何坚刚"。敦煌莫高窟第九窟东壁门南侧时属晚唐的壁画中绘有童子骑竹马，虽小儿眉眼已经漫漶，但胯下一枝弯弯青竹依然清晰，由手中摇着的竹马鞭，也可窥得"嫩竹乘为马，新蒲掉作鞭"的得意神情（图16·1）。宋金时期，竹马戏更是成为磁州窑工匠手中挥洒自如的题材（图16·2）。

---

❹ 传云伋为并州牧，"始至行部，到西河美稷，有童儿数百，各骑竹马，道次迎拜。伋问：儿曹何自远来？对曰：闻使君到，喜，故来奉迎"。

17·1　铜鸠车　河南南阳东汉宗康墓出土　　　　17·2　铜鸠车（西晋）　洛阳博物馆藏

18　北魏元谧石棺线刻画（摹本）　　　　19　《重修宣和博古图》中的六朝鸠车

　　与竹马并提的常常是鸠车之戏。萧齐王融《三月三日曲水诗序》，句有"稚齿丰车马之好"，吕延济注："稚齿，小子也。年五岁有鸠车之乐，七岁有竹马之欢，皆谓得其天性也。"❶骑竹与牵车因此又成为小儿一个特定的形象，元稹《哭女樊四十韵》即特别以"骑竹痴犹子，牵车小外甥"❷而写出追忆亡女的举目伤情。小儿弄鸠车的形象汉画像石中已有不少，鸠车实物今天也还能见到，如河南南阳东汉宗康墓出土铜鸠车、洛阳博物馆藏西晋铜鸠车（图17·1、2）。北魏鸠车，见于元谧石棺线刻画中的老莱子娱亲图（图18）；《重修宣和博古图》中录有六朝鸠车（图19）。汉代至于南北朝，鸠车形象没有很大变化，不过辽宋以后的玩具车却并不一定再取鸠的造型，而多半作成小小的四轮车。如辽宁朝阳前窗户村辽墓

<hr />

❶《文选》卷四十六。

❷《全唐诗》，册一二，页4514。

出土鎏金婴戏纹银带中小儿手牵的玩具车（图20）。宋以及宋以后的婴戏图，所绘多为此式（图21·1、2）。《孩儿诗》"嫩苔车迹小"，用字颇见斟酌，其车自是小儿玩具；韦庄《与小女》"见人初解语呕哑，不肯归眠恋小车"，亦宛然小儿情态，两诗都没有特别指明是鸠车，或许已非前朝旧式。

骑马可以作战，乘车可以出行，两项节目合在一起，又成为"设部伍"的游戏。《三国志》卷十五《魏书·贾逵传》云逵儿时"戏弄常设部伍，祖父习异之，曰：'汝大必为将'"。《孩儿诗》的"排衙朱阁上，喝道画堂前"，即此"设部伍"之类。又韦庄一首题作"旅次甬西，见儿童以竹枪纸旗戏为阵列，主人叟曰斯子也，三世没于阵，思所袭祖父仇，余因感之"，句云"已闻三世没军营，又见儿孙学战争"，也可见情状。它后来成为婴戏图——尤其是明清时代——几乎不可或缺的一项内容（图22·1、2）。相比于"截竹作马走不休，小

20 银鎏金婴戏纹带具·带铐
辽宁朝阳前窗户村辽墓出土

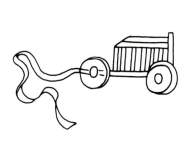

21·1 苏汉臣《婴戏图》中的玩具车（摹本）

21·2 磁州窑枕 北京植物园出土

22·1　明青花罐　广东省博物馆藏

22·2　青花杏叶壶　大英博物馆展陈

青花杏叶壶局部

车驾羊声陆续"❶，此中实在少了很多孩儿的天真之趣，无怪贾习见孙儿作"设部伍"之戏会"异之"。明清时代，人们对它的热中多半在"意"不在"趣"。而所谓"意"，当然是成人心理，由此又发展出以课读为内容的坐堂审案的图式❷，成为明清婴戏图中一类特有的表现形式。其中流传最广的一种，为明嘉靖和万历时期景德镇窑青花器皿上面的

❶ 陆游《喜小儿辈到行在》，《全宋诗》，册三九，页 24260。

❷ 作为童嬉，当然它早就有了，北宋张耒曾借此戏写了一首内容很沉重的诗，即《有感三首》之二："群儿鞭笞学官府，翁怜痴儿傍笑侮。翁出坐曹鞭复呵，贤于群儿能几何。儿曹相鞭以为戏，翁怒鞭人血流地。等为戏剧谁后先，我笑谓翁儿更贤。"《全宋诗》，册二〇，页 13109。

23·1　湖北荆州地区博物馆藏明青花罐图案

23·2　明青花罐局部　广东省博物馆藏

23·3　万历景德镇窑青花盘　大英博物馆展陈

23·4　明青花盒　大都会博物馆藏

婴戏图案（图23·1～4）。

　　"旗小裁红绢"，便是《陶谦传》中说到的"缀帛为幡"，不过把幡变成了三角形的小彩旗，以后它也一直是孩儿喜欢的游戏。《西湖老人繁胜录》记各项玩物的买卖，中有杖头傀儡、锡小筵席、杂彩旗儿、竹马儿、小龙船。"杂彩旗儿"，亦即由缀帛之幡变化而来的裁绢之旗，其式即如宋人《冬日婴戏图》所绘（图24）。波士顿艺术博物馆藏传苏汉臣《婴戏图》中，两个以推枣磨为戏的小儿旁边，横着一杆牙旗小小，自然也是杂彩旗儿的一种（图25）。作为玩具的"小龙船"之类也出现在宋人《子孙和合图》里（图26）。以图中有子有荷，而谐其音名作"子孙和合"乃出自后人，宋人的笔绘孩儿多重童趣，以吉语寓意

24 《冬日婴戏图》局部
台北故宫博物院藏

25 《婴戏图》局部　波士顿艺术博物馆藏

26 《子孙和合图》局部　台北故宫博物院藏

27 东汉缪宇墓出土画像石（摹本）

命名，此际尚未形成风气。

　　"傍枝拈舞蝶，隈树捉鸣蝉"，江苏邳县（今邳州市）燕子埠东汉
彭城相缪宇墓出土捕蝉图画像石，六小儿在大树下张弹弓，举粘竿，
捕蝉为戏 [图27]。天津博物馆藏苏汉臣款《婴戏图》则绘出小儿蹑手蹑
脚拢手向舞蝶的一瞬间 [图28]。

　　"书幽截碧筸"，也与"展画"、"开屏"相类，是小儿当作嬉戏的
裁纸习书。卢仝《土添丁》"忽来案上翻墨汁，涂抹诗书如老鸦"，亦
同此趣。旅顺博物馆藏一件宋代磁州窑白地黑花枕，枕面简笔绘出草

28　苏汉臣款《婴戏图》局部　天津博物馆藏

29　磁州窑白地黑花枕　旅顺博物馆藏

坡上跷足坐在山石上的孩儿，一手握笔，一手矮纸半卷，前面一方砚台，短眉微蹙之娇憨尤其传神（图29）。

风筝作为儿戏，唐代才开始兴盛，虽然在此之前它已不止一次用于军事。不过风筝在唐代多以纸鸢为称，所谓"风筝"，其实别有所指❶。"折竹装泥燕，添丝放纸鸢。互夸轮水碰，相效放风旋"，最是《孩儿诗》中的隽句，磁县博物馆藏一件金代瓷枕正不妨为它写意（图30）。宋代放纸鸢多在清明前后❷，李纲《清明日》"游女踏青寻苑草，戏童

❶　今人言风筝，每举唐高骈的《风筝》诗，即"夜静弦声响碧空，宫商信任往来风。依稀似曲才堪听，又被风吹别调中"（《全唐诗》，册一八，页6923），却是一个很大的误会。高诗所咏乃房檐下的铁马，此诗本事，见《唐诗纪事》卷六十三："骈镇蜀日，以南诏侵暴，筑罗城四十里，朝廷虽加恩赏，亦疑其固护。或一日，闻奏乐声响，知有改移，乃题《风筝》寄意曰……旬日报道，移镇渚宫。"唐诗以风筝喻铁马者尚有多篇，如李白《登瓦官阁》"两廊振法鼓，四角吟（一作吹）风筝"（《全唐诗》，册六，页1836）；杜甫《冬日洛城北谒玄元皇帝庙》"风筝吹玉柱，露井冻（一作动）银床"（同上，册七，页2387）；刘禹锡《酬湖州崔郎中见寄》"风筝吟秋空，不肖指爪声"（同上，册一一，页3990）；又李商隐《燕台四首·秋》"西楼一夜风筝急"（同上，册一六，页6233），等等。与后来人们所称的风筝完全无干，是以时代之异而名称有别，明杨慎对之辨析甚明，见《升庵集》卷五十七。

❷　当然也不乏秋日里的纸鸢之戏，寇准《纸鸢》："碧落秋方静，腾空力尚微。清风如可托，终共白云飞。"《全宋诗》，册二，页1006。

30　磁州窑枕　磁县都党乡冶子村出土

名物研究十二题

引线送风筝"❶；李曾伯《因赋风筝与黄郎偶》"竹君为骨楮君身，学得飞鸢羽样轻。出手能施千丈缕，举头可问九霄程。高穷寥旷宁无力，少假扶摇即有声。所惜峥嵘能几日，儿曹倰指已清明"❷，均可见出时令。元代北方的放风筝，喜欢在秋高气爽的八月。《朴通事谚解·上》："八月里却放鹞儿。鲇鱼鹞儿，八角鹞儿，月样鹞儿，人样鹞儿，四方鹞儿。八月秋风急，五六十托粗麻线也放不匀。"这是元代朝鲜人所作汉语会话读本，其中多记当时风俗。这里说的四方鹞儿，便是前举瓷枕图案中小儿手牵的那一种。明清风筝之戏仍以清明为盛。明刘嵩《槎翁诗集》卷四《风筝曲》句云"缉麻合线长百丈，要系风筝待晴放。有风须及清明前，作得鲇鱼爱新样"。清潘荣陛《帝京岁时纪胜》曰清明时节，扫墓者"各携纸鸢线轴，祭扫毕，即于坟前施放较胜"。放风筝更是历代婴戏图中历久不衰的表现题材，只是明清时代的婴戏图不仅多半程式化，而且成人化，再少见宋金时代作者笔下的童心童趣。清石涛《风鸢图》绘两小儿放纸鸢，游丝一线牵向天际，空白处题一小诗："我爱二童心，纸鹞成游戏。取乐一时间，何曾作远计。"〔图31〕诗虽敬礼童心，

---

❶《全宋诗》，册二七，页17561。
❷《全宋诗》，册六二，页38746。

却依然不是为小儿而作，笔底自然少了真实的童趣。

二　婴戏图与百子图

以婴戏为题材的绘画，大约唐代已趋成熟。明张应文《清秘藏》著录有唐周昉《戏婴图》❸；张丑《清河书画舫》申集"秦观"条下云吴能远藏有五代周文矩《戏婴图卷》。唐五代时期的敦煌壁画中，有不少出自民间画匠之手的嬉戏小儿（图32·1）。绘画之外，以婴戏为题材的艺术品也有不少，如常州博物馆藏一件长沙窑青釉褐彩戏球童子（图32·2）。前举镇江丁卯桥唐代金银器窖藏中的银鎏金婴戏图小壶，壶腹的另一面开光里錾出鱼子地上的两个斗草小儿（图32·3）。《孩儿诗》便是把很多分散的材料聚拢来，而使它成为一个小小的风俗画卷。诗中的童嬉固写当时，但多半古已有之，并且后世依然，即如前面举出的各项，此诗因仿佛一部儿童游戏的小百科，而成为后来婴戏图、百子图的最佳蓝本。

今天所能看到的婴戏图，以宋代作品为出色。除前举若干之外，《孩儿诗》中说到的下棋（"棋图添路画"）、蹴鞠（"争毬出晚田"）、扑蝶（"傍枝拈舞蝶"）、捉蟋蟀（"听蚻伏砌边"）、弄鹅鸭（"驱鹅入

---

❸ 又，宋王铚有《追和周昉琴阮美人图诗》，其序云："龙眠李亮工家藏周昉画《美人琴阮图》，兼有宫禁富贵气象，旁有竹马小儿欲折槛前柳者。亮工官长沙，而黄鲁直谪宣州，过见之，叹爱弥日，大书一诗于黄素上曰：'周昉富贵女，衣饰旧相兼。髻重鬌根急，薄妆无意添。琴阮相予误，听弦不观手。敷腴竹马郎，跨马要折柳。'此画后归禁中，胡马惊尘，流落何许，而诗亦世不传，独仆旧见之，位置犹可想象也。"（《全宋诗》，册三四，页21290）婴戏虽是此幅画作中的配景，但却以它的生动而很是夺人眼目。

32·1 聚沙小儿 莫高窟第二三窟壁画（盛唐）

32·2 长沙窑青釉褐彩戏球童子
常州博物馆藏

32·3 银鎏金婴戏图小壶
镇江丁卯桥晚唐金银器窖藏

暖泉"），又"莺雏金镞系，猧子彩丝牵"，等等，都是辽宋金元婴戏图常见的情节，磁州窑瓷枕图案中也多有刻画生动的形象（图33·1～3）。而"驱鹅入暖泉"的情景，在时属中唐的榆林窟第二五窟南壁观无量寿经变中，已有传神之笔（图34）。

　　婴戏图中的经典，自然是苏汉臣的《秋庭戏婴图》。身穿罗衫的一对姐弟全神贯注于推枣磨的游戏占据了画面中心，而另一端坐墩上摆着的小物件同样是画家一丝不苟的安排（图35）。一对漆罐，当是棋子盒。一座小小的玲珑宝塔，则为当时的小儿玩具。宋人话本《山亭儿》中提到它，道是："合哥挑着两个土袋，摅着二三百钱，来焦吉庄里，问焦吉上行些个山亭儿，拣几个物事，唤作：山亭儿，庵儿，宝塔儿，

33·2　澄源王家造白地黑花枕　南京博物院藏

33·1　磁州窑枕　磁县冶子村出土

33·3　磁州窑枕　日本白鹤美术馆藏

34　榆林窟第二五窟南壁壁画

35　《秋庭戏婴图》局部
台北故宫博物院藏

36·1 《小庭婴戏图》局部
故宫博物院藏

36·2 山亭儿 镇江宋元泥塑
作坊遗址出土

37 《秋庭戏婴图》坐墩上的物件（摹本）

石桥儿，屏风儿，人物儿。"❶山亭儿，便是这一类玩具的总称，而这里的一件，应唤作"宝塔儿"。故宫博物院藏一幅宋人《小庭婴戏图》，图中滚落在地上的，也是这样一件（图36·1）。镇江古城宋元泥塑作坊遗址出土的"陶楼"，则是山亭儿的实物（图36·2）。

坐墩当心丁字形的木架上又立着一个大轮盘，盘中耸出一柱，柱中横贯一竿，竿的两端各有一个骑马小人，其中穿蓝袍的一个正在弯弓射箭。轮盘上面画出八个格子来，每个格子里各画一件杂宝，旁边一个同样分作八个小格若尺子一样的长板，每个格子里各置与轮盘格中所画——对应的小物件（图37）。宋周密《志雅堂杂钞》卷上："余儿

❶ 此即明兼善堂本《警世通言》第三十七卷《万秀娘仇报山亭儿》，程毅中《宋元小说家话本集》将之辑入，此从该书之断代。

时游中都市井间","有王尹生者,善一技,每设一大轮盘,径五六尺,盘中尽小器,具花鸟人物,凡千馀事。每以楮为小羽箭,或三或五,皆如人意。既而运转大轮如飞,使客随意施箭,皆能预定,初箭中某物,次箭中某物,无毫厘差忒。或俾其自射,且预命之曰:以初箭中某物,以次箭中某物,如花须旗脚燕翅鱼鬣之类,虽极微眇,无不中,其精妙若此"❷。王生欲神其技,轮盘因此做得精巧繁复,游戏方式也颇奇绝,但游戏之具的基本形制,与这一幅戏婴图中的轮盘却是相似,由此可以推知图中之器的游戏规则,即快拨轮盘使它旋转,待得停止,视横竿一端的小人落在某格,便可获取某格中的物事,亦即长板上面放着的小物件。周密《武林旧事》卷六有"小经纪"条,末云:"若夫儿戏之物,名件甚多,尤不可悉数,如相银杏、猜糖、吹叫儿、打娇惜、千千车、轮盘儿。"那么它的名称,应即唤作"轮盘儿"。而它与孩儿自制的旋转枣磨,也当有着一种暗中呼应。两组对应的玩具原理相同,其一精致细巧,其一质朴自然,所谓"童心"却总是天然偏向后者。作为画家讲述的故事,它该是《秋庭戏婴图》中一个最有意思的情节。南宋绘画尤其是其中的小品,常常很讲究情节以及情节中一点巧妙的小趣味,此在苏汉臣的笔底已见端倪。

　　轮盘儿的一侧,又是一个浅浅的玳瑁盘,盘中一个带捻的陀罗。清翟灏《通俗编》卷二十二:"《景物略》:陀罗者,木制,实而无柄,绕以鞭之绳,卓于地,急掣其鞭,则转,顶光旋旋,影如不动也。按宋时儿戏物有千千,见《武林旧事》。《道古堂集》妆域诗序云:妆域者,形圆圜如璧,径四寸,以象牙为之,当背中央凸处置铁针,仅及寸。界以局,手旋之,使针卓立,轮转如飞,复以袖拂,则久久不能停。逾局者有罚。相传为前代宫人角胜之戏,如宋人所谓'千千'也。

---

❷ 此又见其《癸辛杂识·后集》"故都戏事"条,字句略有异。

38·1　嘉靖货郎图剔彩盘局部（摹本）　　　38·2　《婴戏图》局部（摹本）

此皆陀罗之类。"这里提到《武林旧事》中的所谓"千千"，即前引卷六"小经纪"条中列举的儿戏之物"千千车"。此称"千千"，乃将其下的一个"车"字属下读；而方以智《通雅》卷三十五又称作"惜千千"，则是将其上之"打娇惜"的"惜"字属下读。自以"千千车"于义为长。所谓《景物略》，明刘侗之《帝京景物略》也，此节见其书卷二。《道古堂集》，清杭世骏著，此节见诗集卷一《橙花馆集》之《妆奁联句》，原是诗前小序。联句所咏妆奁为宫中之物，自然精致，若民间，则不必以象牙。至于玩法，却略无不同，即以手捻为戏，《妆奁联句》所谓"一锥空倒卓"、"风车盘数数"是也。直到近世也还如此，俗称捻捻转，故宫博物院藏明嘉靖货郎图剔彩盘上有小儿玩此戏的情景（图38·1）。所谓"陀罗"，其始可溯至新石器时代❶。《齐民要术·种榆、白杨》："梜者镟作独乐及盏。"梜者，梜榆；独乐，即陀罗，此称后来又传到日本❷。如《景物略》所云，陀罗不是手捻为戏，而是鞭之使转。台北故宫博物院藏苏汉臣《婴戏图》中小儿鞭陀罗的场面，可以作为比较（图38·2）。

---

❶ 王宜涛《我国最早的儿童玩具——陶陀罗》，页46～49，《考古与文物》一九九九年第五期。

❷ 其制乃"削木如莲房形，大可拳，以铁钉为心，缠卷丝绳，引舞之"。寺岛良安《和汉三才图会》卷一七"嬉戏部"（东京美术一九七〇年）。

苏汉臣以及苏汉臣风格的婴戏图多半典丽工细，与它约略同时的磁州窑枕图案则是简笔传神的质朴之风，注重写实二者却是一致。可以说，这一时期婴戏图的好，即在于有个性，多童趣，正如左思《娇女诗》、李商隐《骄儿诗》。

婴戏的兴盛发达，催生了百子图，而为婴戏之集成。如今藏台北故宫博物院的传宋人《长春百子图》，又前举克里夫兰美术馆藏南宋《百子图》。南宋姜特立《送枕屏竹炉与刘公达致政道室》"不画椒房百子图，销金帐下拥流苏。聊将鸥鹭沧洲趣，伴送江西古竹炉"；辛弃疾《鹧鸪天·祝良显家牡丹一本百朵》"恰如翠幕高堂上，来看红衫百子图" ❸，前者云"不画"，可知"画"方为时风。后者乃以百子图来比喻一株百朵的牡丹花，我们正不妨反过来看。元欧阳玄诗《圭斋文集》卷四《题四时百子图》，句有"当时富贵傍观羡，至今宇宙流传遍"，可知百子图多以它的富贵气象而特为时人所喜。婴戏图本来也还有着祈福求子的意义。宋陈造有《题龚养正孩儿枕屏二首》，题下自注云："养正方苦少子。" ❹百子图亦然。清彭孙遹《松桂堂全集》卷十二有诗题作《当湖冯生四十无子命吴兴沈绍绘百子图属予题句其上》。《儒林外史》第二十八回曰季苇萧扬州入赘，道那招亲的尤家，敞厅"正中书案上，点着两枝通红的蜡烛，中间悬着一轴百子图的画，两边贴着朱笺纸的对联，上写道'清风明月常如此，才子佳人信有之'"。顾太清词《风光好·同治甲子元日戏题〈多儿图〉》"柳绵绵，水涓涓。嬉戏群儿小河湾，舞雩天。　　谁家特染丹青笔，多男子。吉兆欣逢甲子年，乐无边" ❺，更将图画寓意和盘托出。今所能

❸《全宋词》，册三，页1924。

❹《全宋诗》，册四五，页28212。

❺ 词题之下自注云："是年曾孙毓乾生。"金启孮等《顾太清集校笺》，页744，中华书局二〇一二年。

见到的作品很不少，而百子图中的童嬉已经有了标准的范式，即多为节令娱乐和传统的儿童游戏，如厦门文物商店旧藏崇祯时期的青花百子图笔海 [图39]，如《程氏墨苑》中的百子图及程大约《百子图诗》❶。正是在这一点上，它与《孩儿诗》异曲同工，我们因此可以接通二者之间虽然遥远却始终不曾间断的联系。

三　定陵出土百子衣

明代以降，百子图不仅广泛流行于民间，且尤为皇室所爱赏，清朱彝尊提到前朝瓷器时说，"百子图者，龙文五采者，皆昔日皇居帝室之所尚也"❷。故宫博物院藏万历款青花婴戏图盒，盖面图案为课读、斗蟋蟀、竹马戏、斗草、放风筝，课读一组背后一架江崖海水屏风，

❶《程氏墨苑》卷五《人官上》录程氏所作《百子图歌》："阎阖万户何庆门，图中风物宛堪论。群儿嬉戏垂满百，化日舒长春漏温。盼倩风神剪秋水，激昂意气掀朝暾。小者跳地作虎子，大者行空如鹏骞。风鸢高放务寥廓，竹马常骑习结屯。礼容或能设俎豆，斗芳竞得拾荃荪。藉草抟沙作羹饭，观鱼激水翻瓮盆。辨难时指东禺日，延伫讵啖西邻豚。傀儡闹场刘项戏，雍容揖酒唐虞存。先导攀花作羽盖，高标曳褚列旌幡。亦自彬彬成礼乐，似闻哑哑多笑言。成行在右傃在左，群儿自小还自尊。已欢梓里金兰合，讵数谢庭玉树繁。凤麟有美歌毛趾，水木居然穷本源。借问桐乡丽不亿，副墨之子洛诵孙。"明代艺术品中的百子图，作为一种范式，影响且及于日本。日本公文こども文化研究所藏一件江户时代的《唐子游绘卷》，似可作为代表。它以庭院为背景，在长卷中细绘四季中的儿童嬉戏。骑竹，斗鸡，放纸鸢，鞭陀罗，扑蝶，戏鸟，踢毽，牵车，舞狮子，放爆竹，凡此种种，几乎尽以中土的百子图方式。当然此中尚有社会的与美术史的背景，对此日本学者已有详细的讨论，见黑田日出男《〈唐子〉论——历史としての子どもの身体をめぐって》，《東アジア美術における〈人のかたち〉》，东京国立文化财研究所一九九四年。
❷《曝书亭集》卷三十六《感旧集序》。

39 青花百子图笔海 厦门文物商店旧藏

40　万历款青花婴戏图盒
故宫博物院藏

盖缘弧面饰四条戏珠的五爪龙（图40），可以为例。

　　百子图工艺之最可称道者，当推万历朝的刺绣百子衣。明定陵地下宫殿孝靖王太后棺内出土了图案大体相同的两件。百子衣用色丰富，针法复杂，绣工精细，为明代绣品之上乘自不待言。其中一件（《定陵》编号为 J55：3）是四季暗花罗地，前胸绣二龙戏珠，龙首顶部绣两个"万"字。后背绣衔珠坐龙，一个"寿"字绣在龙首上方。百子之间，则点缀八宝、蝙蝠、山石，又松、竹、梅等各式花卉。衣虽有残损，但仍存小儿九十一。若依绣样中的情节来分，则可别作三十九个画面 ❶（图41·1～4）。另一件（《定陵》编号为 J55：1），图案多与它相同（图42、43·1～4）。蹴鞠、藏钩、下棋、扑蝶、弄鸟、戏竹、牵车、排衙喝道，《孩儿诗》里的故事，百子衣中一一布置。宋人婴戏图中的执旗、观鱼、浴儿、摸虾、角觚、放爆竹、鞭陀罗、推枣磨、戏蟾

---

❶ 中国社会科学院考古研究所等《定陵》，上册，图二二四 A、图二二四 B，文物出版社一九九〇年。

41·1　绣百子暗花罗女夹衣（J55：3）
纹样：千千车，猜枚，骑竹马，
鞭陀螺，琉璃瓶和倒披气，推
枣磨，逗鸟

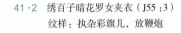

41·2　绣百子暗花罗女夹衣（J55：3）
纹样：执杂彩旗儿，放鞭炮

41·3　绣百子暗花罗女夹衣（J55：3）
纹样：扑蝴蝶，放风筝，踢毽子，
浴儿

41·4　绣百子暗花罗女夹衣（J55：3）
局部

43·1　绣百子暗花罗女夹衣（J55：1）局部：猜枚

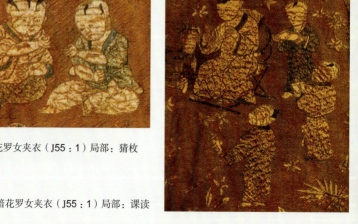

43·2　绣百子暗花罗女夹衣（J55：1）局部：课读

42　绣百子暗花罗女夹衣（J55：1）复制品

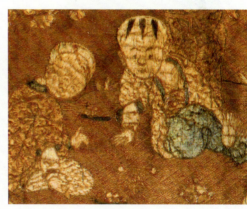

43·4　绣百子暗花罗女夹衣（J55：1）局部：推枣磨

43·3　绣百子暗花罗女夹衣（J55：1）局部：托宝塔

44·1 《扑枣图》局部
台北故宫博物院藏

44·2 百子衣图案

45·1 《同胞一气图》局部
台北故宫博物院藏

45·2 百子衣图案

蛤、捉迷藏、傀儡戏、千千车、宝塔儿，也无不展示在百子衣中。小
儿摘果，其式源自宋人的《扑枣图》〔图44·1、2〕。百子衣中占据醒目位置
的"同胞一气"，当以元人之作为蓝本〔图45·1、2〕。"包"与"胞"谐音，
"汽"与"气"谐音，即以小儿围着笼屉吃包子，而寓同胞相亲之意❶，

❶《定陵》报告把它解释为"分食图"，曰"地上放一船形果盘，内置果子"（页138），误也。

46·1 磁州窑枕 南越王博物馆藏

46·2 百子衣图案

46·3 银鎏金婴戏纹戒指
上海闵行区吴泾镇明何文瑞家族墓出土

这正是串连"百子"的一大要旨。执旗的小儿依然是缀帛为旗，小儿卧眠的图式，可以举出磁州窑枕中的先例（图46·1、2）。《孩儿诗》"柳旁慵独坐，花底困横眠"，更见得这一图式并非空无依傍，明代戒指上的图案也可以和它相互映照（图46·3）。戏鸟图样中的鸟笼亦与宋人婴戏图中的鸟笼同式，甚至戏鸟孩儿的姿式都不是没有来处（图47·1~3）。又有元代已经流行的放空钟，《朴通事谚解·上》："街上放空中的小厮

47·1 《市担婴戏图》局部
台北故宫博物院藏

47·2 《子母牛图》局部　台北故宫博物院藏

47·3 百子衣图案

们好生广，如今这七月立了秋，正是放空中的时节。"句下注曰："《音义》云：用檀木旋圆，内用刀子剜空，以绳曳之，在地转动有声。《质问》云：顽童将葫芦用木钉串之，傍作一眼，以绳系扎，旋转有声，亦谓之空中。"可知百子衣所选取的图式，多为在它之前即已发展成熟的表现形式，而明代婴戏图中的普遍样式，如课读、跳百索、踢毽子，又琉璃瓶和倒掖气，在百子衣中也有选粹式的安排。后者见《帝京景物略》卷二《春场》，"东之琉璃厂店，西之白塔寺，卖琉璃瓶，盛朱鱼，转侧其影，小大俄忽。别有衔而嘘吸者，大声哦哦，小声嗦嗦，曰倒掖气"。

就童趣而言，路德延《孩儿诗》五十韵近乎空谷足音而格外令人珍视，虽仍不免有人为它附以"本事"，但撇开诗以外的种种说法，诗本身不过是以赋笔写童嬉、写童趣，不含教训，也无所谓比兴寄意。有趣更在于，美术工艺中的孩儿游戏差不多与它在在相契。在此意义上也可以说，它是我们理解这一时期以婴戏为题材的艺术作品和与之同时的社会风俗的一个极好参照。如果说供奉宫廷的职业画家一枝绘笔或难免带出帝王意旨，出自唐代民间工匠的不同形式的婴戏图，则多是生活场景之写生。婴戏图的活泼自然与健康，也正是大唐气象中的一缕清新之气，且融入两宋风俗而弥漫始终。宋代咏及儿童的诗，不乏一二佳作，只是再没有这样的巨制，不过宋代的婴戏图却格外发达。它有对前朝的继承，而更多自己的创造，因此成为婴戏图的一个艺术尖峰。婴戏图本身原有着对生活充满热爱与祝福的温馨情调，并不以纯粹表现童趣为主旨，宋代绘画注重写实的精神和画家对生活的细微观察，却能够使以婴戏为题材的绘画总是童趣盎然。然而明清特别是清代以来，以童嬉表现吉祥寓意的设计意匠渐成主流，前朝图样至此多成为固定的程式，婴戏图中的各个元素也脱离开浑朴的童趣而演变为成年人的思维，以此纳入以谐音为吉语的祈福框架。

定陵所出百子衣是历代儿童游戏之荟萃，也是历代婴戏图之集锦。它的好，即在于内容繁复构图却十分和谐，虽一一遵循程式却又无一刻板。它以天真活泼的童趣来表达吉祥的祝福，却并没有流于对吉祥词汇作笨拙而庸俗的图解。工艺的精湛，更使其图样设计所显示的艺术与生活的结合臻于完美。它属于富丽精致的宫廷艺术，但依然充溢着蓬蓬勃勃的生活气息，尽管它并不是为儿童的艺术，也正如《孩儿诗》并不是为儿童的文学。清代百子图更加兴盛，合了当日吉祥图案的旋律，场面也更加宏大和热闹，织绣之例如北京艺术博物馆藏清初红地缂丝百子图帐料〔图48·1〕、乾隆时期木红地百子纹锦夹被、光绪时

48·1　红地缂丝百子图帐料
　　　局部
　　　北京艺术博物馆藏

48·2　大红贡缎刺绣百子图
　　　壁挂局部
　　　南京博物院藏

期红纱地纳绣百子图门帘 ❶，又故宫博物院、南京博物院等地藏清代
百子题材诸绣品 ❷（图48·2），虽然内容十分丰富，也颇有对前朝的继承，
但孩儿的形象特别是神态多逊于前，灌注诗意的童心已经不复存在。

〔初刊于《文物》二〇〇三年第二期〕

---

❶ 北京市文物局《北京文物精粹大系·织绣卷》，图一八一、二二三，北京出版社二〇〇一
　年。
❷《中国织绣服饰全集·刺绣卷》，下册，图二二三、二四二、二六六，天津人民美术出版
　社二〇〇四年。

9

宫妆变尽尚娉婷：毛女故事图考

日本大和文华馆藏一件红绿彩人物故事图罐，它在不少中外有关著述里都被提到。不过关于它的时代，它的装饰图案，各家的意见却并不一致。高桥宣治编译的《中国纹样》将之命为"五彩壶"，并有一番详细的形容："在大莲瓣形开光中，画了四个故事图。猴子献桃图是描写西王母的故事，大概是依据吴承恩的小说《西游记》改编来的元曲或故事罢。带着鹤的女人，穿着鹤氅，打赤脚，可知其为仙姑无疑。然单就顶在她头部的宝伞以及她的形姿来看，或许也是王母罢。两图的主题不外都是求取灵药、仙草。正面的一个开光中的二人图，由于中央桌台上放着鼎形香炉，可知右边的是被祭祀者，左边立者为信徒。背面是把宋代以来就有的莲池的植物（在此为莲与慈姑）捆扎起来成为一吉祥图案。细部上，我们从庙地板上的如意头形砖格子，可以肯定此壶为元代之作品。"❶（图1·1～4）郭学雷《明代磁州窑瓷器》也著录此件，名作"白地黑花红绿彩人物图罐"，定其时代为明初，并认为它是禹州窑场出品❷。应以后者所论为是。这里不妨再补充一点论据，即坐在榻上的女子戴着葫芦耳环，耳环脚向后的弯度很大，此多见于明代。而《中国纹样》对此器装饰图案的种种解说，实在未得其意。

---

❶ 高桥宣治编译《中国纹样》，图四八，艺术图书公司一九九五年。按原著为中野徹等《展开寫真による中国の文様》，平凡社一九八五年。

❷ 郭学雷《明代磁州窑瓷器》，页 62，文物出版社二〇〇五年。

1·1　红绿彩人物故事图罐局部一　大和文华馆藏

1·2　红绿彩人物故事图罐局部二

1·3　红绿彩人物故事图罐局部三

红绿彩人物故事图罐局部特写

1·4　红绿彩人物图罐展开图

2·1 "采芝图"（左）
　　出自山西应县佛宫寺释迦塔

2·2 《采芝仙图》（右）
　　台北故宫博物院藏

　　最值得讨论的是罐身四个开光里的三个故事画面 ❶。其中的两幅采药图不免教人想到构图相近的两幅绘画作品。一为山西应县佛宫寺释迦塔中发现的辽代绘画，今一般称它为"采芝图"或"神农采药图"。图绘行走于山间的一位赤脚仙人，覆草为披，缀叶为襦，一手持药斧，一手拈灵芝，药笭负背，笭中卓然一杖，杖头挂斗笠、拂子、药葫芦，腰系书卷一帙（图2·1）。另外的一幅则为台北故宫博物院藏《采芝仙图》，画面不作配景，止绘一位赤脚仙姑，结树叶为下裳，臂挽竹篮，手拈紫芝，一头青丝绾作双髻，不簪不钗，面容姣好（图2·2）。

　　两幅画图中的女子固然都是手拈灵芝，然而画题即因此是"采芝图"么？似乎不然。所谓"神农"，所谓"仙女"，其实都是"毛女"。

　　毛女故事最早见于《列仙传》，其卷下"毛女"条云："毛女者，字玉姜，在华阴山中。猎师世世见之，形体生毛，自言秦始皇宫人也。秦坏流亡，入山避难。遇道士谷春，教食松叶，遂不饥寒，身轻如飞，百七十馀年。所止岩中，有鼓琴声云。"在葛洪《抱朴子内篇》

────────────

❶ 特别感谢大和文华馆惠允观摩实物。

中，故事情节又有增益，卷十一《仙药篇》："汉成帝时，猎者于终南山中，见一人无衣服，身生黑毛，猎人见之，欲逐取之，而其人逾坑越谷，有如飞腾，不可逮及。于是乃密伺候其所在，合围得之，定是妇人。问之，言我本是秦之宫人也，闻关东贼至，秦王出降，宫室烧燔，惊走入山。饥无所食，垂饿死，有一老翁教我食松叶松实，当时苦涩，后稍便之，遂使不饥不渴，冬不寒，夏不热。计此女定是秦王子婴宫人，至成帝之世，二百许岁。乃将归，以谷食之。初闻谷臭呕吐，累日乃安。如是二年许，身毛乃脱落，转老而死。向使不为人所得，便成仙人矣。"

神仙志怪流行于魏晋，前可上溯到两汉，馀波及于南北朝。不过流传下来并且作为艺术表现题材的故事并不很多，而其中的毛女故事却是格外有生命力，它的几个主要情节不仅成为后世小说的创作母题❷，且是诗歌绘画中不断出现的题材。

唐常建有诗题作《仙谷遇毛女意知是秦宫人》，似真若幻仿佛洛神之赋，而大致可以代表唐人对毛女故事所添助的诗意想象。诗曰："溪口水石浅，泠泠明药丛。入溪双峰峻，松栝疏幽风。垂岭枝嫩嫩，翳泉花濛濛。夤缘雾人目，路尽心弥通。盘石横阳崖，前流殊未穷。回潭清云影，弥漫长天空。水边一神女，千岁为玉童。羽毛经汉代，珠翠逃秦宫。目觌神已寓，鹤飞言未终。祈君青云秘，愿谒黄仙翁。尝以耕玉田，龙鸣西顶中。金梯与天接，几日来相逢。"❸《太平广记》卷四十神仙部有"陶尹二君"一则，注云出自《传奇》，正好可与常诗对看。它说唐大中初年，有相契为友的两个老翁，一名陶太白，一名尹子虚，二人以采松脂茯苓为业，常偕行于嵩、华二山。一日饮酒

❷ 详审之考述，见李剑国《论"毛女"》一文，载《古稗斗筲录：李剑国自选集》，页105~130，南开大学出版社二〇〇四年。
❸《全唐诗》，册四，页1455。

在芙蓉峰的松林之下，忽闻松间有人抚掌笑语，须臾，著服来见，却是一女一男。男子"古服俨雅"，女子"鬟髻彩衣"。原来男子生于秦皇之世，几番遭逢苦役而几番逃脱，直到充为陵工最后被闭锁在内，又终于逃得性命。女子即原为秦宫人的毛女，不幸做了殉人，却也脱得大难。二人在山中日食松子柏食，岁久日深，毛发绀绿，不觉生之与死。陶尹二翁因向之讨取长生丹药，答曰：哪里有什么长生丹，松脂柏食而已。于是授以二物，作别而去，"旋见所衣之衣因风化为花片蝶翅而扬空中"。

与旧日传说中"无衣服，身生黑毛"的陋容不同，唐代以及唐以后的毛女虽然仍是毛发绀绿之仙体，而姿容一如人家好女，且翩翩来去风致嫣然。画家笔下的毛女图正与此互为呼应，高山清流，藤蔓古松，鹤鹿猿狸，自是伊人最好的配景和游侣。明汪砢玉《珊瑚网·画录》卷一著录有"唐人作《毛女图》"，据所录题跋中的形容，图中的毛女却是白云里的一对，"丰姿端丽，错著彩缋树皮，背绊笱篮插花枝，纷披如幕，咸握一偃月钩"。又所录题咏有祝允明一首，句云"山头剥枣分猿吃，云里巢笙唤鹤骑" ❶，当也是画面内容之一。

宋画家擅毛女者有勾龙爽和孙觉，前者神宗时为翰林待诏，仇远《勾龙爽毛女》："曾是阿房学舞人，玉箫旧谱尚随身。喜归商岭寻仙药，忍见秦宫化劫尘。松蜜春脦差可饱，槲衣秋碎不须纫。凭谁唤起勾龙爽，更写湘妃与洛神。" ❷夏文彦《图绘宝鉴》卷四说到宋理宗时画院待诏孙觉"善水墨白描毛女，笔力细巧"。元则钱选。元钱惟善《江月松风集》卷六《题钱选〈毛女〉》："槲叶纫衣绀发青，宫妆变尽尚娉婷。君王若问长生药，只有胡麻与伏苓。"据《珊瑚网·画录》卷

---

❶ 祝氏《怀星堂集》卷八收此诗，题作《家藏李兴宗〈毛女〉》。

❷《全宋诗》，册七〇，页44246。

3　毛女图　山西壶关县上好牢村宋金墓葬一号墓

七所录，钱选毛女画迹尚有四幅，所绘"女形甚伟"，而风姿标格各
个不一，"或披翠羽，或遮锦裈，或编瑶草，或挂琼叶"；又手各有持，
"为铲，为筐，为画卷，为云母"；又肩各有负，"为琴，为扇，为书帙，
为药物，为花果"；又各有所随，"为鹤，为鹿，为猨，为貍"，可说
是毛女群像而集毛女图之大成。

　　见于著录的历代毛女图今虽不存，但墨彩纷披推送出来的容光妙
质，由记载下来的题咏和跋语仍可见其大略，如苏轼《题毛女真》"雾
鬓风鬟木叶衣"，元刘跂《毛女图》"长镵相伴坐岩阴"，"玄猿独挂危
梢底"❸，明瞿佑《毛女成仙图》"童女楼船去不归，三山何处觅灵芝"，
等等。如果说毛女图已有相沿的基本图式，那么毛女形象的几个主要
特征乃是携筠篮，拈紫芝，木叶结裳，赤足而行。反观前举应县木塔
发现的"采芝图"，又台北故宫博物院藏《采芝仙图》，可见均与之相
合，如此，这两幅作品正该易其名曰《毛女图》。山西壶关县上好牢
村宋金墓葬一号墓壁画也有类同的形象（图3），发掘简报形容此图曰：

❸ 元散曲中的毛女也是一位逍遥仙，如邓玉宾〔正宫·端正好〕中的一支《叨叨令》，句云
　　"更有这风鬟雾鬓毛女飘飘飖飖样，春花秋草獐鹿呆呆痴痴相。青天白日藤葛笼笼葱葱障，
　　朝云暮雨山水崎崎岖岖当"。隋树森《全元散曲》，页305。

4　毛女瓷塑　山东博物馆藏

"后室西壁绘两女子，南侧者梳双髻，肩披巾，腰束草叶裙，一手提篮，一手持锄，似在行走。北侧者头梳髻，腰束草衣，身后背篓，一手持一束花草，似在采药。"❶壁画所绘，自然是毛女图。绘于北侧的一幅，构图与出自应县释迦塔者完全相同，毛女妆束、手中持物乃至迈步的姿态，也都很一致。山东博物馆藏一件金代瓷塑，系德州窑采集，腰系草叶裙的女仙跷了左脚坐在山石上，手拈灵芝，脚边卧一只鹿〔图4〕。不必说，亦为毛女。上海博物馆藏晚明"漳州窑系五彩人物花鸟纹盘"❷〔图5〕，盘心一个赤足负药篮的仙姑，身边一只口衔灵芝的仙鹿，则此"人物花鸟纹"，毛女图也。至于开篇所举大和文华馆藏红绿彩人物图罐中的两个画面，与应县之幅尤其相似，挎筲篮，握偃月钩亦即药锄，又所谓"山头剥枣分猿吃，云里巢笙唤鹤骑"，大约都是早已有之的构图，这里也依然沿袭，虽然稍稍作了改变，却以配景的丰富更见出仙境幽

❶ 山西省考古研究所等《山西壶关县上好牢村宋金时期墓葬》，图版拾壹：2，《考古》二〇一二年第四期。

❷ "漳州窑系五彩人物花鸟纹盘"，系展品说明。

奇，也更多装饰意味。

　　既识得毛女，红绿彩人物图罐中两幅毛女图之间的一幅画面便有了确解：开光里绘一女子盘膝坐在小榻上，绿袄红裙，脸上贴着翠钿，一边露着的瓜棱式葫芦耳环，长长的耳环脚从耳垂后面弯过去。榻后一屏风，屏风后侧一个放着冲耳三足炉的香案，一人捧碗近前，碗里探出长柄，显见得是饭匙之属。验之以毛女故事中因被人食以五谷而由仙变人的情节，此图正可令人会心。

　　毛女故事作为瓷器上面的装饰图案，并不突然。它本来是流传久

5　漳州窑系五彩盘
　上海博物馆藏

漳州窑系五彩盘盘心

6　银鎏金毛女图簪首　江西德安出土

远的传说，且历代不曾中断，又伴随着以它为题材的为数不算很少的绘画作品，而使故事更为人们所熟悉。作为一组连续的画面，瓷器装饰的优势似在于能够表现出比绘画更多一点的情节，这一件红绿彩人物图罐即是一例。它的装饰纹样，自然不是"画了四个故事图"，而是情节连续的一个故事，便是毛女的传说。如是，此器命作"红绿彩毛女故事图罐"，应该是不错的。

　　毛女故事用于装饰，这一件红绿彩罐并不是最早的例子。江西省博物馆藏一件德安出土的宋代银鎏金簪首残件，簪首顶端的开光里一位仙姑，头梳双丫髻，肩被草叶披，左臂挎药篮，右手拈灵芝（图6）。依前面举出的毛女图图式，此仙姑自是毛女无疑。毛女故事作为绘画和工艺品题材，明清时代也始终流行不衰。南京太平门外板仓徐达家族墓出土一对金镶宝毛女图耳坠❶（图7）。又有湖北蕲春县蕲州镇雨湖村王宣明墓出土的一枝金簪❷（图8），簪长十七厘米，簪脚与簪首以龙头相接，龙身隐于海浪，浪尖上生出层层莲花，花心托起一个栏杆回护的六角台，台上擎出一个曲柄花叶伞，伞下是背负花篓的仙姑，身披

---

❶ 南京市博物馆《明朝首饰冠服》，页128，科学出版社二〇〇〇年。按图版说明作"药神形金耳坠"。

❷ 南京博物院《金色中国：中国古代金器大展》，页342，译林出版社二〇一三年。展品说明称作"金镶宝石仙人采药纹簪"。

金镶宝毛女耳坠侧视

7　金镶宝毛女耳坠　南京太平门外板仓徐达家族墓出土

8　毛女图金簪　湖北蕲春蕲州镇王宣明墓出土

9·1　《有象列仙全传·古丈夫》　　　　9·2　《列仙酒牌·毛玉姜》

草叶衣，腰系草叶裙，左手拿葫芦，右手托一颗珠。它与金镶宝毛女图耳坠几乎相同，不必说，表现的是同样的故事。成书于明万历年间的汪云鹏《有象列仙全传》，其中的"古丈夫"条便是经过改编的"陶尹二君"故事，且配得插图，这里看重的仍是古老传说中的故事因素 ❶（图9·1）。清任渭长《列仙酒牌》中有"毛玉姜"，曰："有美人兮山之阿。解衣者饮。"绘图与制令也还是从故事中取意（图9·2）。

〔初刊于《收藏家》二〇〇六年第一期，
原题《人物故事图考二则》，此其一〕

---

❶ 与此同时，毛女在俗间又或作为仙人服务于丧葬，《金瓶梅词话》第六十三回曰"来兴又早冥衣铺里做了四座堆金沥粉侍奉的捧盆巾盥栉毛女儿，都是珠子缨络儿，银厢坠儿，似真的色绫衣服，一边两座摆下"。

《春游晚归图》细读

10

　　画中读史，画中读诗，原是很传统的一个读画角度，甚至也可以说，画与史本来就是相互因依，即所谓"左图右史"。不过这一传统的工作尚远未完结，新的研究条件，新的学术背景和知识结构，使我们在熟悉的画作中仍能不断有新的发现。

　　故宫博物院藏《春游晚归图》，横二十五点三、纵二十四点二厘米，绢本设色，收入《中国绘画全集·五代宋辽金》第五册，图版说明曰："此图原载《纨扇画册》。图绘一官员头戴乌纱帽策骑春游归来，数侍从各携椅、凳、食、盒之属后随，正缓缓通过柳阴大道。图中柳干用勾勒填色法，柳叶用颤笔点，于浓密中见层次，简率中见法度，画风近刘松年而又有自我。画面宽阔渺远，充溢着春天的气息。此作一定程度上反映了南宋士大夫的生活情景。无作者款印，钤'黔宁府书画印'、'仪周珍藏'二印，曾经明黔王府、清人安岐收藏，见《石渠宝笈三编》著录。"❶

　　体例所限，图版说明不可能对画作内容考校详审，不过这里约略点到的几件物事，即"椅、凳、食、盒"，命名却有失准确，而这实在关系于宋代典章制度与风俗，必要细读方可解得其实。

　　不妨尝试以宋人的眼光重新读图：画面右上方一座高柳掩映的城

---

❶ 中国古代书画鉴定组《中国绘画全集·五代宋辽金·5》，图九六，浙江人民美术出版社一九九九年。

1 《春游晚归图》 故宫博物院藏

楼，对着城楼的林荫大道入口处是两道拒马杈子。大道中央，骑在马上的主人腰金、佩鱼，手摇丝梢鞭，坐骑金辔头、绣鞍鞯，二人前导，二人在马侧扶镫，一人牵马，马后一众仆从负大帽，捧笏袋，肩茶床，扛交椅，又手提编笼者一，编笼中物，为"厮锣一面，唾盂、钵盂一副"。末一个荷担者，担子的一端挑了食匮，另一端是燃着炭火的镣炉，炭火上坐着两个汤瓶 (图1)。

图中持物的一众仆从，所携均为显宦重臣出行的仪仗法物。末一个荷担者，担子的一端挑了燃着炭火的镣子，炭火上坐着两个汤瓶

2·1 《春游晚归图》局部

（图2·1），此即"茶镣担子"，便是茶汤熟水用器。以政和六年宋徽宗诏赐蔡京出入金银从物为例，其中属于茶汤器具者有金镀银燎笼一副，汤茶合子二具，各匙子全。大汤瓶二只，中汤瓶二只，汤茶托子一十只，好茶汤瓶一只，熟水楪子一只，撮铫一只，汤茶盘各二十只 ❶。燎子，亦称茶燎，是用于烧汤烹茶的炭炉，或又作镣子。蔡絛《铁围山丛谈》卷一曰，政和三年徽宗为申严诸王身分，乃隆其出行从物，遂以三接青罗伞等赐燕王、越王，又"茶燎水罐，凡仪物皆用涂金"，且自此成为故事。同书卷二记述政和间徽宗赐其父三接青罗伞、涂金从物等，因曰"大略皆亲王礼仪"。"涂金从物"，即前面举出的茶汤器用之类。至于宋刻《碎金·家生篇》"铁器"一项所列"汤饼、火镣"，则平常人家用器。所谓"金镀银燎笼"，与绍兴十五年高宗赐秦桧金银器中

---

❶《宋会要辑稿·礼六二》（刘琳等校点），册四，页2142，上海古籍出版社二〇一四年。

2·2 《卖浆图》局部

2·3 陶俑 四川华蓥南宋安
丙家族墓地四号墓出土

的"装钉头笼茶燎子"❷,应是同样物事,便是提携茶燎子的编笼。黑
龙江省博物馆藏一幅宋人《卖浆图》,火镣、汤瓶、炭篓、汤盂,图
中一一摹绘分明,右下方的一副茶镣担子,镣炉外罩可以提挈的编笼
（图2·2）,它如果是金银制品,那么便正是"金镀银燎笼一副"。四川华
蓥南宋安丙家族墓地四号墓出土陶俑,身穿圆领袍,腰系一副看带,
面前一头放着藤编的都丞篮,一头放着一个方炉,炉上坐着汤瓶,正
是一副茶镣担子,虽然扁担已不存❸（图2·3）。

---

❷ 《宋会要辑稿·礼六二》,绍兴十五年十月三日,"上遣中使赐太师、尚书左仆射、同中书
门下平章事秦桧御书阁牌,曰'一德格天之阁',就第赐御筵,仍赐金镀银钞锣、唾盂、
照匣、手巾筒子、罐子、装钉头笼茶燎子、熟水樻子各一,金镀银汤瓶二,云云。册四,
页2150。

❸ 四川省文物考古研究院等《华蓥安丙墓》,图版一一六（此称"庖厨俑"）,文物出版社
二〇〇八年。

汤与熟水都是甘香药材制成的饮料，不同在于汤是预先以几种药草研磨合制为剂，待用时取出以沸水冲点，便类如当日的点茶，故宋人每曰"点汤"。熟水则是先取某一种香草或药材加入沸水，密封制成饮品，如紫苏熟水、豆蔻熟水、沉香熟水，用时再加温 ❶。程珌《鹧鸪天·汤词》"何人采得扶桑椹，捣就蓝桥碧绀霜"；史浩《南歌子·熟水》"藻涧蟾光动，松风蟹眼鸣。浓薰沉麝入金瓶。泻出温温一盏、涤烦膺" ❷，各道其要领也。金银从物中的熟水檋子，应即盛放熟水的容器，用诗人的话说，则即"浓薰沉麝入金瓶"。可以设想熟水是由檋子倾入銚子，镣子上加热之后，再泻入熟水盂子，即所谓"温温一盏"。魏泰《东轩笔录》卷十一："仁宗尝春日步苑中，屡回顾，皆莫测圣意。及还宫中，顾嫔御曰：'渴甚，可速进熟水。'嫔御进水，且曰：'大家何不外面取水而致久渴耶？'仁宗曰：'吾屡顾不见镣子，苟问之，即有抵罪者，故忍渴而归。'左右皆稽颡动容，呼万岁者久之。圣性仁恕如此。"这一段颂圣的纪事中，仁宗所云"吾屡顾不见镣子"，是一个很关键的细节，其实是省略的说法，即省略了熟水檋子、銚子和盂子。仁宗漫步宫苑，例当有此诸般茶汤熟水用器随侍。司镣炉者，其时俗谓之茶酒司 ❸。那么仁宗忍渴而不责问者，即恐茶酒司抵罪也。

《春游晚归图》群从中的手提编笼者，厮锣一面乃侧置，钵盂放在唾盂上边，贴着厮锣的底，于是而有提携之便。如此三事的组合，辽代已经出现，如辽后唐庄宗德妃伊氏墓出土银钵盂、银唾盂、银鎏金摩竭纹厮锣各一件 ❹。宋徽宗诏赐蔡京的金银从物，便是"厮锣

❶ 见元《居家必用事类全集·己集》中的汤方和造熟水法。
❷《全宋词》，册四，页 2290；册二，页 1284。
❸《东轩笔录》卷一："艺祖、太宗及节度使武行德共乘小艇，游于城下，艇中惟有一卒司镣炉，世谓之茶酒司。"
❹ 赤峰市博物馆等《内蒙古巴林左旗盘羊沟辽代墓葬》，《考古》二〇一六年第三期。按简报没有把如此三事作为组合，所云"鎏金摩竭团花纹银洗"，应即厮锣。

一面，唾盂、钵盂一副盖全"。厮锣，或作锄锣、钞锣、沙锣❺，如宋金和议后，宋廷赐金国贺正、贺生辰使人"一百两金花钞锣唾盂子一副"❻。《东京梦华录》、《西湖老人繁盛录》则作沙罗❼，《武林旧事》又谓之沙锣，惟戴侗《六书故》称作锣❽。程大昌《演繁录》卷一、赵彦卫《云麓漫钞》卷九于此物均有考校。前者曰厮锣即盆，只是"中国古固有盆矣，皆瓦为之"，后世以黄、白二金锻铸为盆而名作斯罗，乃缘自它初始系由新罗来，因新罗一名斯罗，"而其国多铜，则厮者，斯声之讹者也"❾。后者曰："今人呼洗为沙锣，又曰厮锣。国朝赐契丹、西夏使人，皆用此语"，而考其语源是来自军中。且不论它的命名由来，总之厮锣或曰沙锣、钞锣❿，原都是为了别于瓦盆而特指金属盆，《东京梦华录》将"银铜沙罗"与"好盆器"并举，正是见出区别。朝鲜李朝官修《高丽史》纪录遣使进奉宋廷诸物

---

❺ 唐代有银沙罗（见姚汝能《安禄山事迹》），亦此类。

❻ 《宋会要辑稿·礼六二》曰：绍兴十三年十二月二十七日，"金国遣完颜晔、马谔等来贺。是年和议方定，始令有司立每年金国贺正、贺生辰使人锡类格目。到阙，使一百两金花（钞）〔金〕钞锣唾盂盂子一副；副使八十两金花银钞锣唾盂盂子一副"。册四，页2149。

❼ 《东京梦华录》卷十记十二月事，曰："初八日，街巷中有僧尼三五人作队念佛，以银铜沙罗或好盆器，坐一金铜或木佛像，浸以香水，杨枝洒浴，排门教化。"《西湖老人繁盛录》曰：佛生日"诸尼寺僧门卓上札花亭子并花屋，内以沙罗盛金佛一尊，坐于沙罗内香水中，扛台于市中，宅院铺席，诸人浴佛求化"。

❽ 《六书故》第四《地理一》"锣"条："用于军旅者也。筑铜为之，如盂，亦以为盥盆。"

❾ 其时高丽铜之有名，也可见《百宝总珍集》卷六"手罄"条冠于说明文字之前的口诀："手罄不论大与小，要好除非高丽铜。"

❿ 狩谷棭斋《笺注倭名类聚抄》卷四《器皿部·金器》"钞锣"条："《唐韵》云：钞锣，铜器也。"笺注考证其语源引述甚详，文长不录，末引清姜宸英《湛园札记》云：钞锣，吾乡名铜面盆为钞锣（全国书房版，一九四三年）。按姜宸英乃慈溪人。至于质地为金银者，自属豪华用器。明何良俊《四友斋丛说》卷三十四曰嘉兴友人富甲江南，款客俱以金银器皿，乃至"用梅花银沙锣洗面"。

3　银鎏金双鱼盆
南宋播州土司杨价夫妇墓出土

中有金锄锣 ❶，绍兴二十六年交趾进奉贺昇平物有"一百二十两数金盘龙沙锣二面" ❷，也都是同器异称。作为官宦出行时随侍的盥洗用器，为铜，为银，为金，因此宋人呼作厮锣而不称盆器。这种称呼上的区分到了宋以后才有所改变，——以宋本元刊为基础的明刊《新编对相四言》，与交椅、罜罳、凉伞列在一起的有"水盆" ❸，实即对应于南宋刻本《碎金·家生篇》"公用"一项中的"交椅、厮罗"、"凉伞"、"罜罳"。金银从物以及作为礼品的厮锣以银制为多，重量每在百两以上，可以推知尺寸不小。南宋播州土司杨价夫妇墓出土银鎏金双鱼盆一面，口径逾六十厘米 ❹〔图3〕，应即"厮锣"之属。

---

❶《高丽史》卷九曰文宗二十六年，"金悌还自宋，帝附敕五道"，其四是详细列出收到的进奉诸物，中有"金锄锣一只，重一百五十两"。《高丽史》（标点校勘本），页242，西南师范大学出版社等二〇一四年。按此即神宗熙宁四年事，《宋会要辑稿·蕃夷七》亦载高丽国遣使金悌奉表进物（册十六，页9956），但未列物品详目。

❷《宋会要辑稿·蕃夷七》，册十六，页9966。

❸ 美国哥伦比亚大学史带东亚图书馆藏，上海书店出版社二〇一五年影印。按此书与锅、甑等炊器列在一起的另有"盆"。

❹ 周必素等《贵州遵义新蒲杨氏土司墓群考古取得新收获：发现南宋播州"土司"杨价夫妇墓》，《中国文物报》二〇一四年八月二十二日。

与斯锣一面构成一组盥洗用器的"唾盂、钵盂一副",则用于清理口腔,钵盂漱口,唾盂承接漱口水。辽宁省博物馆藏南宋《孝经图·谏争章》中君王身边的奉物侍者所奉即唾盂、钵盂一副[图4]。故宫博物院藏李嵩《骷髅幻戏图》,骷髅身边一副担子,担子两端各一个编制的提匣,提匣梁上斜拴着席一卷,葫芦一个,又执壶一、盒二。另一端有雨伞一柄,包袱三个,提梁上又拴了一个提笼,清楚透见提笼里是侧置的盆亦即斯锣一面,又唾盂、钵盂一副[图5]。纽约大都会博物馆藏南宋《胡笳十八拍图》中"第十四拍"的画面,车舆前面的导从之一乃手奉唾盂、钵盂一副[图6]。三个画例都与《春游晚归图》所绘相同,便是钵盂"盖全"。陕西蓝田吕氏家族墓园吕大圭与前妻张夫人合葬墓出土一件鎏金"铜盘",鎏金铜钵盂与鎏金铜唾盂

4 《孝经图·谏争章》局部
辽宁省博物馆藏

5 《骷髅幻戏图》局部
故宫博物院藏

6 《胡笳十八拍图》局部
大都会博物馆藏

7·1 铜厮锣、钵盂、唾盂
一副 陕西蓝田吕氏家
族墓园吕大圭夫妇墓出土

各一，均置于盘内 ❶（图7·1）。这一组合，自
是厮锣、唾盂、钵盂一副。所谓"铜盘"，
厮锣也。常州沪宁高速芳茂山服务区南
宋墓出土银钵盂、银唾盂、银盆亦即厮
锣一副（图7·2～4），据墓志可知墓主人曾
官"迪功郎前监京湖宣抚大使司营屯田
仓"❷。唾盂、钵盂的使用，也曾见于宋

7·2 银钵盂 常州沪宁高速芳茂山
服务区南宋墓出土

7·3 银唾盂 常州沪宁高速芳茂山
服务区南宋墓出土

7·4 银盆 常州沪宁高速芳茂山
服务区南宋墓出土

---

❶ 墓葬年代为北宋政和六年。铜盘高六点四、口径
二十九点一厘米。唾盂盘沿直径二十点六、口径八
点三厘米，钵盂高四点七、口径十三点九厘米。唾
盂，发掘报告称之为渣斗，云铜盘"内置茶具渣斗，
表明盘应属茶事敛具"（陕西考古研究院等《蓝田
吕氏家族墓园》，页510，文物出版社二〇一九年），
此说非是。

❷ 按迪功郎为阶官衔，"监某仓"，即仓库监管员，为差
遣之职。又镇江五洲山宋墓随葬品中有齐整的一副铜
器：唾盂、钵盂带盖（简报称作"盒"）、盆（镇江博
物馆《江苏镇江五洲山宋墓发掘简报》，页56，《文物》
二〇一五年第五期），也是厮锣、银盂、唾盂一副。

仁宗的节俭故事。欧阳修《归田录》卷一："仁宗圣性恭俭，至和二年春，不豫，两府大臣日至寝阁问圣体，见上器服简质，用素漆唾盂、盂子，素瓷盏进药。"那么可推知这里的使用情状是素瓷盏进药，素漆盂子漱口，唾盂承接漱口水。唾盂、钵盂一副在士宦人家或富户也是每以金银，九重之尊却是素漆，自为节俭之尤。

顺便提及，元代此风相沿，厮锣则多呼作"银盆"，钵盂或易作水罐。如元石德玉《秋胡戏妻》杂剧第二折"两行公人排列齐，水罐银盆摆的直"；元无名氏《渔樵记》杂剧第三折"那骨朵衕仗，水礶银盆，茶褐罗伞下，五明马上，端然坐着个相公"。河南焦作元靳德茂出土仪仗陶俑，分别有提水罐与提盆者，正所谓"水罐银盆"_{（图8）}。

8　仪仗陶俑　河南焦作元靳德茂墓出土

9　南宋虞公著夫妇合葬墓西墓室出行图

《春游晚归图》中的茶床与交椅自然也属于仪仗法物。皇太后驾出护卫有"御燎子、茶床"❶。执政大臣以及翰林学士也是如此，周必大《玉堂杂记》卷下曰：翰林学士"禁门内许以茶镣担子自随，与执政等"。前引《碎金》"公用"一项与厮罗、凉伞、罣罳并列的有"交椅"。诸物也见于四川彭山县亭子坡南宋虞公著夫妇合葬墓西墓室享堂东、西两壁的浮雕出行图和备宴图。西壁出行图以一乘暖轿为重心，两边仪仗煊赫，中有负交椅者一。他的下方一位侧身者手挽一件圜器的口沿，不必说，此器正是厮锣。旁边一人手捧水罐，也是《碎金》"公用"一项列举之物，当是与厮锣配合使用〔图9〕。东壁备宴图的下方，一边是茶镣担子，另一边为形制小巧的茶床，上置带托子的茶盏（见本书页17，图9），东、西两壁内容相互呼应。不过《春游晚归图》中的交椅更有一个特别之处，即靠背上端连着一柄荷叶托，即所谓"太师样"（张端义《贵耳集》卷下）。王明清《挥麈录·三》卷三记此物创制之原委道："绍兴初，梁仲谟汝嘉尹临安。五鼓，往待漏院，从官皆在焉。有据胡床而假寐者，旁观笑之。又一人云：'近见一交椅，样甚佳，颇便于此。'仲谟请之，其说云：'用木为荷叶，且以一柄插于靠背之后，可以仰首而寝。'仲谟

---

❶ 见英宗治平元年所定仪制，《宋会要辑稿·舆服一》，册四，页2173。

10·1 《春游晚归图》局部

10·2 聂公像局部 四川安岳圆觉洞

云：'当试为诸公制之。'又明日入朝，则凡在坐客，各一张易其旧者矣，其上所合施之物悉备焉，莫不叹服而谢之。今达宦者皆用之，盖始于此。"宋代所谓"胡床"，多指交椅，这里前曰胡床，后曰交椅，一物两名，适可证。值得注意的一点尚在于"今达宦者皆用之"。《挥麈录》之第三录成于庆元元年，可作为文中之"今"的参考年代。

茶床，茶汤熟水用器齐备的一副茶镣担子，又用于盥洗的斯锣一面，唾盂、钵盂一副，且有插着荷叶托的一具交椅，《春游晚归图》中，可谓出行仪物色色全。除此之外，尚有标识身分地位的服章，便是主人的"重金"与"重戴"。重金，乃腰金、佩鱼；重戴，则仆夫所负之大帽也。

腰金、佩鱼，即金带上面更悬垂一副金鱼袋（图10·1）。鱼袋原是从唐代的鱼符制度而来 ❷。四川安岳圆觉洞聂公龛有圆领袍、腰系带、带侧悬鱼袋的聂公像，此系五代广政四年开龛 ❸（图10·2）。高承《事物

---

❷ 关于唐代佩鱼的详细考证，见孙机《说"金紫"》，载《中国古舆服论丛》（增订本），文物出版社二〇〇一年。

❸ 聂公为普州诸军事守刺史，据传南山五代造像为他主持，因在龛中造此一身聂公像，龛外左右有《聂公真龛记》。

纪原》卷四"章服"条："唐车服志曰：高祖初入长安，罢隋竹使符，班银菟符，后改铜鱼，贵贱应召命，随身，盛以袋。三品已上饰以金，五品已上饰以银。开元时，中书令张嘉贞奏致仕官佩鱼终身，自是赏绯、紫者必以鱼，谓之章服。"同书卷三"鱼袋"条："宋神宗熙宁末，亲王又赐玉鱼以副金带，金鱼以副玉带，以唐礼也。韩文公之诗曰'不知官高卑，玉带悬金鱼'是也。"南宋刻本《碎金·服饰篇》"男服"项下列有"宝带、金鱼"。不过宋代虽仍沿袭唐制，却是只存其形，而无其实，即鱼袋已经没有袋子，自然也没有原是装在袋子里的鱼符。程大昌《演繁录》卷十六"鱼袋"条考唐鱼符及鱼袋制度始末之后曰，"今之鱼袋虽沿用唐制，但存形模，全无其用。今之用玉、金、银为鱼形附著其上者，特其饰耳。今用黑韦方直附身者，始是唐世所用以贮鱼符者"。而唐之鱼袋，袋中实有符契，乃用于合验以防诈伪，"本朝命令多用敕书，罕有用契，即所给鱼袋特存遗制以为品服之别耳。其饰鱼者，固为以文，而革韦之不复有契，但以木楦满充其中，人亦不复能明其何用何象也"。

以此检视宋墓出土器具，可知出自浙江兰溪市灵洞乡宋墓的一枚拱形鱼纹金饰件 ❶（图 11·1），便是鱼袋上面的"饰鱼"，亦即程大昌所云两宋鱼袋制度的"用玉、金、银为鱼形附著其上者，特其饰耳"。常州武进村前乡南宋墓一号墓出土与此形制相同的两枚涂金银饰件，器表同样是水波中的一对游鱼，自然也是鱼袋上面的"饰鱼"（图 11·2、3）。同出又有"革带"，"长十九点二厘米，革面列银质鲤鱼，革带背面衬

---

❶ 兰溪市博物馆《浙江兰溪市南宋墓》，图版八：3（此称作"金佩饰"），《考古》一九九一年第七期。

11 · 1　鱼袋之"饰鱼"

浙江兰溪灵洞乡宋墓出土

11 · 2　鱼袋之"饰鱼"

常州武进村前乡南宋一号墓出土

11 · 3　鱼袋之"饰鱼"

常州武进村前乡南宋一号墓出土

长方木片为托，木片一侧也列有两件银质鲤鱼"❷。此"革带"，便是
程大昌所言"今用黑韦方直附身"的鱼袋，恰是所谓"革韦之不复有
契，但以木楦满充其中"。那么这一枚"革带"与鱼纹银饰两枚，正
是完整的一副宋制鱼袋或曰"佩鱼"。参照福州茶园山宋端平二年墓
出土木仿真方团带铐与鱼袋〔图11·4〕，其形制更可见得明白。《春游晚
归图》中的骑乘者，一腰排方金铐下隐隐露出红鞓，腰间侧后且有纵

❷ 陈晶等《江苏武进村前乡南宋墓清理纪要》，页 256 ～ 257，《考古》一九八六年第三期。
　　按同墓出土尚有牙笏，又带铐及一枚涂金银带扣，带扣其表以及扣环的细窄之侧面均满
　　錾毬路纹。关于墓主人，发掘简报推测是官至副相的毗陵公薛极的亲属，因为"这座墓
　　葬虽然按时间排比，与薛极的卒年接近，但按随葬品的服制还难以推断这一墓葬便是薛
　　极之墓"。其实一号墓出土的牙笏、毬路带扣与佩鱼即所谓"重金"，正与薛极的身分地
　　位相符，只是皆为银质。或是同于福州茶园山宋端平二年墓的以木仿真（见下述），此则
　　以银代之。

11·4　木仿真方团带銙与鱼袋
福州茶园山南宋端平二年墓出土

向悬垂的一节，却是红鞓上凸起两枚拱形金饰，与前举出土实物一般无二，宋人词曰"宝带垂鱼金照地"（张先《偷声木兰花》），也正是这般情形。如此，这是难得的一幅宋人腰金佩鱼亦即"重金"的图像了。

佩鱼通常是与服绯服紫并连，是所谓"章服"❶，即服紫、佩金鱼袋；服绯，佩银鱼袋。只是佩鱼之赐更为严格，故"重金"尤为热中者想望。江少虞《宋朝事实类苑》卷二十五《官职仪制》"赐金带"条："国朝，翰林学士得服金带，朱衣吏一人前导。两府则朱衣吏两人，金笏头带佩金鱼，谓之重金。居两制久者，则曰：'眼前何日赤，腰下甚时黄？'处内廷久者，又曰：'眼赤何时两，腰金甚日重？'"❷

重金又每与重戴相并，《锦绣万花谷》卷二十四即作"重金叠盖"，曰："重金谓金带上垂金鱼，叠盖谓重戴。国初两制出入皆重戴。"所引退朝录，即北宋宋敏求撰《春明退朝录》，该书卷下："本朝两省

❶ 参见《宋会要辑稿·舆服六》"鱼袋"一节，册四，页2292。

❷ 不过《宋史·舆服五》另有说曰："所谓'重戴'者，盖折上巾又加以帽焉。"

清望官、尚书省郎官，并出入重戴。"重戴即大帽，北宋高承《事物纪原》卷三"大帽"条："大帽，野老之服也，今重戴，是本野夫岩叟之服，……宋朝淳化初，宰相、学士、御史、北省官、尚书省五品已上，皆令服之，今唯郎中、台谏服之。"《宋朝事实类苑》卷二十五"重戴"条则称作"大裁帽"。叶梦得《石林燕语》卷三释重戴，又云有席帽与裁帽之别，二者形制不同。至于重戴的称名之始，原是因为出行有伞，而又服帽，故曰"重戴"，《锦绣万花谷》所云"叠盖"，也是此意。

图中的主人公有重金、重戴之威重，而红鞓也不是庶官可以用得❸，负大帽者且手捧笏袋，坐骑金辔头、绣鞍鞯，更不是没有来历❹，丝梢鞭一柄亦非随意可执❺。马侧有二人扶镫，一人牵马，马头旁边一人持缰，此即控马卒❻。马后群从侍奉各种仪物，已如前述。所有这一切都显示着此乃"尊者之出"❼。主人公须发苍然，如果年高

---

❸ 王栐《燕翼诒谋录》卷一："旧制中书舍人、谏议大夫权侍郎，并服黑带、佩金鱼。霍端友为中书舍人，奏事，徽宗皇帝顾其带问云：何以无别于庶官？端友奏：非金玉无用红鞓者。乃诏四品从官改服红鞓、黑犀带、佩金鱼。"

❹ 《宋朝事实类苑》卷二十五"赐鞍辔"条："鞍辔，除乘舆服，黄金、白玉、雕玉、玳瑁、真珠等鞍，垂六鞘辔，有三颔，诸王或赐金鞍者乘之。宰相、使相赐绣宝百花鞯，八十两闹装银裹衔镫。参政、副枢、宣徽、节度使、驸马，绣盘凤杂花鞯，七十两陷银衔镫。"此所谓"陷银"，即嵌银丝。又《能改斋漫录》卷十八："章郇公初入枢府，以所赐鞍绣文疏略，命市工别绣之。既就市，视其花乃宰相所用，不旋踵遂大拜。"章郇公即章得象。

❺ 《梦溪笔谈》卷二《故事二》："执丝梢鞭入内，自三司副使以上。"参见《宋会要辑稿·仪制五》所录庆历七年侍御史知杂事李柬之关于执丝鞭的奏言，册四，页2387～2388。

❻ 《梦溪笔谈》卷九记王旦逸事云："王文正公有控马卒岁满辞公，公问：'汝控马几时？'曰：'五年矣。'公曰：'吾不省有汝。'既去，复呼回曰：'汝乃某人乎？'于是厚赠之，乃是逐日控马，但见背，未尝视其面，因去，见其背方省也。"王旦在真宗朝为宰相，秉政甚久。

❼ 宋《异闻总录》卷四："吕文靖公宅在京师榆林巷，群从数十。遇时节朔望，则昧旦共集于一处，以须尊者之出。"（周勋初等《宋人轶事汇编》引，页681，上海古籍出版社二〇一四年）吕文靖公即吕夷简。

12 《春游晚归图》局部

如此尚只是翰林学士或中书舍人即所谓"两制"，则实在无足夸耀，那么此为身居高位者当可推定。

最后再来看《春游晚归图》中的两道拒马杈子，它在图中也非闲笔（图12）。拒马杈子，杈，也或作叉，又称椔桓、椔拒、行马，乃木制的活动路障，便是置于衙署府第等大门外阻拦人马的警戒设施，使用于不同地点的叉子，每以不同的漆色相区别❶。孟元老《东京梦华录》卷一"大内"条曰："大内正门宣德楼列五门，……下列两阙亭相对，悉用朱红叉子。"又同书卷二"御街"条曰："坊巷御街，自宣德楼一直南去约阔二百馀步，两边乃御廊，旧许市人买卖于其间；自政和间官司禁止，各安立黑漆杈子，路心又安朱漆杈子两行，中心御道不得

---

❶ 王去非《释行马》，页79，《文物》一九八一年第八期。

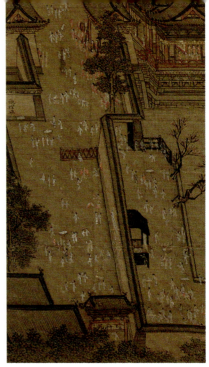

13 《金明池争标图》 天津博物馆藏　　　　《金明池争标图》局部

人马行往，行人皆在廊下朱杈子之外。"李诚《营造法式》卷八《小木作制度》有造"拒马叉子"和"叉子"之制，按照这里的说法，二者形制尚有不同，区别在于前者的木棍子只是在上方一木横中的"穿心串"或曰"上串"中交斜相向，后者则除却上串外还有下串和望柱，木棍子便是与上串和下串交互相接而式如栅栏。《春游晚归图》中的行马自属前者，即拒马杈子。天津博物馆藏张择端《金明池争标图》，金明池东南角墙外，一座横跨顺天门外大道的牌楼，上书"琼林苑"三个大字，牌楼对着的大道道口，所设行马则即叉子 ❷（图13）。南宋临安此制犹然。吴自牧《梦粱录》卷八"大内"条说道：大内正门曰丽

---

❷ 天津博物馆《天津博物馆藏画》，图二，文物出版社二〇一二年。按此图绢本设色，纵横均不足一尺，乙未仲秋，承馆方惠允观摩真迹，因得以认清上述细节。

正，左右列阙，"登闻鼓院、检院相对，悉皆红权子"；又曰：内后门名和宁，与丽正同，把守卫士严谨，"阁子左右排红权子"。《春游晚归图》中绿荫深处的一座城楼固难推定是何等所在，但所绘两边设置拒马权子的人道，应该不是寻常街衢。

"春游晚归"未知是何人为此图命名，它原不过尺寸很小的一幅册页，或可称作小品画。作画者的用心处似不在笔情墨韵和意境，却是在尺幅之间将有关画面主人公身分地位的器用服饰一丝不苟摹写备细，人物的意态姿容和面貌也颇类写真之笔，虽然不宜遽断此是应某公之请绘就的一幅"传神"（这本来也是宋代流行的做法），但以它对当代风物的描绘真确，实在不能不教人暂且离开艺术欣赏的驻足处，从考校名物制度入手，在图像、文献与实物的契合之间获取新的认知。

〔初刊于《形象史学研究》（二〇一五／下半年），
原题《一幅宋画中的名物制度与宋墓出土器具：〈春游晚归图〉细读》〕

金钗斜戴宜春胜

11

一 华胜

节令风物原是岁时文化的重要组成部分，系缀节日之祝祷与欢欣的物事，一面凭了这一串联历史记忆的方式而形成传统，一面随着岁月的推移，在演变中幻化出更多的美丽，因不仅在节日里添福增瑞，且成各个领域造型与纹样设计的取样来源之一。比如人日里的华胜与立春时节的春幡。

春幡与春胜，原是两项物事。春幡造型如信幡，即幅面为纵向的旗帜，旗上著字。春胜则是由四出花演变而来的菱形花样。而胜若用作悬坠，自须如幡一般上有提系，也要下有璎珞、流苏之类方觉谐美，如此，便是幡胜了。

且先说"胜"。据南朝梁宗懔《荆楚岁时记》，正月人日里的行事，有"剪綵为人，或镂金簿为人，以贴屏风，亦戴之头鬓。又造华胜以相遗"。华胜，即花胜，又或简称作胜，是汉代即已流行的女子头饰。《释名·释首饰》："华胜，华象草木华也。胜，言人形容正等，一人著之则胜，蔽发前为饰也。""形容正等"，犹后世谓人容貌端正。唐以前，胜的造型乃中圆如鼓，上下各有一个梯形与圆鼓相对。山东嘉祥武氏祠画像石的祥瑞图中有此物，两胜之间以横杖相连，不过在这里是纵向而置。榜题曰"玉胜王者" ❶ [图1]，那么是王者的瑞应了。

---

❶ 清冯玉鹏等《金石索》，页 1479，书目文献出版社一九九六年影印本。按冯氏于图下注云："'王者'二字下无文字，系当日未刻，非墨泐也。"

1　玉胜（武氏祠画像石的祥瑞图）　　　2·1　胜形金箔　东汉中山穆王刘畅墓出土

2·2　河南邓县南朝画像砖墓券门壁画局部〔摹本〕

　　作为祥瑞出现在汉画像以及其他装饰艺术中的胜，自是富含吉祥寓意，此意且绵延不断流衍于后世。《宋书》卷二十九《符瑞下》曰："金胜，国平盗贼，四夷宾服，则出。晋穆帝永和元年二月，春谷民得金胜一枚，长五寸，状如织胜。明年，桓温平蜀。"《太平御览》卷七一九《服用部二一》"花胜"条引《晋中兴书》曰：花胜，"一名金称，《援神契》曰：神灵滋液，百珍宝用，有金胜。晋孝武时，阳谷氏得金胜一枚，长五寸，形如织胜"。河北定州东汉中山穆王刘畅墓出土用于贴嵌的胜形金箔〔图2·1〕，河南邓县张村西南南朝画像砖墓墓门起券处绘兽面口中衔胜杖〔图2·2〕，两例的设计理念当大致相同，即

"织胜"为瑞应之物。

用作首饰的金胜、玉胜，最初它的簪戴大约专属女子。《山海经·西山经》云，"西王母其状如人"，"蓬发戴胜"；郭璞注："胜，玉胜也。"《史记·司马相如列传》录相如所作《大人赋》，句有"吾乃今日睹西王母，暠然白首戴胜而穴处兮"，颜师古注："胜，妇人首饰也，汉代谓之华胜。"胜既为妇人首饰，则西王母戴胜的想象，自有生活的依据。而胜的造型，实缘自织机。胜之繁体为勝，乃縢之假，又名摘，原是织机上面的一个构件，即缠卷经丝的一根木轴，安置在机架的顶端或后部，木轴两端有钮亦即称作縢耳的制动键(图3)。《山海经·海内北经》云"西王母梯几而戴胜杖"❶，注者多谓"胜杖"之"杖"为衍文，其实未必然。胜杖即此中间一根横木、两端有钮的"织胜"。"杖"者，当指横木而言，而胜杖、织胜，俱可简称为胜。《说文·木部》"縢，机持经者也"；《列女传·鲁季敬姜传》"舒而无穷者，摘也"；王逸《机妇赋》"胜复回转，克像乾形"，是均云此物❷。华胜之簪戴，在东汉已进入舆服制度，《续汉书·舆服志·下》：太皇太后、皇太后入庙服，"簪以瑇瑁为摘，长一尺，端为华胜"❸。"长一尺，端为华胜"，所取亦胜杖之式，正如各种图像中的西王母(图4·1～3)。

由出自河南巩义新华小区一号汉墓的一件"金鸟饰"❹，可见汉魏

❶ 袁珂《山海经校注》，页306，上海古籍出版社一九八〇年。校注曰："郝懿行云：'如淳注《汉书》司马相如《大人赋》引此经无杖字。'珂案：无杖字是也，《御览》卷七一〇引此经亦无杖字，《西次三经》与《大荒西经》亦俱止作'戴胜'，杖字实衍。"

❷ 《孙毓棠学术论文集·战国秦汉时代的纺织业》对此两句有详释，页248～249，中华书局一九九五年。

❸ 其下并云"上为凤皇爵，以翡翠为毛羽，下有白珠，垂黄金镊"。《北堂书钞》卷一三五"花胜"条录述此意曰："上为凤皇，下有白珠，著之则胜，形如织胜。"

❹ 郑州市文物考古研究所等《河南巩义市新华小区汉墓发掘简报》，页40~41，《华夏考古》二〇〇一年第四期。

3　织机上的胜　江苏泗洪出土东汉画像石　　4·1　鎏金银铜棺饰局部（东汉）　四川巫山双堰塘遗址出土

4·2　西王母画像石局部
　　　山东沂南北寨汉墓出土

4·3　杜氏西王母画像镜局部
　　　江苏仪征龙河凌东高山
　　　生产队出土

5·1　金华胜　河南巩义新华小区汉墓出土

5·2　金华胜残件　安徽当涂姑孰镇孙吴墓出土

6·1　金叠胜　江苏邗江甘泉镇二号汉墓出土

6·2　金叠胜　南京雨花台区冯苇村后头山出土

时期华胜的形制之一：四个粟粒缘边的小金胜分别以十字相交的两根胜杖两两相连，一只鼓着眼睛的长嘴大鸟栖息在胜杖相交处，粟粒缘边的细金丝粗粗勾画出鸟羽，鸟头和鸟身石碗内嵌绿松石。通高二点三厘米，胜杖长二点六厘米（图5·1）。以此可以推知安徽当涂姑孰镇孙吴墓出土的华胜残件也是大致相同的造型（图5·2）。

　　三胜相叠，是华胜的另一种形制，如分别出自江苏邗江甘泉东汉二号墓❶（图6·1）、南京雨花台区冯苇村后头山的金叠胜（图6·2），后者为

---

❶ 高二点一、宽一点五厘米，重四点七克，南京博物院《江苏邗江甘泉二号汉墓》，页6，《文物》一九八一年第十一期。

7·1 金华胜
河南卫辉大司马墓地西晋墓出土

7·2 金华胜
南京郭家山东晋一号墓出土

9·1 金珮胜
苏州虎丘路新村三国吴墓出土

金珮胜侧视

8 洛阳曹魏大墓出土石楬

东晋物。此外一种是数胜相连的组合形式。河南卫辉大司马墓地西晋墓出土九胜相连环绕为圆形的金华胜一枚，华胜中心尚存一颗绿松石 ❷(图7·1)。南京北郊郭家山东晋墓出土金华胜与此相似而简化了中间部分(图7·2)。

又有称作"珮胜"的金饰。洛阳曹魏大墓出土石楬录有"翡翠金缕白珠按百子千孙珮胜" ❸(图8)。苏州虎丘路新村三国吴墓出土一枚一厘米大小、造型近方、中间有穿的小金饰，其表饰以胜纹(图9·1)。出

---

❷《河南卫辉大司马墓地晋墓（M18）发掘简报》，页 19，图八、九，《文物》二〇〇九年第一期。

❸ 史家珍等《流眄洛川：洛阳曹魏大墓出土石楬》，页 198，上海书画出版社二〇二一年。

9·2　金珮胜　绍兴柯桥兰亭野生
动物园项目工地西晋墓出土

10·1　柿蒂八凤铜镜　江苏仪征化纤工地八号墓出土　　10·2　柿蒂八凤铜镜　江苏仪征化纤工地八号墓出

　　自绍兴柯桥兰亭野生动物园项目工地的亚腰形金饰一枚，大小不及一
厘米，亚腰处设穿，两面上下各饰胜纹，墓葬年代为西晋元康九年❶
（图9·2）。所谓"珮胜"，这两枚魏晋时期的小金饰可以当之，只是未如
石椁所录者妆点豪华。

　　胜和织胜也或与其他物象组合为同样蕴含祥瑞意义的"华胜家
族"。江苏仪征化纤工地八号墓出土两面晋代柿蒂八凤纹铜镜，其一
圆钮外环柿蒂的叶片之间各有两两相向、口中衔胜的一对凤鸟（图10·1）
另一面构图相近，而凤鸟所衔为胜杖，胜杖下方且缀羽葆（图10·2）。织

❶ 新昌博物馆《魏晋风度》，页185（图版说明称作"金串饰"），文物出版社二〇二一年。

10·3　甘肃花海毕家滩出土前秦绯绣袴片图案

11·1　对凤衔胜金饰
南京仙鹤观东晋高崧墓出土

11·2　对凤衔胜金饰
杭州富阳区乌龟山东晋十号墓出土

绣纹样中也有类似构图，甘肃花海毕家滩出土前秦绯绣袴片，同心鸟的中间是一根下垂羽葆的胜杖❷（图10·3）。颇见于东晋墓葬的对凤衔胜金饰，与铜镜图案中的对凤衔胜几乎相同（图11·1～3）。又有江宁博物馆藏一枚东晋时期的三角形金饰，金饰底端为双鱼衔胜，金胜上面立一对凤凰❸（图12·1）。南京江宁上峰新区张府仓村出土金饰长不到三厘

❷ 王乐《中国古代丝绸设计素材图系·汉唐卷》，页38，浙江大学出版社二〇一八年。图案中的双头鸟，此释作"共命鸟"。按共命鸟出释典，东晋杨方《合欢诗》"齐彼同心鸟，譬此比目鱼"，"惟愿长无别，合形作一身"，这一时期的双头鸟恐怕表现的还是同心鸟。
❸ 长七厘米，宽四点六厘米，重九克，江宁博物馆等《东山撷芳：江宁博物馆暨东晋历史文化博物馆馆藏精粹》，页184，文物出版社二〇一三年。

11·3　对凤衔胜金饰（东晋）　南京雨花台区冯苇村后头山出土

12·2　兽面衔胜杖金饰
南京江宁上峰新区张府仓村出土

12·1　双鱼衔胜金饰（东晋）　江宁博物馆藏

米 ❶〔图12·2〕，镂空作耸身张口的兽面，两侧各探出一爪撑挂在胜上，口里衔一根胜杖，纹饰之表铺焊粟粒，双目原初似当嵌宝。时代为六朝，正可与前举邓县壁画及仪征铜镜合看。

因为是瑞图的性质，华胜便又成为人日的节令物事。前引《荆楚岁时记》曰正月七日为人日，"又造华胜以相遗"。隋杜公瞻注云："人入新年，形容改从新也。华胜起于晋代，见贾充《李夫人典戒》，云像瑞图金胜之形，又取像西王母戴胜也。"所谓"人入新年，形容改从新"，胜之为瑞，嵌入此"新"，自是满盈喜意，所以"又造华胜以

❶ 成都金沙遗址博物馆等《金色记忆：中国出土十四世纪前金器特展》，页189，四川人民出版社二〇一九年。按图版说明云"主体部分似为蝉纹"，非是。

13　唐祥瑞生肖镜局部　许昌博物馆藏

相遗"，此"华胜"，或也包含由胜衍生出来的"华胜家族"。

　　胜杖式金胜作为祥瑞，在初唐铜镜的纹饰中尚能看到 _(图13)，不过在这里很可能只是保留古意。

　　人日里剪綵或镂金簿为人以及制作华胜的风俗，唐代依然。不过"华胜"之称逐渐隐没，唐人所谓"人胜"、"春胜"或"宜春胜"，似可用于剪綵镂金之人日节物的统称。华胜亦即花胜则演变为方胜，即交错相叠的两个菱形，式样类于斗四藻井。日本正仓院北仓藏品中，有两枚中土传入的唐代人胜残件 ❷ _(图14)。傅芸子《正仓院考古记》"北仓上"一节记所见"人胜残阙杂张"云，"据齐衡三年（公元八五六）《杂财物实录》称：'人胜二枚，一枚有金薄字十六，一枚押彩绘形等，缘边有金薄裁物，纳斑蒴箱一合，天平宝字元年（公元七五七）闰八月二十四日献物。'今品则以二残片粘合为一者。一片系于浅碧罗之上，粘有金箔剪成十六字云'令节佳辰，福庆惟新，变（当为燮字之讹）和

---

❷《东瀛珠光》，第二辑，图一一五，审美书院一八○八年（同书图一二三为齐衡三年〔公元八五六年〕《杂财物实录》，登录之物有"人胜二枚，一枚在金薄字十六，一枚押彩绘女形等，边缘在金薄裁物，纳斑蒴箱一合，天平宝字元年〔公元七五七年〕润八月廿四日献物"。按今存之物即以二残片粘合为一者）。

14　人胜残件　正仓院藏　　　　　　　　　　　　人胜残件局部一

人胜残件局部二

万载，寿保千春'。《杂财物实录》所称有金箔字者即此，今金箔诸字已变黝黑，罗色亦暗矣。又一片较大，约四分之三粘于其下，边缘图案以金箔剪成，上粘红绿罗之花叶，缘内左下端有彩绘剪成之竹林，一小儿戏犬其下。金箔边缘及彩绘人物，色彩如新，惟犬形已残耳，此当即《实录》后称之物。考人胜为用有二，一以金箔镂成，人日贴于屏风；一剪綵为之，戴于头鬓。今观正仓院所存残片，可知乃屏风贴用之物"❶。人日风物，这是难得的两件实物遗存。二〇一四年秋往奈良博物馆观看一年一度的"正仓院展"，展品中适有此物，因得仔细观摩。人胜残件之一，是贴了十六字吉语的一枚绿罗，吉语字上面的金箔虽已全部脱落，但在展柜的灯光下，仍可见黑字上面泛出几点细细的金光。"令节佳辰，福庆惟新"，正是"人入新年，形容改从新"之意。另一枚人胜残件，却是各样剪綵花分层粘贴在一尺见方的橘红色绢帛上。缘边图案下边的一层剪作红花和绿叶，上面一重，是粘覆金箔的楮纸剪作图案，镂空的花和叶正与下面的红花绿叶相套合。剪纸的四角，各一个连珠纹缘边的同心方胜，残存的两朵红花，便是方胜的内心。两枚人胜的制作，都是剪綵与镂金共用，所谓"镂金簿"，此"金薄裁物"即是；"为人"，乃为小儿也。以此为比照，正可认得河北定州静志寺塔地宫出土一枚金花银片，原是唐代的人胜或曰春胜（图15）。悬坠于银钩的方形银片边长两寸多，造型以及镂空的地纹均与正仓院藏人胜残件中的同心方胜相同，方胜中心一只牛，两个方胜交错相叠的四个角分别是"春鸡""春燕"成对，适如唐《人日剪綵诗》中的物象，即所谓"帖燕留妆户，黏鸡待饷人"❷。

顺便举出陕西出土的两对银鎏金拨子式花钗（图16·1～4），花钗的钗脚之端均以花萼束起，钗首外缘灵芝纹勾边，内里镂空花卉纹地子上各有一个嬉戏的小儿，或击球，或舞蹈，或手挥枝条，又或逗鸟。以之与正仓院藏人胜残件相对看，不论作为主题图案的小儿，还是地纹和边饰，都很一致，则花钗一对的纹样构思，或者就是从"戴之头鬙"的人胜发展而来。

---

❶《正仓院考古记》，页46，文求堂一九四一年。

❷ 余延寿《人日剪綵诗》："闺妇持刀坐，自怜剪裁新。叶催情缀色，花寄手成春。帖燕留妆户，黏鸡待饷人。擎来问夫婿，何处不如真。"见唐佚名《搜玉小集》（《唐诗纪事》卷十七作"徐延寿"，云"延寿，开元间江宁人"）。

15　金花银春胜　河北定州静志寺塔地宫出土

16·1　银鎏金拨子式花钗　中国国家博物馆藏

16·2　银鎏金拨子式花钗　中国国家博物馆藏

16·3　银鎏金拨子式花钗　陕西历史博物馆藏

16·4　银鎏金拨子式花钗　陕西历史博物馆藏

二　立春剪綵花

　　立春剪綵花，也为岁时风俗。《荆楚岁时记》："立春之日，悉剪綵为燕戴之，帖'宜春'二字。"隋杜公瞻注："按'宜春'二字，傅咸《燕赋》有其言矣。赋曰：四时代至，敬逆其始。彼应运于东方，乃设燕以迎至。翚轻翼之岐岐，若将飞而未起。何夫人之功巧，式仪形之有似。御青书以赞时，著宜春之嘉祉。"傅咸，乃傅玄之子，西晋人。"御青书"，燕衔书也；"著"，著于青书也。段成式《酉阳杂俎·前集》卷一"礼异"一节记前朝事云：北朝妇人"立春进春书，以青缯为帜，刻龙像衔之，或为虾蟆"。可以推知所谓"青书"，当即祥禽瑞兽所衔缯帛之类制作的小幡，其上饰以"宜春"二字以为吉祥祝福。

　　剪綵花的式样大约有多种。南朝梁萧子云《咏剪綵花诗》二首："叶舒非渐大，花发是初开。无论人讶似，蜂见也争来。"（其一）"浅深依树色，舒卷听人裁。假令春色度，经著手中开。"（其二）**❶** 又鲍泉《咏剪綵花诗》："花生剪刀里，从来讶逼真。风动虽难落，蜂飞欲向人。不知今日后，谁能逆作春。"**❷** 既曰剪，而不云扎和缚，那么当是平面镂空做出各种花样。新疆吐鲁番阿斯塔那古墓出土北朝至唐代的剪纸，

---

❶ 逯钦立《先秦汉魏晋南北朝诗》，下册，页1884。按同册页2096有朱超《咏剪綵花诗》："浅深依树色，舒卷听人裁。假令春已度，终住手中开"，与萧子云诗二首之二近同。又南宋蒲积中编《古今岁时杂咏》卷三收此二首，作者作刘孝威。

❷ 《先秦汉魏晋南北朝诗》，下册，页2026。

17·1　剪纸（北朝）　吐鲁番阿斯塔那
　　　—哈拉和卓八八号墓出土

17·2　剪纸（十六国至唐）
吐鲁番阿斯塔那北区三〇六号墓出土

应即此物❶（图17·1、2）。唐代剪綵花出自宫禁者制作多用绢帛。《酉阳杂
俎·前集》卷一："立春日，赐侍臣綵花树。"所云"剪綵"以及"綵
花树"之綵，虽与彩通，但綵的原义主要是指织物或织物有彩❷。苏
颋《立春日侍宴内出剪綵花应制》，所谓"剪刀因裂素，粧粉为开红"；
崔日用《奉和立春游苑迎春应制》"剪绮裁红妙春色"、宋之问《剪綵》
"绮罗纤手制，桃李向春开"，则剪綵花之用材，为素、为绮、为罗也。
又李远《立春日》"钗斜穿綵燕，罗薄剪春虫"，此春虫，乃游蜂粉蝶
之类。更有《剪綵》一首："剪綵赠相亲，银钗缀凤真。双双衔绶鸟，
两两度桥人。叶逐金刀出，花随玉指新。愿君千万岁，无岁不逢春。"❸
是剪綵花意象之取用，以花树蜂蝶和对飞的衔瑞鸟雀为盛，且以千
秋万岁为愿心。既成风习，制作必多，熟谙此艺者，自然不会很少，

---

❶ 阿斯塔那—哈拉和卓古墓群八八号出土剪纸两枚，墓葬年代为北朝，见新疆维吾尔自治
区博物馆《吐鲁番县阿斯塔那——哈拉和卓古墓群清理简报》（一九六六年——一九六九
年），页23，图三六、三七，《文物》一九七二年第一期。阿斯塔那北区墓葬出土剪纸三枚，
墓葬年代为十六国至唐，见新疆维吾尔自治区博物馆《新疆吐鲁番阿斯塔那北区墓葬发
掘简报》页19，图三〇、三二，《文物》一九六〇年第六期。
❷《集韵·海韵》："綵，缯也。"《广韵·海韵》："綵，绫綵。"慧琳《一切经音义》卷
八十七"纹綵"条注引《考声》曰："缯帛有色者也。"
❸《全唐诗》，册一五，页5930。

18·1 鸟雀衔绶镜
故宫博物院藏

18·2 双鹊衔绶镜 扬州市郊平山雷塘出土

18·3 仙鹤衔绶镜 河南方城出土

于是剪綵花的题材，也广播于唐代的各种装饰工艺，成为春日里寄寓欢欣和祝颂的流行纹样，比如染织刺绣、琢玉镂金，更有日日相对的铜镜。故宫博物院藏一面唐花鸟纹葵花镜，圆钮上方两只对衔盘绶的鸟雀（图 18·1），扬州市郊平山雷塘出土双鹊衔绶镜（图 18·2），河南方城县出土仙鹤衔绶镜（图 18·3），杭州雷峰塔地宫出土对鸟衔绶金花银饰片（图 19），前蜀王建墓出土放置玉册漆匣的金银平脱残件（图 20），等等，都是相似的设计意匠。反过来，也可知玉指金刀下的剪綵花，当与此类图案差相仿佛。

"双双衔绶鸟"所衔绶带，意取长寿。张说《奉和圣制赐王公千秋镜应制》句云"宝镜颁神节，凝规写圣情。千秋题作字，长寿带为

19 金花银饰片 杭州雷峰塔地宫出土　　20 凤衔绶带 前蜀王建墓出土册匣银平脱残件

名"，句下自注："以长绶为带，取长寿之义。" ❶所咏虽是唐玄宗千秋节时颁赐群臣的盘龙镜 ❷，但衔绶的寓意与前引李远诗"愿君千万岁"之意并无不同。河北定州静志寺塔地宫出土掌心大小的玉盒一枚，盒盖一对鸿雁衔绶，盒底分行镌刻吉语"千秋万岁"⁽图21⁾，图案的含义，在这里恰好清楚点明。塔基地宫所存供养物，自北魏兴安二年始，历经隋大业二年、唐大中十二年、龙纪元年、宋太平兴国二年延续递藏并续入，此枚玉盒应是唐物 ❸。

---

❶ 《全唐诗》，册三，页 943。

❷ 关于千秋节与月宫镜的考述，见孙机《中秋节·千秋镜·月宫镜》，《仰观集》，页 377～382，文物出版社二〇一二年。

❸ 河北定县静志寺与净众寺两塔塔基文物发现于一九六九年，一九七二年刊出简报，以静志寺真身舍利塔塔基最后掩埋时代为北宋太平兴国二年，而塔基内施舍物的时代亦统归于宋（定县博物馆《河北定县发现两座宋代塔基》，《文物》一九七二年第八期）。这一断代从此沿用下来，直到浙江省博物馆动议举办定州两塔文物展，主事者以"二次考古"的方法，确定地宫曾经改建，继而考校塔基出土碑文铭刻与遗物之对应，从而认定塔基地宫所存供养物，系自北魏兴安二年始，历经隋大业二年、唐大中十二年、龙纪元年、宋太平兴国二年延续递藏以及续入，因此宋物之外尚多有宋以前之物。

21　玉盒　　河北定州静志寺塔地宫出土　　　　　　　　　玉盒底面

22·1　蓝地朵花鸟衔璎珞纹锦　大英博物馆藏

22·2　孔雀衔绶二色绫（复原图）
大英博物馆藏

　　绢帛制作的剪綵花在唐代也移用为丝绸纹样。《敦煌丝绸艺术全集·英藏卷》著录大英博物馆藏"蓝地朵花鸟衔璎珞纹锦"，是盛唐时期的一枚经锦残片 ❹（图22·1），花间对飞的鸟雀双双衔着璎珞为系、下缀绶带亦即盘绦的方胜。同书又有大英博物馆藏一枚"孔雀衔绶二色绫" ❺（图22·2），便正是与剪綵花同一意趣的"双双衔绶鸟"，由复原

❹ 赵丰《敦煌丝绸艺术全集·英藏卷》，页121，东华大学出版社二〇〇七年。
❺《敦煌丝绸艺术全集·英藏卷》，页148。

23·1　盘绦方胜纹镜　宝鸡博物馆藏

图案可清楚见出盘绦中间，是一枚方胜。其时代为中晚唐。风气之下，盘绦方胜也成为唐代盛行的纹样母题。这里依然可以举出铜镜的例子，如宝鸡博物馆藏一面唐镜，镜背图案虽布满锈蚀，不过仍可辨明大概，即方胜一枚为镜钮座，其外环绕四枚盘绦方胜（图23·1）。用于丝绸，纹样自然更为精细，它四向交错外伸的多重组合，便也类似于宝相花，比如伦敦维多利亚与阿尔伯特博物馆藏一件"棕色绶带纹绫幡"❶（图23·2），根据复原图案可以见出它的纹样组成，即中心一个方胜，方胜内里一朵四出花，方胜外缘四面盘绦，最外一周则是大小方胜与盘绦相间绕作团窠。此为晚唐五代物。法国吉美博物馆藏一件"绶带纹绫幡"，与这一件图案相同❷（图23·3）。佛事用幡，其制作材料或多为他物的再利用，那么原初它未必不是衫裙之类。唐贞顺

---

❶《敦煌丝绸艺术全集·英藏卷》，页70，页121。

❷ 赵丰《敦煌丝绸艺术全集·法藏卷》，页66，东华大学出版社二〇一〇年。

23·2　盘绦方胜纹绫
维多利亚与阿尔伯特博物馆藏

23·3　盘绦方胜纹绫　吉美博物馆藏

24　唐贞顺皇后陵石椁线刻画

　　皇后陵石椁线刻画中的一幅是花树下暖风中的两个美人，一人手拈
花枝，一人手捧花盘，花树上方粉蝶飞舞，从丰肩滑落的帔帛透明
一般清楚映现了拈花女衣衫上的方胜纹（图24）。晚唐王建《长安早春》
"暖催衣上缝罗胜"，竟仿佛是画中人。图像与诗虽然岁月相隔，却
正可见百年间风习相沿。

三　春幡与春胜

　　春日系缀幡胜于钗头的风习，似起自晚唐五代。诗人笔下，更可见暖气吹嘘中风物宛然。如温庭筠《咏春幡》："闲庭见早梅，花影为谁裁。碧烟随刃落，蝉鬓觉春来。代郡嘶金勒，梵声悲镜台。玉钗风不定，香步独徘徊。"[1]和凝《宫词》"金钗斜戴宜春胜，万岁千秋绕鬓红"[2]；牛峤《菩萨蛮》"玉钗风动春幡急"[3]。幡胜自然也是唐代器用的流行图案。故宫博物院藏一面狮纹双鹊镜，圆钮下方的狮子口衔葡萄枝，圆钮两边双鹊对飞，上方一个"吉"字幡胜(图25·1)。京都泉屋博古馆藏双鸾衔胜花枝镜，幡胜下系缀带结，四角点缀珠宝(图25·2)。奈良正仓院藏红牙拨镂尺有雁衔幡胜、鹤衔幡胜的纹样，仙鹤所衔幡胜中心是一朵四出花，上端以璎珞为系(图26·1、2)。青州博物馆藏鹦鹉衔花枝铜镜，回翔在上方的一只鹦鹉翅膀尖上牵出的幡胜上下各结璎珞[4](图27·1)。出自上海青浦区青龙镇遗址的一面唐镜式样与之相似，却是两只鹦鹉各衔一枚以繁花串连的幡胜(图27·2)。宝鸡博物馆藏一面双鸾幡胜千秋镜，镜缘同心方胜和莲叶交错为饰，镜钮左右一对鸾鸟，上下各一枚幡胜，上方的一枚垂系璎珞，中心一个"千"字，下方一枚璎珞之外，又垂

---

❶ 刘学锴《温庭筠全集校注》，页245。按注云"此诗所写春幡，既有悬挂于树梢者，亦有簪之于妇女首饰上者"，然而细绎诗意，是通篇所咏俱为缀于簪钗之春幡也。

❷《全唐诗》，册二一，页8398。

❸ 曾昭岷等《全唐五代词》，页510，中华书局一九九九年。

❹ 此镜应属唐代流行的一类，考察及目即非止一例，如青州博物馆所藏纹饰相同的一面；同式者，也见于印尼井里汶沉船。

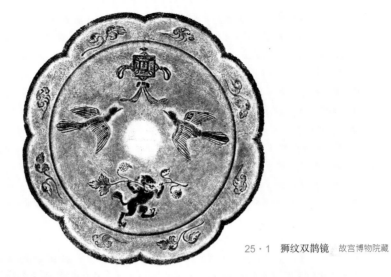

25·1　狮纹双鹊镜　故宫博物院藏

25·2　双鸾衔胜花枝镜　京都泉屋博古馆藏

26·1　红牙拨镂尺上的雁
　　　衔方胜　正仓院藏

26·2　红牙拨镂尺上的鹤衔方胜　正仓院藏

27·1 鹦鹉衔花枝镜 青州博物馆藏

27·2 鹦鹉衔花枝镜 上海青浦区青龙镇遗址出土

28·1 双鸾幡胜千秋镜 宝鸡博物馆藏

28·2 千秋月宫镜 常州博物馆藏

系绶带结，中心一个"秋"字（图 28·1）。常州博物馆藏千秋月宫镜，外区同心方胜两对，一对内心各饰"千""秋"，一对两侧各缀璎珞（图 28·2）。出自安徽六安时属五代的一面铜镜，环绕镜钮的是一个同心方胜，方胜四面分布"千秋万岁"四字反文（图 29）。

29 "千秋万岁"镜 安徽六安出土

　　入宋，人日戴胜的风习大约已经不很流行，或因人日与立春的时日常相后先，乃至同在一日，而渐生二者合一之演化。晚唐陆龟蒙《人日代客子（是日立春）》："人日兼春日，长怀复短怀。遥知双綵胜，并在一金钗。"❶虽然"人日兼春日"若干年方一逢，但所谓"遥知双綵胜，并在一金钗"，却恰好传递了一个消息，即这时候的人胜与剪綵花，界域已不甚分明。与此同时，剪綵花的名称也逐渐淡出，而代之以幡胜。于是立春簪戴幡胜，成为岁首一景。虽然人日戴胜依然时或出现在诗人笔端，如贺铸《雁归后·人日席上作》"巧剪合欢罗胜子，钗头春意翩翩"❷，不过此中似以用典的成分为多，其实它已然笼罩在立春的气氛里。孟元老《东京梦华录》记正月里的风俗故事，不言人日，只道立春，曰"春日，宰执、亲王、百官，皆赐金银幡胜"❸。南宋吴自牧《梦粱录》、周密《武林旧事》中的立春纪事，也大抵相同❹。陆游《立春》诗曰"采花枝上宝幡新"，《人日》则曰"春幡已陈迹"，句下自注："前一日立春。"❺又有立春与上元之巧合，范成大《菩萨蛮·元日立春》"留

---

❶《全唐诗》，册一八，页7199。又晚唐罗隐《京中正月七日立春》："一二三四五六七，万木生芽是今日。远天归雁拂云飞，近水游鱼迸冰出。"《罗隐集》（雍文华校辑），页145，中华书局一九八三年。

❷ 词调名《雁归后》即《临江仙》。又北宋李新《寿王提举二首》之一，句有"试簪明日剪金花"，其下自注云"风俗，人日士女以剪金花胜相遗"（《全宋诗》，册二一，页14200），特地注明，似意味着此风已不盛。又李清照《菩萨蛮》"烛底凤钗明，钗头人胜轻"，末云"春意看花难，西风留旧寒"，可知此钗头人胜为立春节物，而非人日也。

❸ 该书卷六"立春"一节云，立春日，开封、祥符两县，"府前左右，百姓卖小春牛，往往花装栏坐，上列百戏人物，春幡雪柳，各相献遗。春日，宰执亲王百官，皆赐金银幡胜。入贺讫，戴归私第"。

❹ 吴自牧《梦粱录》卷一《正月》"立春"一节，道其时"街市以花装栏，坐乘小春牛，及春幡春胜，各相献遗于贵家宅舍，示丰稔之兆。宰臣以下，皆赐金银幡胜，悬于幞头上，入朝称贺"。《武林旧事》卷二《立春》一节曰"是日赐百官春幡胜，宰执亲王以金，余以金裹银及罗帛为之，系文思院造进，各垂于幞头之左入谢"。

❺ 两诗均为绍熙五年春作于山阴。钱仲联《剑南诗稿校注》，册四，页1986、1989，上海古籍出版社一九八五年。

取缕金幡，夜蛾相并看"，是立春之金幡与上元节物的闹蛾同日簪戴也。

北宋高承《事物纪原》卷八《岁时风俗部》"春幡"条云：立春之日，"今世或剪綵错缉为幡胜，虽朝廷之制，亦缕金银或缯绢为之，戴于首，亦因此相承设之。或于岁旦刻青缯为小幡样，重累凡十馀，相连缀以簪之"❶。所述朝廷故事，于两宋题咏中屡屡可见。如苏轼《和子由除夜元日省宿致斋三首》"朝回两袖天香满，头上银幡笑阿咸"❷；《次韵刘贡父春日赐幡胜》"镂银错落翻斜月，剪綵缤纷舞庆霄"。孔武仲《立春日》诗，题下自注云"是年幡胜方赐馆中"❸；杨万里《秀州嘉兴馆拜赐春幡胜》"綵幡耐夏宜春字，宝胜连环曲水纹"❹。而李邴《小冲山·立春》"玉冷晓妆台。宜春金缕字，拂香腮"❺，却又是流光闪烁的佳人插戴。"宜春"、"耐夏宜春"云云，均指幡胜所著吉语。更有词人言道，"丝金缕玉幡儿"，"宜入新春，人随春好，春与人宜"❻。"宜春"的意思，淋漓尽致了。

宋代春胜的典型式样，是两个菱形在同一平面或纵或横交相错叠。

---

❶ 此节前面尚有溯源之语，道"《续汉书·礼仪志》曰：立春之日，京都立春幡。《后汉书》曰：立春皆有青幡帻"。按《续汉书·礼仪志》原作"立春之日，夜漏未尽五刻，京师百官皆衣青衣，郡国县道官下至斗食令史皆服青帻，立春幡，施土牛耕人于门外，以示兆民"。这里的"立春幡"之春幡，是竖在地上的旗帜，梁陶弘景咏春幡，所谓"播谷重前经，人天称往录。青珪襛东旬，高旗表治粟。逶迟乘旦风，葱翠扬朝旭"云云，正是此物（《咏司农府春幡诗》，逯钦立《先秦汉魏晋南北朝诗》，中册，页1812）。

❷ 此诗系元祐三年正月作于汴京。张志烈等《苏轼全集校注》，册五，页3261，河北人民出版社二〇一〇年。按苏诗又有"镂银错落翻斜月"之句，注云："'镂银'，谓刻金银箔为幡胜。《荆楚岁时记》：'或镂金箔为人，以贴屏风。'"按镂银作幡胜固以此为渊源，然而时令已由人日易作立春矣。

❸ 《全宋诗》，册一五，页10329。诗人又有《初赐幡胜戏和诸公二首》，其一句云"镂幡剪胜喜倾朝，不问纤蓝与珥貂。群玉参差排晚日，万花琐碎动春宵"。同前。

❹ 《全宋诗》，册四二，页26451。

❺ 词调名《小冲山》实即《小重山》。此首又见毛滂《东堂词》。《全宋词》，册二，页950。

❻ 赵师侠《柳梢青·祭户立春》，《全宋词》，册三，页2081。

30　琥珀叠胜盒　阜新红帽子辽塔地宫出土

32　金花银盒　南京北宋长干寺
塔基地宫出土

31　青花五彩方胜式盒　大都会博物馆藏

出自辽宁阜新红帽子辽塔地宫的琥珀盒整个构图与前举大英博物馆藏"孔雀衔绶二色绫"几乎相同，不过把方胜变成了纵向错置的一对，而自铭"叠胜"（图30）。方胜由唐的典型式样向两宋过渡，这是早期实例之一 ❼。之后直到明清，方胜造型即依此式延续下来而不再有大的演变，祥瑞的意义则始终保留（图31）。当然式样变化的时期不可能斩截分明，南京大报恩寺遗址北宋大中祥符四年（一〇一一）长干寺塔基地宫出土一枚金花银盒，装饰整个盖面的便是一枚方胜，式样犹是唐风（图32）。又安吉博物馆藏两面宋代铜镜，镜背纹样虽仍取唐式方胜，

---

❼　曾在被博物馆定为唐代的瓷器中见过此式纹样，但器非来自考古发现，目前似难作为可靠的证据。

33·1　宋凤纹方镜　安吉博物馆藏

33·2　宋缠枝花菱花方镜　安吉博物馆藏

不过图案布置已然新风（图33·1、2）。

如《事物纪原》所云，春幡的制作，或镂金银，或裁罗帛，而常常是悬于幞头或缀于钗首。张孝祥《菩萨蛮·立春》“丝金缕翠幡儿小。裁罗撚线花枝袅。明日是新春。春风生鬓云”❶；岳甯《满江红》“雪柳垂金幡胜小，钗头又报春消息”❷；黄昇《重叠金·除日立春》“银幡綵胜参差剪。东风吹上钗头燕”❸。又陈三聘《朝中措·丙午立春大雪，是岁十二月九日丑时立春》，句云“细写池塘诗梦，玉人剪做春幡”❹。而亦有穿珠为幡者，如赵崇霄《东风第一枝》“喜凤钗、才卸珠幡，早换巧梳描翠”❺。刻金镂银，裁罗缕翠，软风里娇颤于鬓边钗头的春幡春胜，必是轻盈细巧。

然而幡胜一类实物，此前似未曾经人揭示，或因对它尚缺乏明确的认识。今检点考古发现，数量实在并不算少。

❶《全宋词》，册三，页1705。
❷《全宋词》，册三，页1739。
❸《全宋词》，册四，页2998。
❹《全宋词》，册三，页2022。
❺《全宋词》，册四，页2856。

比如玉胜。浙江临安吴越国二世王钱元瓘元妃墓亦即康陵出土花式各异小而轻薄的玉片数十枚，其中一枚长逾两厘米，周环花枝，中间方框内分别阴刻吉语"千秋万岁"、"富贵团圆"^{〔图34〕}，墓葬年代为后晋天福四年。与铜镜图案相对看，可知这一枚吉语玉饰便是当日悬缀于钗头的春胜，同出若干绶带结样式的玉片，或即春胜的提系和坠饰^{〔图35〕}。李商隐《骄儿诗》"请爷书春胜，春胜宜春日"，和凝"金钗斜戴'宜春'胜，'万岁千秋'绕鬓红"，丽景中的动人春色，已宛在眼前。

金银幡胜，多发现于佛塔地宫，原是善男信女的供养物。幡胜每著吉语，适与礼拜佛陀祈福消灾的愿心相同，大约是原因之一。河北

34　玉春胜　浙江临安吴越国康陵出土

35　玉饰片　浙江临安吴越国康陵出土

定州静志寺塔基出土剪纸一般的银鎏金镂花小春幡一枚（图36），长约二十厘米，顶端以镂空花结为云题，其上一枚水晶花片为提系，银幡底端镂作流苏，且錾出细线以见垂穗。正中是用于錾字的鎏金牌子或曰牌记，两边镂作龙牙蕙草，鎏金牌记的外缘一周小连珠，连珠框里錾着"宜春大吉"。从制作工艺来看，此当为唐物。若此判断可以成立，那么它是今所知银幡实物中最早的一例。着语相同的镂花银幡，也见于河北固安于沿村金代宝严寺塔基地宫，惜已残损 ❶。又有发现于江苏宜兴北宋法藏寺塔基的镂花银春幡与镂花银春胜各一枚，春幡中间一方用于装饰吉语的牌记，上覆倒垂的莲叶，下承仰莲座（图37）；春胜的样式则为叠胜，中间也做成一个上方莲叶下方莲座的吉语牌，幡与胜的牌记均打制"宜春耐夏"四个字（图38·1）。银胜背面墨书"符向二娘捨"，银幡背面墨书"符向二娘捨银番聖一首，乞保扶家眷平善"。"番聖"，应即幡胜。"御青书以赞时，着宜春之嘉祉"，两晋以来的风俗故事绵延至此，"宜春大吉"依然是条畅暖风里的祈愿 ❷。杨万里所咏"綵幡耐夏宜春字，宝胜连环曲水纹"，仿佛此物。四川合江博物馆藏一方宋墓石刻，图案是端坐在椅子上的盛妆妇人：如意云肩下挂着项牌，腰系方胜纹锦带，头顶一只大凤，两侧各一弯卷云纹簪子，簪首缀幡。虽说不得刻划精微，但幡首下覆的倒垂莲叶以及幡脚的坠饰也都不曾忽略，特别还把簪首系幡的三股线索表现出来（图39）。幡胜吉语或不拘一格，法藏寺地宫出土的另一枚镂花银胜，中间牌记錾刻"长命富贵"（图38·2）。作为节令风物，正该有如此响亮的俗气。立

---

❶ 河北省文物研究所等《河北固安于沿村金宝严寺塔基地宫出土文物》，图二五，《文物》一九九三年第四期。

❷ 当然与此同时也有专用于佛事的金幡、银幡、绣幡，此当悬挂于幡竿，而不是坠于钗头。沈阳新民辽滨塔出土一件珠幡，便是挂在银龙首幡竿上，见沈阳市文物考古研究所《沈阳新民辽滨塔塔宫清理简报》，页50，图七，《文物》二〇〇六年第四期。天封塔地宫出土另外两件银佛幡，上镂"佛法僧宝"，当即如此用。

春幡　河北定州静志寺塔地宫出土

37　春幡
江苏宜兴北宋法藏寺地宫出土

38·1　宜春耐夏银春胜
江苏宜兴北宋法藏寺地宫出土

39　宋墓石刻局部　合江博物馆藏

38·2　长命富贵银春胜
江苏宜兴北宋法藏寺地宫出土

春时节朝臣写给皇后阁的春帖子词也说道："迎春宝胜插钗梁，拂钿裁金斗巧妆。上作'君王万年'字，要知常奉白云觞。"❶又正是承接唐五代的"千秋万岁"、"富贵团圆"。

见于两宋词人笔下者，尚有"珠幡"，如前举赵崇霄《东风第一枝》所云。内蒙古巴林右旗辽庆州释迦佛舍利塔出土一件银鎏金法舍利塔，塔刹顶端立了一只凤凰，凤凰口衔一个小小的珠幡胜，幡胜下边缀着丝绦流苏（图40）。所谓"珠幡"，此其式也。上海青浦区高家台元任仁发家族墓地出土一枚金累丝镶宝花果纹幡，幡面累丝卷草的地子上用珊瑚、绿松石之类嵌出花朵枝叶和果儿，上端一枚下覆的莲叶为提系，下边一朵倒垂莲（图41）。"丝金缕翠幡儿小，裁罗撚线花枝袅"，流行于两宋的珠幡巧样，在此可见它的绵延不绝。出自兰州市白衣寺塔天宫的一枝明代玉簪和一对银簪，玉簪簪脚是一竿竹，其端一只口衔珠方胜的小鸟，方胜下方系着珠子坠脚（图42）。银簪簪首悬缀珠挑牌，其一上端以一枚下覆的荷叶为花题，下方系一个张扬的"春"字（图43·1）；其一花题下缀一对带叶的石榴，石榴下连珠花，两件珠挑牌也都垂系长长的坠脚（图43·2）。挑牌的花题正如幡首，坠脚亦如幡脚，"春"字便是点题之笔，可知这一对珠幡以及玉簪簪首垂缀的珠方胜或曰珠幡胜，都是立春的节令时物。而传统的古式，也依

❶ 宋祁《春帖子词·皇后阁》，《全宋诗》，册四，页2578。

40　银鎏金法舍利塔上的珠幡
辽庆州释迦佛舍利塔出土

41　金累丝镶宝花果纹幡
上海青浦区高家台元任仁发家族墓地出土

42　凤衔方胜玉簪　出自兰州白衣寺塔天宫

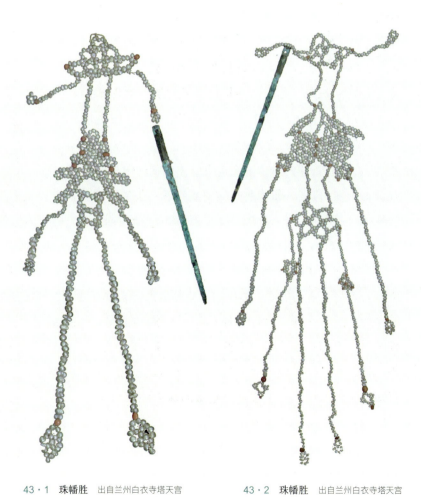

43·1　珠幡胜　出自兰州白衣寺塔天宫　　　43·2　珠幡胜　出自兰州白衣寺塔天宫

44　玉春胜
中国文物信息咨询中心藏

然在新风下延续生命。中国文物信息咨询中心藏一枚明代"青玉镂雕卍字牌饰"❶，实为玉春胜也，持此反观出自吴越国康陵的白玉春胜，虽风格不同，纹样稍异，如昔之莲花，今之西番莲，昔之吉语，今之卍字，但造型与构图要素的一脉相承却是明显不过〔图44〕。不妨再来看看明人演述的唐人故事：汤显祖《紫钗记》第三齣题作"插钗新赏"，时在新春，内作玉工送来恰才琢就的一枝紫玉钗，郑夫人道："浣纱，今日佳辰，便将西州锦剪成宜春小绣牌，挂此钗头，与小姐插戴。"继而浣纱取来妆镜，又道："剪成花胜在此。"于是夫人"挂牌钗首"，霍小玉遂对镜插钗："玉工奇妙，红莹水晶条。学鸟图花，点缀钗头金步摇。"此番情景，虽是想象中的唐人岁时行事，却不无剧作者当代生活之依据。赖此寓意明确的珠幡实物证诗证史，且照映时光之流中的一前一后，"岁华纪丽"，遂有可触可感之真切也。

〔初刊于《中国文化》二〇一四年第二期，
原题《金钗斜戴宜春胜：人日与立春节令物事寻微》〕

---

❶ 中国文物信息咨询中心《中国古代玉器艺术》，图三〇〇（图版说明作"青玉镂雕卍字牌饰"），人民美术出版社二〇〇四年。

附记

————

关于"物"的考证，百转千回，最终还是要回到"物"所依附的人和事，而"物"的意义，也要有这同时代的人和事方能够彰显。本篇草就，不免想到浦江清《词的讲解》中对飞卿词的解读，特别是《菩萨蛮》十四首中的第二首："水精帘里颇黎枕。暖香惹梦鸳鸯锦。江上柳如烟。雁飞残月天。　藕丝秋色浅。人胜参差剪。双鬓隔香红。玉钗头上风。"他说："温飞卿的《菩萨蛮》对于有些读者也许只给了一个朦胧的美，假如我们要了解清楚，必得明了晚唐词的性质以及温飞卿的特殊的作风。""其实'江上'两句，只是宕开的句法，并不朦胧。以帘内的陈设与楼外的景物，两相对照，其意境亦甚醒豁。这首词所点的时令是初春，稍微拘泥一点，则说是正月七日，因为下面有'人胜参差剪'之句，惟唐代妇女的剪胜簪戴，也不一定限于那一天，说是初春的服饰可以得其大概。"下引俞平伯语"'藕丝'句其衣裳也，'人胜'句其首饰也"，曰"可以如此说"，"但若说'藕丝'句为剪綵为胜之綵段之色则意亦连贯。这些地方是各人各看，无一定的讲法。'双鬓隔香红'亦然，俞说香红即花，'着一隔字而两鬓簪花如画'。谓簪花固妙，惟'香红'两字，词人只给人以色味之感觉，到底未说明白，不知谓两鬓簪花欤，抑但说脂粉，抑即指綵胜而言，是假花而非真花，凡此均耐人寻味。且吾人对于唐代妇女之服饰妆戴究属隔膜，故于飞卿原意亦不能尽知。'玉钗头上风'，俞平伯云：'着一风字，神情全出，不但两鬓之花气往来不定，钗头幡胜亦摇颤于和风骀荡中。'飞卿另有咏春幡诗云：'玉钗风不定，香径独徘徊。'可谓此句之注脚。"（《浦江清文录》，人民文学出版社一九八九年）《词的讲解》，我以为是百读不厌的文字，在未能得见实物以证词中物象的情况下，作者对飞卿词的解读已是最好，引述俞平伯语也是极契此词韵致的佳赏。而吾人能做到的只是把词中之"物"与《词的讲解》并置，则"双鬓隔香红"者，幡胜摇荡在香腮两边也，又以它的极轻极薄而悬坠于钗头，于是"着一风字，神情全出"矣。

一物，一诗，一幅画

——浙江故事的细节阅读

12

"越地宝藏：一百件文物讲述浙江故事"，是二〇一八年浙江省博物馆举办的一个专题展览，展览导读说它是"以浙江历史发展为基本脉络，通过文物展示浙江历史文化的缩影"。有评论道，"纵观此展，国宝迭出，足见诚意。以百件文物为限，编订六大单元，器类、时间，两条线索交叉互现，可见匠心"❶。由百件文物，得见浓缩的历史，那么反过来，也不妨以一件文物来铺排细节。百物，是浓缩法；一物，是扩展法，都是神与"物"游、视通万里的读"物"法。一"物"之外，更援引一首诗和一幅画，是因为物中有诗也有画，画中有物也有诗，三者共同组成跨越时间与空间的故事场景。可以说，在"浙江文物"的大题目下，有条条大路，也有无数幽深的小径纵横交错通向古代浙江人的生活。"人"与"物"虽然不是直接对应，但毕竟是浙江人讲浙江故事，甚至不必刻意寻求，在我们熟悉的范围内，便可以请出诗人、画家、工匠来打开闭锁多时的百宝箱。所谓"百宝"，不是珍珠宝贝，而是保存了岁月痕迹的百事百物。

---

❶ 丁雨《用一百件宝贝讲述浙江往事》，《北京青年报》二〇一八年七月二十日。

一　"一物"

浙江台州黄岩南宋赵伯澐墓的发现，以保存完整、清理及时而成为近年浙江考古的重要成果。墓主人为宋太祖七世孙，生于绍兴二十五年，卒于嘉定九年。出土文物中最可珍视的是七十馀件丝绸服饰，"越地宝藏"展在题作"武林旧事：繁盛都城的时代风尚"部分，展出了其中的几件。此外，又有投龙玉璧一^{（图1·1）}、水晶璧一^{（图1·2）}。玉璧乃南唐物，有四十九字铭文，言明为"大唐皇帝昇""设醮谢土"，

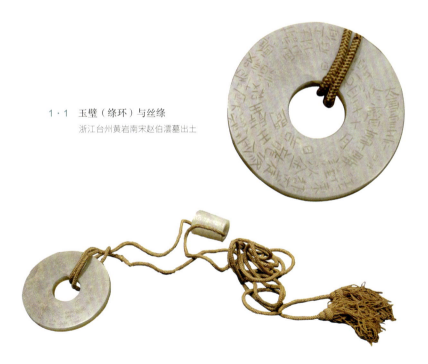

1·1　玉璧（绦环）与丝绦
浙江台州黄岩南宋赵伯澐墓出土

1·2　水晶璧（绦环）与丝绦
浙江台州黄岩南宋赵伯澐墓出土

"投诣西山洞府"，自是珍罕，难得尚在于玉璧与水晶环出土时均有"丝绳带"系结。系结玉璧的一根，长二点三二米，系结水晶环的一根，长两米七十。

先说"玉璧"。按照古玉的形状分类，即《尔雅》所云"肉倍好谓之璧，好倍肉谓之瑗，肉好若一谓之环"，好指孔，肉指轮，则此"玉璧"乃肉好若一，正可谓"环"。"水晶璧"亦然。不过宋元人大约已称此类为璧，方回《续古今考》卷八说道："古之圭，民间未尝见之。璧以为绦环而已。"方回生活在宋末元初。可用作绦环的璧，它的形状应不是"肉"倍于"好"，而是与赵伯澐墓出土者相当。

再看被称为"丝绳带"者，其名实为"绦"，或写作"縚"，乃野服所用。丝绦与水晶环系结在一起，正是方回所云"璧以为绦环"，而从长度来看，此绦用来系腰也很合宜。

燕居之服，称作野服或道服，又或直掇、直裰。郭若虚《图画见闻志》卷一《论衣冠异制》："晋处士冯翼，衣布大袖，周缘以皂，下加襕，前系二长带，隋唐朝野服之，谓之冯翼之衣，今呼为直掇。"野服之称，首见于《礼记·郊特牲》。把野服与隐逸的形象括结在一起，大约以《晋书·隐逸》中的张忠传为早。"张忠，字巨和，中山人也，永嘉之乱，隐于泰山"，苻坚遣使征之，"及至长安，坚赐以衣冠，辞曰：'年朽发落，不堪衣冠，请以野服入觐'。"《晋书》出唐人笔，而沈约《宋书·隐逸》中的戴颙事迹已经描写了身着野服，洒然有出尘之姿的隐者风神。"戴颙字仲若，谯郡铚人也，父逯，兄勃，并隐遁有高名"，"衡阳王义季镇京口，长史张邵与颙姻通，迎来止黄鹄山，山北有竹林精舍，林涧甚美，颙憩于此涧，义季亟从之游，颙服其野服，不改常度"。顺便说一句，戴颙虽为谯县铚人，却是因为"会稽剡县多名山，故世居剡下"，因此也可纳入"浙江故事"。

至于道服，它的基本特征，便如前引郭若虚之语，是"布大袖，周缘以皂，下加襕，前系二长带"，乃宋元绘画常见的形象，只是"道服"之称和它的意义，今人解读这一类图像的时候很少道及。罗大经《鹤林玉露》卷二"野服"一则曰，"朱文公晚年，以野服见客"，并自言缘由，道"其所便者，但取束带足以为礼，解带足以燕居"。作者又述其所见云，"上衣下裳，衣用黄白青皆可，直领，两带结之，缘以皂，如道服，长与膝齐"，又"裳必用黄"云云。若举"浙江故事"中的人物吴兴赵孟頫为例，则他的《自写小像》，所服即为道装^(图2·1)，

2·1　赵孟頫《自写小像》及宋濂题赞　故宫博物院藏

只是此服或被称作"披白衣，扎巾帽"、"着宋装"，道服在图像中的文化内涵，在如此解读之下，不免被消解掉了。

　　道服之于士人的意义，其实屡屡见诸宋人笔端。如范仲淹《道服赞》，其前小序云："平海书记许兄制道服，所以清其意而洁其身也"，因赞之曰"道家者流，衣裳楚楚。君子服之，逍遥是与"_{（图2·2）}，是既言道服所从来，复言服此之寄意。而"清其意而洁其身"，在此洵为道服之要义。魏野《上知府赵侍郎二首》之一"公退无馀事，逍遥只道装"；王禹偁《道服》"楮冠布褐皂纱巾，曾忝西垣寓直人。此际暂披因假日，如今长着见闲身"；陆游《新制道衣示衣工》"良工刀尺制黄绡，天遣家居乐圣时"，所咏也都是这一番意思。赵孟頫书《赤壁赋》卷所绘苏轼像可为宋人诗句作图解。野服也正是在诗笔和绘笔的长久萦回中成为十分明确的角色认定。赵孟頫《自写小像》对幅有明宋濂题赞，云"珠玉之容，锦绣之胸，乌巾鹤氅，云屦霜筇，或容与于沤波水竹之际，或翔翔于玉堂金马之中"，不惟服饰态度形容恰

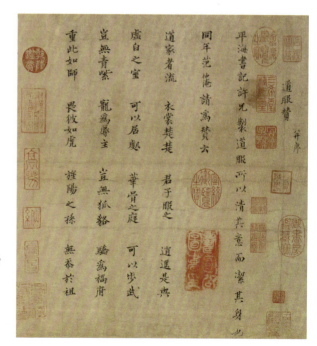

2·2　范仲淹《道服赞》
故宫博物院藏

切，于画像主人公的生存方式亦揭橥透彻。这里的"鹤氅"，亦道服别称之一，腰间不束带，便略如氅衣，因从道士之衣的鹤氅借意。所谓"或容与于沤波水竹之际，或翱翔于玉堂金马之中"，也正是士人的共同心态，"野服"，则即这一传统理想的"物化"。

绦环和绦钩的流行肇始于宋 ❶。服道服，腰间系绦，讲究者便用绦环或绦钩来括结这一根丝绦。不过既逍遥，既闲适，既所以"清其意而洁其身"，金银自然不宜，宋元绦环与绦钩于是多用玉或水晶。《西湖老人繁胜录》"七宝社"条列举各式"奇宝"，中有"玉绦环"；《夷坚志·补》卷二十一"凤翔道上石"一则说到赵颁之在京师时，"玉工来售绦环"。剑环式，是宋元绦环的流行式样之一，如浙江衢州南宋史绳祖墓出土水晶绦环，山西大同元冯道真墓出土玉绦环，高安博物馆藏一枚元代水晶绦环 (图3·1-3)。由日本大德寺藏南宋周季常、林庭珪《五百罗汉图》中的《僧俗供养》一幅，可见它的佩结方式 (图4·1)。图绘身穿道服的一位信士，腰下系绦，中间用环括结，分垂两边的馀绦下缀流苏，应即郭若虚所云"前系二长带"，绦环的质地似可认作白玉。浙江金华金东区曹宅镇郑刚中墓出土一枚剑环式青白玉环，长六点四、宽四点一、厚零点九厘米 ❷ (图4·2)。以这一枚玉环与画图相对看，可以认为此即玉绦环。那么再来看赵伯澐墓出土丝绦，式样与长度，即绕腰一周，括结绦环之后，前垂二长带，也与画图相合。画图作者原是明州（今宁波）的民间佛画家，《五百罗汉图》中的世间情，当也是"本地风光"。

---

❶ 关于绦环的讨论，见孙机《中国古代的带具》，页 284～287，《中国古舆服论丛》增订本，文物出版社二〇〇一年。

❷ 浙江省文物考古研究所《浙江宋墓·金华南宋郑刚中墓》，图版五〇∶1，科学出版社二〇〇九年。据同墓出土墓志，郑刚中生于北宋元祐三年，绍兴二年登进士第，授佐文林郎温州军事判官，累官为监察御史迁殿中侍御史。因忤秦桧，绍兴十七年罢官，卒于绍兴二十四年。绍兴二十六年追复旧职，十月安葬。《宋史》卷三百七十有传。

3·1　水晶绦环　浙江衢州南宋史绳祖墓出土　　　3·2　玉绦环　山西大同元冯道真墓出土

3·3　元水晶绦环　高安博物馆藏

4·2　玉绦环　浙江金华金东区曹宅镇郑刚中墓出土

4·1　《五百罗汉图》局部　日本京都大德寺藏

二 "一诗"

———————————

一首诗，便是北宋贺铸的《玉钩环歌》。选取这首诗，第一是因为作者与浙江的关系。贺铸字方回，号庆湖遗老，卫州共城（今河南辉县）人，祖籍会稽山阴（今浙江绍兴）。他在《庆湖遗老诗集自序》中说道，"庆湖遗老者，越人贺铸方回也"，"吾家特会稽一族"，"铸十五代祖，乃秘书外监之从祖弟，讳知止"。秘书外监，即唐贺知章。第二是作者与宋宗室的关系。贺铸六代祖贺景思的长女许嫁赵匡胤，宋立国后追册皇后，因可算作皇后族人。贺铸妻为宗室赵克彰女，克彰，太祖、太宗幼弟魏王廷美之重孙，卒赠济国公，谥良恪。第三，贺家五世任武职，贺铸本人解褐授右班殿直，其后监军器库门、监临城酒税等，俱为武弁，至元祐七年，李清臣、苏轼等推荐入朝为承事郎，始入文阶。然而贺铸却是宋代词坛卓然一大家。他的好友程俱说道，"方回少时，侠气盖一座，驰马走狗，饮酒如长鲸；然遇空无有时，俛首北窗下，作牛毛小楷，雌黄不去手，反如寒苦一书生"（《贺方回诗集序》）。这也正是他的特别之处。

《玉钩环歌》诗前小序曰："诸王孙士汸澄源，以苍玉螳螂钩见贶，助饰野服，因以珉玉盘、博山炉、成氏箭、建盏、龙茶五物并此歌为报。"诗云："良工得玉蓝溪窟，相璞命形心匠出。螳蜋偓佺疑有骨，颈系一环犹莫屈。镜湖老狂厌袍笏，素褐纁绍须此物。价比连城不容乞，王孙辍好人所难，何以报之明月盘。薰炉波面山巉岏，吾乡美笋鹧鸡翰。闽瓷兔碗霜毛寒，称是头贡双龙团。聊送公斋增冗长，短歌

5·1　春水玉钩环　无锡雪浪乡元钱裕墓出土　　春水玉钩环侧视

5·2　龙首雕龙玉钩环　中国国家博物馆藏　　龙首雕龙玉钩环侧视

粗可评珍贶。吾方野装事游放，跼步臞颜曳藜杖，薄暮微吟江汉上。彼渔丈人误相访，谓似三闾大夫样。”诗乃绍圣四年作于江夏，作者时官宝泉监。

王孙赠与贺铸的玉钩环，即所谓“颈系一环犹莫屈”，是觅取美玉，倩良工仿古式而制。无锡市雪浪乡元延祐七年钱裕墓出土一副玉钩环，可为参照（图5·1）。此钩即螳螂钩式，玉环纹样则是一幅“春水”图。中国国家博物馆藏一副元代玉钩环，亦螳螂钩式，身碾制龙纹，背后桥形钮的方孔内套一玉环，是又一种样式（图5·2）。“以苍玉螳螂钩见贶，助饰野服”，野服的意义，已如前述，那么这一份“珍贶”正是不俗。而用以报谢的珉玉盘、博山炉、建盏、团茶也俱为雅物，自是经过一番挑选。博山炉焚香，建盏、龙茶则品茗之尤物，“头贡双龙”，当来自颁赐。珉玉盘可作陈设，也可置果品。至于成氏箭，据诗中形容，是淇水之滨的美竹所制作，或有可能是出自贺铸之督造（贺铸曾任监军器库门，程俱《宋故朝奉郎贺公墓志铭》称他"治戎器，坚利为诸路第一"）。《玉钩环歌》三换韵，意思也有三层。第一是言赠物之好。"王孙辍好"之"好"，从"价比连城"说，可读作"好物"之好（白居易《简简吟》"大都好物不坚牢"）；从"王孙辍好"说，可读作爱好之好，即爱其意蕴。"聊送公斋增冗长"，这里的"长"，是长物之长。末了再说道，野服系钩环，策杖行吟，以此妆束，而见出遗世独立风骨傲然如屈子。

三 一幅画

一幅画，便是今藏美国纳尔逊艺术博物馆的元刘贯道《消夏图》（图6）。刘贯道与浙江并没有直接关联。画家生卒年无考，关于他的事迹，材料也很少。《消夏图》的名气似远在他的《元世祖出猎图》之下。此幅作品的题材与风格，在元代亦非主流，甚至可以说，画面呈现的更多是宋代气息。若从画中之物读取作意，便可见出它与前面所举一物一诗的关系，即它是画家用于造境或曰表现风雅生活的各种"道具"的集成，而一器一物在图式中是赋予了象征意义的。

画中的器物可以别作两部分，一是实景，即画面之前景；一是虚景，即图画之背景，亦即屏风画中物。

实景里的器物，为居于画面左方的一张卧榻，下开壶门，底有托泥。其侧置一踏床。卧榻之端一个带托泥的方案。方案中心部分，一个荷叶盖罐，又露出半边的汤瓶和盏托一摞，此为茶事所需。一具辟

6　刘贯道《消夏图》局部　纳尔逊艺术博物馆藏

雍砚，又书卷二十包裹在竹书帙里，置于砚边，此为书事所需。又满插着灵芝的长颈瓶一，挂着铜钟的乐器架一，是为案头清物。方案之侧一个三弯腿带束腰的四足小几，几上置冰盘，此"消夏"之细务。

　　屏风画，便是此图之虚景。画面深处又是一架山水屏风，前方卧榻一张，榻上一个小小的书案，案上放着书册、辟雍砚、笔格和笔，案旁一个投壶。主人坐榻，小童手奉博山炉立于侧。画面左边一个方桌，桌边茶盏并盏托凡两副，又一摞茶盏倒扣在桌子中间，此外则食盒一，注碗一，注子一，荷叶盖罐一。桌旁一具有莲花托座的风炉，炉上坐着铫子，一童子手持铫子的长柄方在煎茶。贴着桌脚一个大水盆。虚景与实景中的各项物事，在此构成完整的叙事：理想与当下，是一致的，也是合一的。

　　再回到实景中的士人：卧榻上面的主人公一身燕居之服，右手轻拈拂尘，左手漫拄书卷，背倚隐囊，一双方舄脱在踏床。隐囊后面竖一把阮咸。细审燕居之服，乃头覆乌纱，乌纱下面戴小冠，冠侧横贯一簪。上身半袒，露出心衣的右侧钩肩，外面罩着的一袭道袍半褪于肩下。道袍当有系腰之绦，而士人右肘的衣袖下方，便正露出丝绦下端的流苏。

《世说新语·巧艺》云顾长康画谢幼舆在岩石里，人问其所以，顾曰："谢云'一丘一壑，自谓过之'，此子宜置丘壑中。"与已经成为典故的"幼舆丘壑"不同，《消夏图》中的主人公乃置于士人向往的另一番闲适之境。画家以诸般细节铺陈清雅，几乎在在有所依据——有来自诗的故典，有来自物的古意——且颇存宋院画的体物精微和造型准确。那么也可知《消夏图》主人公的小冠、乌纱、心衣、道袍乃至微露于衣下的系腰之绦，实在无一闲笔，是以士人唱赞的野服写其精神，写其潇洒闲适之境。

赵伯澐的丝绦，贺铸《玉钩环歌》中相互赠答的物色与诗情，会聚在《消夏图》里，虽然三者之间的联系是虚线，但它串连起来一脉不断的宋元士风，却是很真实，因为三事中的每一事，后面都有更多的实例可为支持。

馀絮

书写，乃士人生活之日常，笔、墨、砚之外，纸的选用自然也有一番讲求。《清异录》卷下"砑光小本"一则曰："姚颛子侄善造五色笺，光紧精华。砑纸版乃沉香，刻山水林木，折枝花果，狮凤虫鱼，寿星八仙，钟鼎文，幅幅不同，文缕奇细，号砑光小本。"潘吉星《中国科学技术史：造纸与印刷卷》中引述此节，并解释道："姚颛，字万真，长安人，举进士，任后梁、后唐及后晋三朝要职，其子名姚惟和。姚惟和与其兄弟在姚府第内造出可称为历史上最精美的砑花纸。""造纸时间大约在九三四至九三六年。他们以带有香味的沉香木为雕版，先由画师画出山水、树木、折枝花果、狮凤、虫鱼、寿星、八仙、钟鼎文等画稿，再由刻工按画稿逐一刻在雕版上，最后将雕版置于纸上强力压之，则所有图画或钟鼎文都显现于纸面，迎光视之，十分精美。我们可将此称为无墨印刷，即无须任何墨料而使雕版文字、图案呈现于纸上。"台北故宫博物院曾经举办一个"宋代花笺特展"，作为展品的二十馀件宋人墨迹，所使用的都是花笺，原是通过特殊的摄影手段，拍摄出肉眼不易察觉的花笺图案。于是见出薛绍彭《元章召饭帖》所用砑花笺为铜瓶梅花，张即之《致殿元学士尺牍》所用砑花笺为莲池图，黄庭坚《自书松风阁诗》则为秋瓜图，诸如此类 ❶。策展人提出："这些出现在文人尺牍上的纹饰，与当时的器物、服饰、家具等的关系如何？"

这是一个很有意思的问题。其实每一种图案都可以找到它在当日的流行情况，可见这一份士人偏占的风雅，却不妨贴近时尚。这里且说砑花笺中的对蝶纹，因为——或许是巧合——皆与浙江有关。

对蝶图案是风行于唐宋时代的一种装饰纹样，瓷器所见尤多，又或取此式制为佩件。出自辽宁朝阳北塔天宫的一枚辽代玉对蝶，两只蝴蝶的尾部分别做出一个环孔，相对处蝶须间的小孔里穿系银丝，正是佩饰的形制（图7·1）。对蝶纹样在宋代又有名曰孟家蝉，虽然或与史事相连称它为谶语 ❷，然而这一纹样却是盛行不衰，且使用颇为广泛，与辽代玉对蝶相似的银对蝶也成为风行的女子佩饰（图7·2），浙江出土

---

❶ 何炎泉《暗花疏影：宋代砑花笺纸之制作工艺与书写文化》，载《宋代花笺特展》，台北故宫博物院二〇一七年。

❷ 北宋朱彧《萍洲可谈》卷一："孟氏作后，京师衣饰画作双蝉，目为孟家蝉，识者谓蝉有'禅'意，久之后竟废。"

7·1　玉对蝶　辽宁朝阳北塔天宫出土

7·2　银对蝶　四川德阳孝泉镇清真寺宋代窖藏

8·1　银对蝶　浙江湖州龙溪乡三天门宋墓出土

8·2　银对蝶与粉盒　浙江大学北宋一号墓出土

者即不止一例（图8·1）。而出自浙江大学北宋一号墓的银对蝶，是置于银釦定窑白瓷粉盒里（图8·2），虽然很可能是偶然，却更像是在回应一个唐代的传说。刘恂《岭表录异》、段公路《北户录》均记有"媚蝶"故事，后者卷三"鹤子草"条：鹤子草，蔓花也，"草蔓上春生双虫，常食其叶，土人收于衣粉间，饲之如养蚕法，虫老不食而蜕为蝶，蝶赤黄色，女子佩之如细鸟皮，号为媚蝶"。

　　使用或曰选取对蝶纹砑花笺作书者，便是蔡襄，为《致通理当世屯田尺牍》一通（图9），它也称"思咏帖"，乃名作。书云："襄得足下书，极思咏之怀。在杭留两月，今方得出关。历赏剧醉，不可胜计，亦一春之盛事也。知官下与郡侯情意相通，此固可乐。唐侯言王白今岁为游闽所胜，大可怪也。初夏时景清和，愿君侯自寿为佳。襄顿首。

9　蔡襄《致通理当世屯田尺牍》局部
台北故宫博物院藏

通理当世屯田足下。大饼极珍物，青瓯微粗。临行匆匆致意，不周悉。"
收书人冯京，字当世，以三魁天下而有"冯三元"之称。皇祐三年四
月，蔡襄去杭，致书与冯，并赠以"大饼"亦即大龙团茶以及青瓷茶
盏。唐侯即唐询，时为福建路转运使。"王白今岁为游闽所胜"，乃闽
中斗试贡茶事，王、游二氏皆建溪壑源产白叶茶之园户。这里视为极
珍的"大饼"与贺铸《玉钩环歌》中的"头贡双龙"，也是一个呼应。
青瓷茶盏当是蔡襄"在杭留两月"所得，应出自当地。砑花笺选取的
花色多为当日流行的装饰纹样，对蝶纹即其一。这一通写于杭州的书
札，笺纸从何而来，尚不能知晓。鄞县（今宁波市鄞州区）高似孙作《剡
录》，卷七中的一节以"纸"为题，从剡藤、剡纸、剡硾等等一路数
下来，直到罗笺，道："苏易简《纸谱》曰：蜀人造十色笺，其文谓
之鱼子笺，又谓之罗笺，剡溪有焉。"罗笺的制作方法与砑花笺很是
接近乃至相通。前面提到的金华郑刚中有诗题作《希父删定惠近诗一
轴成四韵谢之》，起首即道"小砑花藤字画精"，那么对蝶纹砑花笺，
焉知不是出自有造纸传统且流行对蝶佩饰的越地呢。

〔初刊于《文汇·学人》二〇一八年九月二十一日〕

图片来源总览

1 唐宋时代的床和桌

1·1　食案　长沙马王堆西汉一号墓出土　湖南省博物馆藏　自摄

1·2　山东沂南画像石墓后室石刻　山东博物馆展陈　自摄

2·1、2　陕西三原唐李寿墓石椁线刻画（摹本）采自《中国圣火》，页 200~201

3　敦煌莫高窟第三二三窟北壁壁画（初唐）采自《中国石窟·敦煌莫高窟》第三卷（文物出版社一九八七年），图六八

4　《高士图》局部　故宫博物院藏

5　敦煌莫高窟第一三八窟南壁壁画（晚唐）采自《敦煌石窟全集·民俗画卷》（商务印书馆〔香港〕有限公司一九九九年），图五〇

6　《韩熙载夜宴图》局部　采自《宋画全集》第一卷第一册（浙江大学出版社二〇〇八年），图六

7　《萧翼赚兰亭图》中的茶床（摹本）据辽宁省博物馆藏本

8·1　《洛神赋图》局部　采自《宋画全集》第一卷第五册，图九〇

8·2　《西园雅集图》局部　采自《画中家具特展》（台北故宫博物院一九九六年），页 93

9　南宋虞公著夫妇合葬墓西墓室备宴图　采自《考古学报》一九八五年第三期，图一三

10　《高阁观荷图》局部　采自《宋画全集》第五卷第一册，图六九

11　《草堂客话图》局部　故宫博物院藏　自摄

12·1　河北曲阳王处直墓壁画　采自河北省文物研究所等《五代王处直墓壁画》（文物出版社一九九八年），彩版二二

12·2　辽彩绘供桌　赤峰博物馆南馆藏　自摄

13·1　《六尊者像》局部　采自《中国绘画全集·五代宋辽金》第二册，图四四

13·2　《听琴图》局部　故宫博物院藏　自摄

13·3　《张胜温画梵像》局部　采自李昆声《南诏大理国雕刻绘画艺术》（云南人民出版社等一九九九年），图二三四

14　宋《人物图》采自《大观：北宋书画特展》（台北故宫博物院二〇〇六年），页 216

15　《蚕织图·谢神供丝》采自《宋画全集》第五卷第二册，页 176

16　《孝经图》局部　辽宁省博物馆藏　自摄

17　江西乐平宋墓墓室南壁壁画（摹本）采自《文物》一九九〇年第三期，页 16

18　《唐五学士图》局部　采自《画中家具特展》，图九

19　《蚕织图·下机入箱》采自《宋画全集》第五卷第二册，页 178

2　隐几与养和

1　黑漆朱绘花几　中国国家博物馆藏　自摄

2　雕花云纹漆几面（战国）长沙浏城桥一号墓出土　湖南省博物馆藏　自摄

3　画像石局部　山东嘉祥五老洼出土　山东博物馆藏　自摄

4　画像砖　成都青杠坡出土　采自《中国美术全集·绘画编·画像石画像砖》（上海人民美术出版社
一九八八年），图二三六

5　漆凭几　安徽马鞍山市三国吴朱然墓出土　采自《中国漆器全集·4·三国至元》（福建美术出版
社一九九八年），图二一

6·1　东晋永和十三年冬寿墓壁画　采自《世界美術大全集·東洋編·10》（小学館一九九八年），
页 17

6·2　甘肃丁家闸十六国墓壁画　采自《嘉峪关酒泉魏晋十六国墓壁画》（甘肃人民美术出版社
二〇〇一年），页 316

7·1　灰陶隐几　南京太平门出土　南京博物院藏　自摄

7·2　酱釉龙首隐几　山东高唐东魏房悦墓出土　山东博物馆藏　孙毅华摄

7·3　白瓷隐几　安阳隋张盛墓出土　河南博物院藏　自摄

8　白瓷隐几　安阳隋张盛墓出土　河南博物院藏　自摄

9·1　《历代帝王图·陈宣帝》采自《海外藏中国历代名画·1·原始社会至唐》（湖南美术出版社
一九八九年），图五三

9·2、3　《北齐校书图》局部　同上，图三九

10·1　黑漆挟轼　采自《正倉院展·第六十回》（奈良国立博物馆二〇〇八年），页 33

10·2、3　紫檀木画挟轼及所著白罗褥　采自《正倉院宝物特别展》（东京国立博物馆一九八一年），
图 16

11　《天平胜宝八岁六月二十一日献物帐》局部　采自《正倉院宝物·3·北倉》Ⅲ（每日新闻社
一九九五年），页 74

12　倪瓒像　采自《画中家具特展》，页 95

13　《维摩演教图》局部　采自《宋画全集》第一卷第一册，图一八

14　《伏生授经图》局部　采自《海外藏中国历代名画·5·明（上）》，图一七六

15　《竹林七贤·山巨源》故宫博物院藏　自摄

16　《十六罗汉图》局部　采自《海外藏中国历代名画·3·南宋》，图一四四

17　《孝经图》局部　辽宁省博物馆藏　自摄

18　《饮中八仙歌图》（摹本）采自王世襄《明式家具研究·文字卷》（三联书店〔香港〕有限公司
一九八九年），页 40

19　《风檐展卷图》采自《画中家具特展》，图八

20　《六逸图·边孝先》故宫博物院藏　自摄

3 宋代花瓶

9·1　龙泉窑小瓶　安徽宿松南宋嘉定八年墓出土　安徽博物院藏　自摄

9·2　龙泉窑小瓶　四川遂宁窖藏　自摄

9·3　褐漆小瓶　江苏宜兴和桥宋墓出土　南京博物院藏　自摄

9·4　仿古纹银瓶　绵阳市中区黄家巷宋代窖藏　绵阳市博物馆藏　自摄

9·5　汝窑天蓝釉刻花鹅颈瓶　河南宝丰清凉寺出土　河南博物院藏　自摄

10　磁州窑"香花奉神"瓶（金代）　旧金山亚洲艺术博物馆藏　自摄

11　奉酒图　河南焦作北郊老万庄金代壁画墓出土　采自《文物》一九七九年第八期，图版二：1

12　"张敏德造"剔红赏花图盒　采自《故宫漆器图典》（故宫出版社二〇一二年），图四

13　《药山李翱问答图》局部　采自《宋画全集》第七卷第二册，图九三

14　《盥手观花图》局部　天津博物馆藏

15·1　南宋官窑花筒　采自（台北）《故宫文物月刊·18》（一九八四年），页75

15·2　南宋官窑花筒　采自（台北）《故宫文物月刊·155》（一九九六年），页12

15·3　龙泉窑花筒　采自长谷部乐尔《世界陶磁全集·12·宋》（小学馆一九八八年），图79

16　《靓妆仕女图》局部　采自《宋画全集》第六卷第一册，图一一

17　蔡襄《大研帖》台北故宫博物院藏　采自《中国书法家全集·蔡襄》（河北教育出版社二〇〇三年），图六三

18·1　素胎花盆　河北磁县观台磁州窑址出土　中国磁州窑博物馆　自摄

18·2　素胎花盆　采自《观台磁州窑址》（文物出版社一九九七年），彩版三六：2

19·1　三彩刻花枕　采自《故宫博物院藏文物珍品大系·两宋瓷器·上》（上海科学技术出版社等二〇〇二年），图一九五

19·2　绿釉花盆　山东博物馆藏　自摄

20　《雪阁临江图》局部　采自《宋画全集》第六卷第一册，图二三

21·1　宋景德镇窑影青带座盆　安徽枞阳横铺镇出土　采自《安徽馆藏珍宝》（中华书局二〇〇八年），图一三三

21·2　《佛涅槃图》局部　采自《聖地寧波——日本仏教1300年の源流：すべてはここからやって来た》（特別展），页73

22　敦煌莫高窟第一五三窟南壁壁画（中唐）　采自《敦煌石窟全集·服饰画卷》（商务印书馆〔香港〕有限公司二〇〇五年），图一五七

23·1　《听琴图》局部　故宫博物院藏　自摄

23·2　《瑶台步月图》局部　采自《宋画全集》第五册，图八七

23·3　薛绍彭《元章召饭帖》局部　采自《宋代花笺特展》（台北故宫博物院二〇一七年），页85

24·1~3　铜瓶　四川遂宁金鱼村窖藏　自摄

25·1　铜觚　四川绵竹观鱼乡北宋青铜器窖藏　绵竹市博物馆藏　自摄

25·2　铜觚　福建南平市区大桥工地出土　福建博物院藏　自摄

25·3　青瓷觚　杭州凤凰山老虎洞窑址出土　采自《杭州老虎洞窑址瓷器精选》（文物出版社二〇〇二年），图三五

25·4　龙泉窑青瓷觚　浙江省博物馆藏　自摄

26·1　河北宣化辽张世卿墓壁画　采自《宣化辽墓》（文物出版社二〇〇一年），彩版六三

26·2、3　山西平阳稷山马村金墓砖雕　自摄

4　龙涎真品与龙涎香品

5　琉璃瓶与蔷薇水

7·1 细颈盘口玻璃瓶 辽陈国公主墓出土 内蒙古考古研究院藏 自摄

7·2 细颈盘口玻璃瓶 南京北宋长干寺塔基地宫出土 南京市博物总馆藏 自摄

7·3 细颈盘口玻璃瓶 浙江瑞安慧光塔出土 浙江省博物馆藏 自摄

8·1 杯式玻璃瓶 陕西扶风法门寺地宫出土 法门寺博物馆藏 自摄

8·2、3 杯式玻璃瓶 河北定州静志寺塔地宫出土 定州博物馆藏 自摄

9 《唐定州静志寺重葬真身记》拓片局部

10 宋人《观音图》中的琉璃瓶（摹本）摹自《故宫宝笈·名画》〔一〕（台北故宫博物院一九八五年），图七五

11 伊斯兰玻璃器 拉巴哈出土 沙特国家博物馆藏 自摄

12 伊斯兰玻璃瓶 埃及福斯塔特遗址出土 采自《香水瓶》，图四七

13 永昭陵陵前客使像 自摄

14·1 鸭形玻璃注 辽宁北票北燕冯素弗墓出土 辽宁省博物馆藏 自摄

14·2 罗马香油瓶 采自《香水瓶》，图三七

6 两宋茶事

1 《萧翼赚兰亭图》中的煎茶（摹本）据台北故宫博物院藏本

2 白釉茶炉与茶铫 河北曲阳县文物保管所藏 自摄

3 绿釉煎茶俑 河南巩义市天玺尚城唐墓出土 自摄

4·1 龙柄石铛 西安雁塔区月登阁村唐杜华墓出土 陕西考古博物馆藏 自摄

4·2 白釉风炉与铫子模型 河北曲阳洞磁村出土 河北博物院藏 自摄

4·3 银铫子 浙江临安钱宽夫妇墓出土 杭州市临安区博物馆藏 自摄

4·4 银铫子 内蒙古巴林左旗盘羊沟辽墓出土 赤峰市博物馆藏 自摄

5·1 石铫 河北钜鹿故城出土 中国国家博物馆藏 自摄

5·2 《莲社图卷》局部 上海博物馆藏 自摄

6·1 定窑瓷铫 据（台北）《故宫文物月刊》第三卷第七期（一九八五年），页40

6·2 银铫子 四川德阳孝泉镇清真寺宋代银器窖藏 四川博物院藏 自摄

6·3 石铫 陕西蓝田吕氏家族墓地出土 陕西历史博物馆藏 自摄

7 《卢仝烹茶图》局部 采自《宋画全集》第一卷第六册，图一〇七

8 蓝绿釉横柄壶（急须）长沙窑挖泥洞遗址出土 长沙博物馆藏 自摄

9 日本之急须 友人提供

10 《白莲社图卷》局部 辽宁省博物馆藏 自摄

11 广胜寺明应王殿北壁元代壁画 自摄

12 莲花托座 五代冯晖墓出土 采自《五代冯晖墓》，图版七八

13 风炉和铫子 河北宣化下八里辽墓出土 采自《宣化辽墓》，图版七六：6；图版七九：4

14 《货郎图》中的茶筅（摹本）采自沈从文《中国古代服饰研究》（商务印书馆〔香港〕有限公司一九九二年增订本），图一六九

15 砖雕点茶图 陕西历史博物馆藏 自摄

16 山西汾阳东龙观宋金墓壁画 采自《文物》二〇一〇年第二期，封二：2

17 《五百罗汉图·吃茶》 采自《惠世天工：中国古代发明创造文物展》（中国书店二〇一二年），页 144

18 茶镣担子 江阴青阳镇里泾坝村宋墓出土石椁 江阴博物馆藏 自摄

19 《文会图》（摹本） 据台北故宫博物院藏本

20 《春宴图》局部 故宫博物院藏 自摄

21·1 《会昌九老图》局部 辽宁省博物馆藏 自摄

21·2 《会昌九老图》局部 故宫博物院藏 自摄

22 奉茶进酒图 山西陵川县附城镇玉泉村金墓壁画 采自《中国出土壁画全集》第二册（科学出版社二〇一二年），图一四一

23 《子方扁舟傲睨图》 辽宁省博物馆藏 馆方提供

24 兔毫盏 陕西蓝田北宋吕氏家族墓地五号墓出土 陕西考古博物馆藏 自摄

25·1 顾渚山唐德宗兴元甲子（七八四）湖州刺史袁高题刻 自摄

25·2 顾渚山唐宣宗大中五年（八五一）湖州刺史杜牧题刻 自摄

26·1 鹧鸪斑盏 陕西蓝田北宋吕氏家族墓地吕省山墓出土 陕西考古博物馆藏 自摄

26·2 油滴盏 陕西蓝田北宋吕氏家族墓地吕义山墓出土 陕西考古博物馆藏 自摄

27 龙泉窑青瓷盏 四川遂宁金鱼村南宋窖藏 自摄

28 定窑"官"字款盏托 河北定州静志寺塔地宫出土 定州博物馆藏 自摄

29 银釦定窑斗笠盏 江苏江阴夏港北宋墓出土 采自《文物》二〇〇一年第六期，页62

30 影青莲花纹盏 采自《中国文物精华大词典·陶瓷卷·瓷器篇》（上海辞书出版社等一九九六年），图三九六

31 景德镇窑青白釉托盏一副 镇江南郊水泥制杆厂北宋墓出土 采自《古韵茶香：镇江博物馆馆藏历代茶具精品展》（浙江摄影出版社二〇一二年），页65

32·1 银釦黑釉天目盏 江西婺源石田村汪赓妻程宝睦墓出土 采自《婺源博物馆藏品集粹》（文物出版社二〇〇七年），图二七

32·2 银釦青白瓷斗笠盏 同上，图二八

33 "凤穴"银盏 四川德阳孝泉镇清真寺宋代窖藏 四川博物院藏 自摄

34·1、2 金盏托一副 内蒙古巴彦淖尔市临河区高油房西夏城址出土 内蒙古博物院藏 自摄

35~40 实封朱记等 均采自《唐宋元私印押记集存》

41·1 徐铉《私诚帖》局部 台北故宫博物院藏

41·2 苏轼《覆盆子帖》局部 台北故宫博物院藏

42 二娘子家书 安徽博物院藏 自摄

7 罚觥与劝盏

1·1 兕觥 山西石楼桃花者村出土 山西博物院藏 自摄

1·2 木犀角（摹本） 长沙马王堆西汉墓出土

2 银耳杯 大同市博物馆藏 自摄

3·1 银长杯 赤峰敖汉旗李家营子出土 内蒙古博物院藏 自摄

3·2 金花银花鸟纹八曲长杯 日本白鹤美术馆藏 自摄

3·3　金花银双鱼纹八曲长杯　维多利亚与阿尔伯特博物馆藏　自摄

4·1　四曲花口摩竭戏珠纹金酒船　西安市太乙路出土　陕西历史博物馆藏　自摄

4·2　四曲花口荷叶双鱼金花银酒船　陕西耀县背阴村出土　陕西历史博物馆藏　自摄

4·3　四曲花口鸿雁游鱼纹金花银酒船　河南三门峡市第二面粉厂出土　河南博物院藏　自摄

4·4　四曲花口鸿雁衔瑞纹金酒船　出自黑石号沉船　新加坡亚洲文明博物馆藏　自摄

5　双鱼纹金盏银盘（盘盏一副）　河南伊川鸦岭唐齐国太夫人墓出土　河南博物院藏　自摄

6·1　青瓷摩竭式酒船　印尼国家博物馆藏　自摄

6·2　越窑青瓷摩竭酒船　杭州市吴山广场地铁建设工地出土　杭州市文物考古研究所藏　自摄

6·3　摩竭式酒船　辽宁北票水泉一号辽墓出土　辽宁省博物馆藏　自摄

7·1　玛瑙兽首杯　西安南郊何家村唐代金银器窖藏　陕西历史博物馆藏　自摄

7·2　三彩龙衔瑞草角杯　郑州唐墓出土　河南博物院藏　自摄

8　西安南郊金浮沱村唐代壁画墓墓室壁画　采自《考古与文物》二〇一九年第一期，页81

9·1　摩竭纹金花银盘盘心　辽宁昭盟喀喇沁旗出土　内蒙古博物院藏　自摄

9·2　摩竭纹金花银盆　鄂尔多斯市杭锦旗出土　鄂尔多斯青铜博物馆藏　自摄

10·1　银酒船　四川广元旺苍唐代银器窖藏　广元博物馆展陈

10·2　绿釉莲花纹长杯（酒船）　长沙窑遗址出土　长沙博物馆藏　自摄

10·3　白瓷长杯（酒船）　浙江临安晚唐钱宽夫妇墓出土　杭州临安区博物馆藏　自摄

11　螺杯与骰子　河南偃师杏园唐墓出土　采自《偃师杏园唐墓》，图版四二：5

12·1　蓝玻璃碗　西安市第一中学出土　采自《正仓院の故乡——中国の金·银·ガヲス-展》（大
　　　　阪市立博物馆等一九九二年），图七八

12·2　白玉杯　安徽休宁南宋朱晞颜墓出土　采自《中国古玉器图典》（文物出版社二〇〇七年），
　　　　页332

12·3　金釦玛瑙碗　安徽来安宋墓出土　安徽博物院藏　自摄

13·1　金屈卮　浙江兰溪灵洞乡宋墓出土　兰溪市博物馆藏　自摄

13·2　鎏金铜菊卮　陕西历史博物馆藏　自摄

14　金芙蓉花盏　四川安县文星公社胜利大队出土　四川博物院藏　自摄

15　金葵花盏　安徽休宁南宋朱晞颜墓出土　安徽博物院藏　自摄

16·1　金花银蕉叶杯　大都会博物馆藏　自摄

16·2　银釦水晶蕉叶杯　南京北宋长干寺塔基地宫出土　南京市博物总馆藏　自摄

16·3　银蕉叶杯　南京江浦南宋张同之墓出土　南京市博物总馆藏　自摄

17　螺杯一对　陕西蓝田吕氏家族墓地出土　陕西历史博物馆藏　自摄

18　银鎏金摩竭式酒船　广西南丹北宋银器窖藏　采自《广西文物珍品》（广西美术出版社二〇〇二
　　　年），图二四九

19·1　朱碧山银槎杯　故宫博物院藏　采自《中国历代艺术·工艺美术编》图二八七

19·2　银船盘盏一副　湖南澧县澧南乡出土　澧县博物馆提供

20　玉东西杯　故宫博物院藏　采自《中国古玉器图典》，页333

21·1　金錾海石榴花高脚杯　北京西城区月坛南街出土　首都博物馆藏　自摄

21·2　金錾出水莲荷高脚杯　内蒙古锡林郭勒盟镶黄旗出土　内蒙古博物院藏　自摄

22　《琉球全图》第六开·文字　故宫博物院藏　自摄

8 从孩儿诗到百子图

1·1　唐韦顼墓石刻线画（摹本）据王子云《中国古代石刻画选集》（中国古典艺术出版社一九五七年），图二〇：5

1·2、4　银鎏金婴戏图小壶局部　镇江丁卯桥晚唐金银器窖藏　镇江博物馆提供

1·3　敦煌莫高窟第六一窟南壁壁画　采自《敦煌石窟全集·法华经画卷》（商务印书馆〔香港〕有限公司一九九九年），图一〇三

2　莲花童子唐镜　采自郭玉海《故宫藏镜》（紫禁城出版社一九九六年），图一〇一

3·1　屏风画局部　新疆阿斯塔那唐墓出土　新疆维吾尔自治区博物馆藏　自摄

3·2　银盒　西安南郊何家村唐代金银器窖藏　陕西历史博物馆藏　自摄

3·3　《仿周文矩宫中图》局部　采自《宋画全集》第六卷第二册，图五

3·4　红绿彩抱猫童子　河北邯郸金代崔仙奴墓出土　峰峰矿区文保中心藏　自摄

4·1　《荷亭婴戏图》局部　采自《宋画全集》第六卷第一册，图三四

4·2　《百子图》局部　采自《宋画全集》第六卷第二册，图二九

5　阿育王施土　犍陀罗石刻　大英博物馆藏　自摄

6　阿育王施土　北魏卜氏造像塔局部　甘肃庄浪县李家碾出土　甘肃省博物馆藏　自摄

7　石造四面像　采自松原三郎《中国仏教彫刻史论·图版编二》（吉川弘文馆一九九六年），页154

8　河北邯郸水浴寺石窟第一窟雕刻　自摄

9　敦煌莫高窟第一九七窟壁画　采自《敦煌石窟全集·民俗画卷》（商务印书馆〔香港〕有限公司一九九九年），图八四

10　《百子嬉春图》局部　故宫博物院藏　自摄

11　宋庆元间刻《大字妙法莲华经》引首插图局部　采自郑振铎《中国古代木刻画选集》（人民美术出版社一九九九年）第一册

12　《合欢多子图》局部（摹本）据《吉祥——中国美术にこめられた意味》（东京国立博物馆一九九八年），图一六〇

13　陈洪绶《戏婴图》采自《中国人物画·元明卷》（广西美术出版社二〇〇〇年），图八六六

14　明雕漆百子图印匣局部　采自（台北）《故宫文物月刊》第四卷第七期（一九八六年），页101

15　《长春百子图》局部　采自《婴戏图》（台北故宫博物院一九九〇年），图八之一

16·1　敦煌莫高窟第九窟东壁门南侧壁画（摹本）

16·2　磁州窑枕　大都会博物馆藏　自摄

17·1　铜鸠车　河南南阳东汉宗康墓出土　自摄

17·2　铜鸠车（西晋）洛阳博物馆藏　自摄

18　北魏元谧石棺线刻画（摹本）据《中国画像石全集·8·石刻线画》（山东美术出版社等二〇〇〇年），图版六六

19　《重修宣和博古图》中的六朝鸠车

20　银鎏金婴戏纹带具·带铐　辽宁朝阳前窗户村辽墓出土　朝阳博物馆藏　自摄

21·1　苏汉臣《婴戏图》中的玩具车（摹本）

21·2　磁州窑枕　北京植物园出土　海淀博物馆藏　自摄

345

46 · 3　银鎏金婴戏纹戒指　上海闵行区吴泾镇明何文瑞家族墓出土　采自《上海明墓》彩版三九：5

47 · 1　《市担婴戏图》局部　采自《婴戏图》，图十

47 · 2　《子母牛图》局部　采自《中国人物画·宋代卷》（广西美术出版社二〇〇〇年），图五五四

48 · 1　红地缂丝百子图帐料局部　北京艺术博物馆藏　采自《北京文物精粹大系·织绣卷》，图一五五

48 · 2　大红贡缎刺绣百子图壁挂局部　南京博物院藏　自摄

9　宫妆变尽尚娉婷：毛女故事图考

1 · 1~3　红绿彩人物故事图罐　大和文华馆藏　自摄

1 · 4　红绿彩人物故事图罐展开图　采自《中国纹样》，图四八

2 · 1　"采芝图"出自山西应县佛宫寺释迦塔　采自《中国人物画·宋代卷》，图三八三

2 · 2　《采芝仙图》采自《中国人物画·宋代卷》，图五二八

3　毛女图　山西壶关县上好牢村宋金墓葬一号墓　采自《考古》二〇一二年第四期，图版拾壹：2

4　毛女瓷塑　山东博物馆藏　自摄

5　漳州窑系五彩盘　上海博物馆藏　自摄

6　银鎏金毛女图簪首　江西德安出土　江西省博物馆提供

7　金镶宝毛女耳坠　南京太平门外板仓徐达家族墓出土　南京市博物总馆藏　自摄

8　毛女图金簪　湖北蕲春蕲州镇王宣明墓出土　蕲春县博物馆藏　自摄

9 · 1　《有象列仙全传·古丈夫》

9 · 2　《列仙酒牌·毛玉姜》

10　《春游晚归图》细读

1；2 · 1；10 · 1；12　《春游晚归图》采自《中国绘画全集·五代宋辽金》第五册，图九六

2 · 2　《卖浆图》采自《中国绘画全集·五代宋辽金》第五册，图九八

2 · 3　陶俑　四川华蓥南宋安丙家族墓地四号墓出土　采自《华蓥安丙墓》，图版一一六

3　银鎏金双鱼盆　南宋播州土司杨价夫妇墓出土　贵州省文物考古研究所提供

4　《孝经图·谏争章》局部　辽宁省博物馆藏　自摄

5　《骷髅幻戏图》局部　故宫博物院藏　自摄

6　《胡笳十八拍图》局部　采自天津人民美术出版社二〇〇七年版《胡笳十八拍图》

7 · 1　铜斯锣、钵盂、唾壶一副　陕西蓝田吕氏家族墓园吕大圭夫妇墓出土　陕西考古博物馆藏　自摄

7 · 2~4　银钵盂、唾壶、斯锣一副　常州沪宁高速芳茂山服务区南宋墓出土　常州博物馆提供

8　仪仗陶俑　河南焦作元斯德茂墓出土　焦作博物馆藏　自摄

9　南宋虞公著夫妇合葬墓西墓室出行图　采自《考古学报》一九八五年第三期，图一二

10 · 2　聂公像局部　四川安岳圆觉洞　自摄

11 · 1　鱼袋之"饰鱼"　浙江兰溪灵洞乡宋墓出土　兰溪市博物馆藏　自摄

11 · 2、3　鱼袋之"饰鱼"　常州武进村前乡南宋一号墓出土　常州博物馆藏　自摄

11 · 4　木仿真方团带铐与鱼袋　福州茶园山南宋端平二年墓出土　福州市博物馆藏　自摄

13 《金明池争标图》采自《宋画全集》第五卷第一册，图十一

11 金钗斜戴宜春胜

1 玉胜（武氏祠画像石的祥瑞图）采自《金石索》（书目文献出版社一九九六年影印本）

2・1 胜形金箔 东汉中山穆王刘畅墓出土 定州博物馆藏 自摄

2・2 河南邓县南朝画像砖墓券门壁画局部（摹本）采自《中国出土壁画全集・5》，图九九

3 织机上的胜 江苏泗洪出土东汉画像石 南京博物院藏 自摄

4・1 鎏金银铜棺饰局部（东汉）四川巫山双堰塘遗址出土 巫山博物馆藏 自摄

4・2 西王母画像石局部 山东沂南北寨汉墓出土 原石当地保存

4・3 杜氏西王母画像镜局部 江苏仪征龙河凌东高山生产队出土 扬州博物馆藏 自摄

5・1 金华胜 河南巩义新华小区汉墓出土 郝红星提供

5・2 金华胜残件 安徽当涂姑孰镇孙吴墓出土 当涂博物馆藏 自摄

6・1 金叠胜 江苏邗江甘泉镇二号汉墓出土 南京博物院藏 自摄

6・2 金叠胜 南京雨花台区冯苇村后头山出土 南京市考古研究院藏 自摄

7・1 金华胜 河南卫辉大司马墓地西晋墓出土 采自《文物》二〇〇九年第一期，页19

7・2 金华胜 南京郭家山东晋一号墓出土 南京市博物总馆藏 自摄

8 洛阳曹魏大墓出土石楬 采自《流眄洛川：洛阳曹魏大墓出土石楬》，页198

9・1 金珮胜 苏州虎丘路新村三国吴墓出土 苏州市考古研究所藏 自摄

9・2 金珮胜 绍兴柯桥兰亭野生动物园项目工地西晋墓出土 黎毓馨摄

10・1、2 柿蒂八凤铜镜 江苏仪征化纤工地八号墓出土 扬州博物馆藏 自摄

10・3 甘肃花海毕家滩出土前秦绯绣袴片图案 采自《中国古代丝绸设计素材图系・汉唐卷》，页38

11・1 对凤衔胜金饰 南京仙鹤观东晋高崧墓出土 南京市博物总馆藏 自摄

11・2 对凤衔胜金饰 杭州富阳区乌龟山东晋十号墓出土 杭州市文物考古研究所藏 自摄

11・3 对凤衔胜金饰（东晋）南京雨花台区冯苇村后头山出土 南京市考古研究院藏 自摄

12・1 双鱼衔胜金饰（东晋）江宁博物馆藏 自摄

12・2 兽面衔胜杖金饰 南京江宁上峰新区张府仓村出土 南京市博物总馆藏 自摄

13 唐祥瑞生肖镜局部 许昌博物馆藏 自摄

14 人胜残件 采自《正倉院展・第五十回》（奈良国立博物馆一九九八年），页44

15 金花银春胜 河北定州静志寺塔地宫出土 定州博物馆藏 自摄

16・1、2 银鎏金拨子式花钗 中国国家博物馆藏 自摄

16・3、4 银鎏金拨子式花钗 陕西历史博物馆藏 自摄

17・1 剪纸（北朝）吐鲁番阿斯塔那—哈拉和卓八八号墓出土 采自《文物》一九七二年第一期，页23，图三七

17・2 剪纸（十六国至唐）吐鲁番阿斯塔那北区三〇六号墓出土 采自《文物》一九六〇年第六期，页19，图三二

18・1 鸟雀衔绶镜 采自《故宫藏镜》（紫禁城出版社一九九六年），图九四

18・2 双鹊衔绶镜 扬州市郊平山雷塘出土 扬州博物馆藏 自摄

18・3 仙鹤衔绶镜 河南方城出土 河南博物院藏 自摄

19 银金花饰片 杭州雷峰塔地宫出土 浙江省博物馆藏 自摄

20 凤衔绶带 前蜀王建墓出土册匣银平脱残件 采自冯汉骥《前蜀王建发掘报告》(文物出版社一九六四年),图五五

21 玉盒 河北定州静志寺塔地宫出土 定州博物馆藏 自摄

22·1 蓝地朵花鸟衔璎珞纹锦 采自《敦煌丝绸艺术全集·英藏卷》,页121

22·2 孔雀衔绶二色绫(复原图) 采自《敦煌丝绸艺术全集·英藏卷》,页148

23·1 盘绦方胜纹镜 宝鸡博物馆藏 自摄

23·2 盘绦方胜纹绫 采自《敦煌丝绸艺术全集·英藏卷》,页70

23·3 盘绦方胜纹绫 采自《敦煌丝绸艺术全集·法藏卷》,页66

24 唐贞顺皇后陵石椁线刻画 采自《文物》二〇一二年第五期,页86,图二六

25·1 狮纹双鹊镜 采自《故宫藏镜》(紫禁城出版社一九九六年),页93

25·2 双鸾衔胜花枝镜 京都泉屋博古馆藏 自摄

26·1 红牙拨镂尺上的雁衔方胜 采自後藤四郎编《正仓院の文样》(日本经济新闻社一九八五年)图版第二部·鸟文,页33

26·2 红牙拨镂尺上的鹤衔方胜 同上,页42

27·1 鹦鹉衔花枝镜 青州博物馆藏 自摄

27·2 鹦鹉衔花枝镜 上海青浦区青龙镇遗址出土 上海博物馆藏 自摄

28·1 双鸾幡胜千秋镜 宝鸡博物馆藏 自摄

28·2 千秋月宫镜 常州博物馆藏 自摄

29 "千秋万岁"镜 安徽六安出土 采自《六安出土铜镜》(文物出版社二〇〇八年),图一八四

30 琥珀叠胜盒 阜新红帽子辽塔地宫出土 辽宁省博物馆藏 自摄

31 青花五彩方胜式盒 大都会博物馆藏 自摄

32 金花银盒 南京北宋长干寺塔基地宫出土 南京市博物总馆藏 自摄

33·1 宋凤纹方镜 安吉博物馆藏 自摄

33·2 宋缠枝花菱花方镜 安吉博物馆藏 自摄

34 玉春胜 浙江临安吴越国康陵出土 杭州临安区博物馆藏 自摄

35 玉饰片 浙江临安吴越国康陵出土 杭州临安区博物馆藏 自摄

36 春幡 河北定州静志寺塔地宫出土 定州博物馆藏 自摄

37 春幡 江苏宜兴北宋法藏寺地宫出土 宜兴博物馆藏 自摄

38·1 宜春耐夏银春胜 江苏宜兴北宋法藏寺地宫出土 宜兴博物馆藏 自摄

38·2 长命富贵银春胜 江苏宜兴北宋法藏寺地宫出土 宜兴博物馆藏 自摄

39 宋墓石刻局部 合江博物馆藏 自摄

40 银鎏金法舍利塔上的珠幡 辽庆州释迦佛舍利塔出土 巴林右旗博物馆藏 自摄

41 金累丝镶宝花果纹幡 上海青浦区高家台元任仁发家族墓地出土 中国国家博物馆藏 自摄

42 凤衔方胜玉簪 出自兰州白衣寺塔天宫 兰州市博物馆藏 自摄

43·1、2 珠幡胜 出自兰州白衣寺塔天宫 兰州市博物馆藏 自摄

44 玉春胜 中国文物信息咨询中心藏 采自《中国古代玉器艺术》,图三〇〇

12 一物，一诗，一幅画——浙江故事的细节阅读

1·1 玉璧（绦环）与丝绦 浙江台州黄岩南宋赵伯澐墓出土 黄岩博物馆藏 自摄

1·2 水晶璧（绦环）与丝绦 浙江台州黄岩南宋赵伯澐墓出土 黄岩博物馆藏 自摄

2·1 赵孟頫《自写小像》及宋濂题赞 故宫博物院藏

2·2 范仲淹《道服赞》 故宫博物院藏

3·1 水晶绦环 浙江衢州南宋史绳祖墓出土 衢州市博物馆藏 自摄

3·2 玉绦环 山西大同元冯道真墓出土 大同博物馆藏 自摄

3·3 元水晶绦环 高安博物馆藏 自摄

4·1 《五百罗汉图》局部 日本京都大德寺藏 采自《大德寺伝来五百羅漢図》，页169

4·2 玉绦环 浙江金华金东区曹宅镇郑刚中墓出土 金华博物馆藏 自摄

5·1 春水玉钩环 无锡雪浪乡元钱裕墓出土 无锡博物院藏 自摄

5·2 龙首雕龙玉钩环 中国国家博物馆藏 自摄

6 刘贯道《消夏图》局部 纳尔逊艺术博物馆藏 友人提供

7·1 玉对蝶 辽宁朝阳北塔天宫出土 朝阳市北塔博物馆藏 自摄

7·2 银对蝶 四川德阳孝泉镇清真寺宋代窖藏 四川博物院藏 自摄

8·1 银对蝶 浙江湖州龙溪乡三天门宋墓出土 湖州市博物馆藏 自摄

8·2 银对蝶与粉盒 浙江大学北宋一号墓出土 杭州博物馆藏 自摄

9 蔡襄《致通理当世屯田尺牍》局部 采自《宋代花笺特展》，页59